《高山仰止》

顾　问：张乾二　鄢国森

撰稿人：林梦海　郭晓音　黄宗实

GAO   SHAN   YANG   ZHI

高山仰止

——唐敖庆和他的弟子们

林梦海 等 著

厦门大学出版社 国家一级出版社
XIAMEN UNIVERSITY PRESS 全国百佳图书出版单位

序　言

　　唐敖庆先生是我国化学科学的巨匠，科学界中极为优秀的共产党员和领导。他是我国理论化学学科的奠基人和领袖人物，同时又是我国科学基金事业的创始人和高等教育界的领军人物之一，在我国化学界、高教界，乃至整个科学界都享有崇高的威望。

　　早在抗战前及抗日战争时期，唐先生在北大和西南联大即以理论思维能力极强而声名鹊起。1946年，经过严格选拔，他得到吴大猷、曾昭抡、华罗庚老师的极力举荐，同朱光亚、李政道等其他极少数应选者一道，赴美留学。唐先生和他同船赴美的同学李政道、朱光亚一样，自20世纪中叶以来，成为中国乃至世界科学家中的佼佼者。由此可见，一方面，吴、曾、华等大师当年对唐先生他们的选荐具有极高的准确度；另一方面，唐先生锐利的理论思维促成他博得化学专业的头筹，并且顺理成章地成为我国理论化学学科的奠基人。代表中国基础研究水平的"国家自然科学奖"，在20世纪80年代以后很少有人获得，而唐先生因其极其深厚的理论水平和卓越的科研领导才能，使其领导的研究组在20世纪80—90年代连获"国家自然科学奖"一等奖2次，二等奖2次。到目前为止，这在中国科学界也是空前的。

唐先生于1950年1月放弃了他在哥伦比亚大学的优越生活和工作条件，回到百废待兴的新中国。从那时起，他不仅亲自教诲了包括北京大学、吉林大学等校的几十届研究生和本科生，还与卢嘉锡、吴征铠、徐光宪先生等共同举办了脍炙人口的具有全国性影响的1953年青岛"物质结构进修班"、1954年北京培训班；其后，又在1963年在长春举办了"物质结构学术讨论班"。他谆谆善诱，显著提高了中国化学家队伍的理论水平，为我国化学学科培养了一大批深谙理论的栋梁之材，如：孙家钟、江元生、张乾二、邓从豪、刘若庄、沈家骢等院士，以及著名的理论化学家和教育家鄢国森、戴树珊等。这在中国科教史上是绝无仅有的。

我当然远说不上是栋梁之材，但也愿借此机会来回忆唐先生对我教诲的点滴。当我于1991年调北京接替唐先生负责国家自然科学基金工作时，唐先生立即亲自耐心地向我介绍委内情况，并为我创造工作条件，帮助我尽快熟悉工作。此外，唐先生亲自介绍我参加"中日理论化学研讨会"，帮助我从一个实验学家的角度，开始接触理论化学，这都让我受益匪浅。凡此都显示了唐先生作为学术前辈的博大胸怀和无微不至的关怀。

唐先生在吉林大学和国家自然科学基金委员会这两个在教育界和科学界有着重大影响的单位中，都建立了不朽功勋。从20世纪50年代到80年代，以至到21世纪，吉林大学发展为全国著名的重点大学之一，唐先生在学校学科布局与建设、延揽与培育英才等方面做出了卓越的贡献。而科学基金在中国是一个新事物，在唐先生等的领导下，仅仅经过短暂的筹备，基金委员会就开始正常运转。时至20多年后的今天，我们的运行模式仍然基本上沿用唐先生最初创建时的模式。我们的评审原则仍然是唐先生最初缜密制定的"依靠专家，发扬民主，择优支持，公正合理"十六字评审原则，而且这种科技管理的运行模式和评审原则得到了科学界的广泛赞誉，并经受起长期的实践考验。回顾过去近三十年的征程，唐先生当年领导和参与创建国家自然科学基金委员会确实是实现了一项勋业，他的功绩是名垂青史的！

1991年，唐先生从国家自然科学基金委的领导岗位上退下来，仍不失时机地继续深入理论化学的基础研究。他的研究领域不仅限于量子化学，在70年代就已扩展到高分子化学的许多方面，提出缩聚、加聚、交联反应的统计理论。80年代，他提出了原子簇化学的结构规则，其适用范围超过了著名的 Wade 规则。到90年代初，唐先生率弟子开展了高碳原子簇化学的理论研究，很快就预见到一种对称的稳定富勒烯化合物的存在。他还预见了其他第四和第三族元素的新型原子簇结构。他的学术生涯本来应该更为广阔，他完全可以继续在纳米科学等众多前沿领域"谱写春秋"的。正如攀登巍峨的泰山，唐先生本应率领一支优秀的团队，登上"绝顶"。极其令人惋惜的是，1998年一场重病袭来，使他在前沿领域上"谱写春秋"成为不可能了。

2008年，唐先生的不幸辞世，使我国化学界和科学界痛失一位卓越的领导者。今年适逢唐先生百年诞辰，6月在北京召开的"第十五届国际量子化学会议"上设出一个单元时间纪念唐先生，著名量子化学家、诺贝尔奖得主 Hoffmann 教授介绍了唐先生的生平和科学贡献，与会1000多名代表深受激励。今由唐先生的授业豪英发起和组织撰写的《高山仰止——唐敖庆和他的弟子们》一书即将问世，我坚信这本书一定能帮助我国科学工作者进一步了解唐先生的求知、科研、育才、管理的辉煌历程，他严谨的科学精神、高尚的道德、求真务实的作风一定能激励鼓舞广大的科学工作者继续前行！

中国科学院院士　张存浩

目 录

第六章　十年坎坷　矢志不移

003

第七章　改革开放的步伐

第八章　长春"量子化学研修班"（上）

第二部分 /

第十二章　孜孜不倦　一心向学——记山东大学邓从豪教授（1920.10—1988.01）

第一部分

THE FIRST PART

第一章 / 求学之路

青少年经历

    1915年11月18日，唐敖庆出生在江苏省宜兴县和桥镇的一个平民家庭。这是辛亥革命后的第四个年头，乡村老百姓只知道京城里清朝政府已被推翻，至于以后频繁的政权更迭，对乡村影响不大。老百姓感觉得到的是废科举、兴学堂。父亲唐林根种着几亩薄田，并在镇上经营一家小店铺，出售农副产品和日用品。唐敖庆6岁时，父亲把他送到私立养初小学读书。不久，母亲因终日操劳，积劳成疾，过早地离开了他。母亲去世后一年，父亲再婚。继母褚氏出身书香门第，陪嫁带来许多书籍。继母很喜欢唐敖庆，对他说这些书就是他的书，可以随便看，唐敖庆如获至宝地读起来。《西游记》《水浒传》《红楼梦》《封神榜》等家里的书读完了，他就到亲友家借。从小读书，养成了唐敖庆一生喜欢读书的习惯。养初小学校长史本直的地理课、潘汉年老师的语文课给他留下深刻的印象。六年级时，他转到鹅山小学就读。杨逸群校长的数学课讲得很好，使唐敖庆对数学产生了浓厚的兴趣。由于唐敖庆在班上学习很好，他想读完小学，再读中学。

1928 年，唐敖庆小学毕业，成绩优异。他在家里是长子，但父亲对他期望值并不高，只希望儿子识点字、会记账，能帮他经营小杂货铺，就心满意足了。唐敖庆虽然考入和桥镇彭城中学，但父亲不想让他念，经老师一再劝说，父亲才同意让唐敖庆进入初中学习。由于父亲患肺病，为了减轻他的负担，唐敖庆每天放学后赶回店中接待顾客，有时还得挑着沉重的担子到外地进货，行走在崎岖的乡间小道上，风里来雨里去。对他来讲，时间很宝贵，每天看店要忙到天黑，店铺打烊后，才能在油灯下学习，直到深夜。因此，他的眼睛过早地患上深度近视。1931年夏，唐敖庆初中毕业。因家境困难，再没有钱支持他读高中，父母令他辍学经营店铺。由于他成绩优异和才思敏捷，徐槐青等两位老师不忍他失去深造的机会，登门劝说他父母，父母才让唐敖庆报考无需学费且管食宿的无锡师范学校[①]。

刚入学不久，就爆发了"九一八事变"，日本鬼子侵占了中国东北。唐敖庆参加了无锡市学联组织的赴南京抗日请愿团。日本用长枪利炮打开中国的国门，使唐敖庆"科学救国"的爱国主义思想更强烈，他立志要为发展祖国的科学技术出力，使祖国不再遭列强的欺凌。在无锡师范，教化学的张汝训老师上课时，讲了不少化学家刻苦搞科研的故事，使唐敖庆对化学的兴趣逐渐浓厚起来。在校的最后一年，他在《大公报》上读到了著名化学家、北京大学教授曾昭抡写的访日观感《东行日记》。这是篇连载文章，既有访日行程的描述，又有结合时事的评论。唐敖庆被这一系列具有民主倾向、充满爱国思想的文章所倾倒，对先生的学识与文采产生了敬慕心情，也萌生了师从曾昭抡的愿望。

师范毕业后，唐敖庆十分渴望读大学，但昂贵的学费不是一个平民家庭所能承担的。他只能先到宜兴县官林镇的灵霞小学教书，积攒一些钱，准备供大学第一学年的学费（第二年就可申请奖学金）。唐敖庆也知道，师范的课程与高中有一些差距，他利用几个月时间做了补习。1936年夏，他报考了北京大学、同济大学等三所名牌大学，都收到了录取通知书。唐敖庆选择了

---

① 唐敖庆 . 中国科学院院士自述 [M]. 上海：上海教育出版社 ,1996.

自己最憧憬的北京大学，到曾昭抡任系主任的化学系就读[①]。

随校南迁

1936年，唐敖庆进入北京大学化学系。那时校园还在北沙滩，没有围墙，学校建筑有部分借用故宫建筑。女生宿舍是宫女的房子，旁边西院是理学院。前面一个广场，可进行体育运动，最前面是北大盖的现代建筑红楼[②]。周围开了一些小饭馆、理发店等。别的学校按教育部规定，大一课程主要复习高中课程，北大校长与教务长商量，考大学不就考他们高中程度吗？能考进

北大红楼（现中国新文化展览馆）

来，说明那些书都念了。因此，他们决定北大的课从二年级念起，为学生节约了一年。北大本科修业年限为4年，实行学分制，每个学生需修满132个学分方可毕业。所有一年级学生要先修共同科目，同时选修将转入系科的相关课程。北大上课不大点名，听课风气很盛，到别的系听一听也可以。路人经过北大，若看到是某某名教授在讲课，他们就进课堂来听课，也没有人管。

化学系主任曾昭抡原在南京中央大学任教，1931年受聘来北大化学系任系主任。他来后提出：教员要从事科学研究，要以新的研究成果不断充实教学，把教学与科研结合起来。同时，他还抓实验教学，改变在黑板上搞化学

① 唐敖庆.中国科学院院士自述[M].上海：上海教育出版社，1996.
　张玉来.科学之树植根于祖国大地[N].人民日报（海外版），1996-01-02.
② 张曼菱.西南联大行思录[M].北京：三联书店，2013.

反应的传统做法，并于1934年建立了本科生做毕业论文的制度。曾昭抡特别注意教师队伍的建设，从外面聘请了一些有才华的青年教师到北大化学系任教。当时聘到北大的年轻教师孙承谔主讲"普通化学"，钱思亮主讲"分析化学"，朱汝华主讲"有机化学"等，对北大化学系的发展产生了深远影响[1]。

曾昭抡有一个习惯，每当开学时，他会与新生逐一面谈。入学不久，曾昭抡约唐敖庆面谈，使唐敖庆深受鼓舞，唐敖庆立志刻苦学习，决不虚度光阴。第一学年，唐敖庆学了"普通化学""普化实验""定性分析""定分实验""初等微积分""普通物理""普物实验""英文""德文（初级）"等课程。经过考试，成绩优良，唐敖庆顺利进入第二学年。北大化学系一届招生20名，第一学年淘汰近一半，有些转系，有些退学，到了毕业，一般只有七八人[2]。可是好景不长，他到北大不到一年，日寇发动全面侵华战争。

1937年，北平、天津相继失守，北京大学、清华大学和位于天津的南开大学，奉教育部命令搬迁到湖南，在长沙组成临时大学，原三校校长蒋梦麟、梅贻琦、张伯苓主持校务。唐敖庆随学校南迁，辗转千里来到长沙。临时大学在长沙设法学院、理学院和工学院，在南岳设文学院。最初，师生们陆续从北平、天津跑出，到长沙聚集。教授的精神十分亢奋，每天晚上聚集在一间房间里，一边喝茶抽烟，一边看报研究地图，讨论战事。有时某个同事刚从北方过来，大家兴奋地听他讲逃难故事和沿途消息。全国都动员起来，教授也不例外，大家等着政府的指示，期待着或到前方参加工作，或在后方从事战时生产，至少也可以在士兵或民众教育上尽点力。但事实证明这只是幻想，教授要回到自己的岗位上，继续教书，为国家战后发展储备人才。

1937年11月1日，长沙临时大学开始上课。唐敖庆是大二的学生，化学系在韭菜园圣经学院上课，课程有"微积分"、"定量分析"、"物理"、"德文"和"无线电"等，任课教师为陈省身、陈岱孙、高崇熙、吴有训等[3]。同学的变化很大，每天有新来的，同时走掉的并不比新来的少，"投笔从戎"的浪潮席卷全国。师生们曾经进行过读书还是从军的讨论。之后，有一批学生到江西的工兵学校去了。再后来一些学生是直接参军，奔赴抗日第一线，许多

① 唐敖庆. 一代宗师——曾昭抡百年诞辰纪念文集 [M].北京：北京大学出版社. 1998.
② 戴美政. 曾昭抡评传 [M].昆明：云南人民出版社，2012.
③ 西南联大除夕副刊主编. 联大八年 [M].北京：新星出版社，2009.

人壮烈牺牲了。在每一代人中，当挑战来临，最先站出来的、做出实际反应的，总是那些最优秀的人，最先牺牲的也是他们。他们将青春的生命瞬间燃烧，将世界留给后知后觉的人们[1]。

长沙临时大学

日寇凶猛进攻，不久南京、上海相继失守，武汉危在旦夕，长沙的空袭轰炸日益加剧。先是火车站被炸，市民不少伤亡。到了1938年1月，日军飞机轰炸更频繁。一天，学校附近某弹药库被击中，冲天大火即时而起，学校只能停课。临时大学向教育部申请迁往云南。但很多学生不愿意去，因当时在长沙很容易加入救亡工作，所以学生自治会反对搬迁。学校请了两位名人来演讲：一位是湖南省政府主席张治中，他是反对迁移的；另一位是武汉卫戍司令陈诚将军，他分析了当前形势，引用了周恩来、陈独秀对于学生责任的意见，说服了许多学生随学校搬迁云南。唐敖庆起先很想参军，但招募新兵的人根本不要高度近视的学生，他只能随校南迁。

2月4日，学校公布了迁校计划。一些教授坐车先赴云南，一大批同学报名参军，或参加战地服务团。剩下要继续读书的分成两路：一路是女生或体力不行或不愿步行的，一律乘车经粤汉路到广州，再转香港、海防，由滇越路进入云南；另一路约280多名男生组成步行团，参加步行团的教授有闻一多、黄钰生（教育）、袁复礼（地质）、曾昭抡（化学）、李继侗（生物）等。唐敖庆得知曾昭抡也参加步行团特别高兴。步行团采用军事管理，分两大队三中队，由黄钰生领导。湖南省政府张治中派黄师岳中将任团长，3位教官任中队长，小队长由同学担任。学生一律穿军装、打绑腿、背干粮等。步行路线由

① 张曼菱. 西南联大行思录 [M]. 北京：三联书店，2013.

湖南经贵州到云南昆明。

步行团于2月19日出发，由5条民船装载，晚上趁着夜色启程，下湘江入洞庭，行李稍后用汽车运输。几位教授边步行边搞社会调查。唐敖庆与同学们，早晨5点多，天没亮就起床吃饭，然后上

步行团教师南下途中，中间坐者为闻一多，
站者右三为曾昭抡

路，午饭在路上吃。学校每人每天发2角钱，除了吃饭，还包括喝茶、买草鞋等零用。晚上五六点钟到住地休息。由于走山路，早晨同学们披着星光走了一二十里路，天才放亮。这时总能看见曾昭抡坐在前方路边石碑上记日记①。等大部队赶上来，他又和大家一起赶路，天天如此。曾昭抡要记录里程数、不走小路，当大家抄近路时，他总是走在后面。黄团长非常尊重学者，跟着他走盘山大道，时常天黑才到宿营地。

步行团在赶马帮的客栈投宿，有时没有客栈，就直接住在老百姓家里。当时西南边陲小县、小镇，一下子来了200多人，真没地方住，只好住在农民家里，临时铺上稻草，十几个人睡在一个房间里。刚开始两天，步行团走得并不多，大约四五十里，但到了第三天，许多学生脚上打起了泡，走得比较艰苦，一到宿营地，大家忙着挑水泡。十几天后，慢慢适应了，就走得多了，有时走到近100里。先后经过桃源、沅陵等地，路上还遇到暴风雪，只得休息两天再走。在湖南境内，一个突出问题是遭遇湘西土匪。黄团长是湖南省政府派的，他跟土匪头头打招呼说："这些学生既没枪又没钱，你们抢不到什么东西，所以请你们高抬贵手。"在黄团长的交涉下，师生们安全渡过湘

---

① 唐敖庆.中国科学院院士自述[M].上海：上海教育出版社，1996.

西这一关[①]。

之后进入贵州，山路崎岖，途经不少苗族、侗族等少数民族聚集地，民风淳朴。在贵州与当地苗族乡亲联欢时，看似古板的曾昭抡，以探戈舞蹈表演，回报苗族青年的芦笙表演，引来阵阵喝彩。后来还经过黄果树瀑布、华严洞（内有钟乳石）等风景名胜区。经过黄果树后第二天，传来台儿庄大捷的消息，步行团特在安南县休整一天，并进行庆祝大捷的游行，惊动了小小县城。进到云南后，公路比较宽了，路也平了。沿路一些小县城富源、曲靖等，老百姓家门口都挂起国旗，对步行团表示欢迎。黄团长对老百姓说，这些学生都是国家栋梁之材，将来要为国家做贡献。学生们也亲身感受到老百姓的热情。黄团长发动的这个互动，教育了学生，也教育了沿途的民众。

步行团从长沙到晃县，再到贵阳共1 007公里，贵阳到盘县，再到昆明，计656公里，合计1 663公里，约3 500里。从2月20日凌晨出发，4月28日下午到达，总共68天；扣除乘车、休息以外，实际走了40天，每天平均65里，且大都是山路，实在不容易。但这一路使教师、学生了解了西南社会的民情，行路、住宿的艰辛，磨炼了师生的意志。

步行团到达昆明时，受到学校领导和云南人民热情欢迎。从海路先到昆明的教师与女生夹道欢迎，教授夫人还给步行团准备了硕大的鲜花花篮。步行团前面打着旗，在昆明主要街道绕行了一下，最后到圆通公园，在那里举行了很大的欢迎仪式。黄团长特地点了一下名，一个也不少，然后把学生交给西南联大梅贻琦校长，步行团的任务到此结束。时任云南省主席龙云，要求昆华农校、昆华师范、昆华工校借出部分校舍给联大。接着，联大又租用一些会馆和民舍，但仍然容纳不下这么多学生，文学院、法学院只能安排在数百里外的蒙自县城。第二年，联大在昆明市西北郊盖起新校舍，文科才迁回昆明。

西南联大时期

联大虽然人数不多（算上师院与工学院，才1 700多名学生），但教室很

① 张曼菱.西南联大行思录[M].北京：三联书店，2013.

分散。有时上一节课在新舍东北区，下一节课在女生宿舍的南天一柱；或是先在乾坤正气大教室，后一节课就在昆北食堂……无时不须"马拉松"。跑到了教室，一看人已挤满，只能站着听课了。

联大化学系教授阵容整齐，先后有教授13位，多为化学各领域的专家。北大有曾昭抡、钱思亮、刘云浦、孙承谔、朱汝华，清华有张子高、高崇熙、黄子卿、张大煜、张青莲，南开有杨石

西南联大校门（引自《国立西南联合大学图史》）

先、邱宗岳、严仁荫，还有一支素质较高的助教队伍。联大化学系课程是在三校原有基础上调整而成，名教授都到教学一线上基础课。

下表为西南联大化学系课目表（选修课未全列入，括号内为学分）。

联大化学系开设的四大基础课，即"普通化学"、"分析化学"、"有机化学"和"理论化学"（即"物理化学"）都已具备，且都选用国际通用的英文教材，

学年	课程
第一学年	国文 (6)，英文 (6)，中国通史 (6)，微积分 (8)，普通化学 (8)，定性分析 (6)
第二学年	普通物理 (8)，经济学概论 (6)，德文（一）(6)，有机化学 (8~10)，定量分析 (10)
第三学年	理论化学 (10~12)，无机工业化学 (6)，有机工业化学 (6)，高等有机化学 (6)，德文（二）(6)
第四学年	高等理论化学（一）、（二）、（三）（各3），高等无机化学（一）、（二）（各3），毕业论文 (2)

这为唐敖庆以后留学打下了良好的语言基础。"高等无机""高等有机""高等理论化学"等为激发学生思维、拓宽化学视野而设，着重介绍各领域新进展、新成就。例如"高等有机"由6位教授分工，每位教授一两个专题；"高等理论化学"则分为原子分子构造、热力学、统计力学、应用热力学、原子价、溶液理论、化学动力学、化学键等专题，每专题一学期，几位教授轮流讲授。专家各有所长，学术见解也有差异，利于学术民主风气，激发学生积极思考。联大化学系还安排了一些专业性很强的课程，如"工业化学计算""化学工程""生物化学""综合药物化学"等，供学生选修[①]。

虽然一些课唐敖庆在北大已经修过，但联大一些由清华、南开学校的大牌教授开的课，有时间他都会去旁听。如清华张青莲开设的"普通化学"，讲课范围很广，不论是原子弹还是量子学说，都成为其授课内容。高崇熙也是来自清华，他教"定量及工业分析"，讲课的时候，声音大得整个院子都听得见。同学们刚选他的课时，没有人不怕他。在实验室里稍微犯点错误，如果被他发现了，就会得到一连串的责备，但是同学们慢慢地了解高崇熙先生的心肠很好，他只是恨铁不成钢。黄子卿讲授"物理化学"，是用英文讲义。当时国内只有较好的一些学校开设"物理化学"，因该课程要求教师有较好的数学、物理基础。而唐敖庆数理基础很好，修这门课并不困难。他还选了物理系王竹溪开的"热力学"。

曾昭抡是唐敖庆崇拜的教授，他开的课唐敖庆都会尽量去修。曾昭抡先后开出"有机化学""国防化学""高等有机""工业有机化学""有机分析"等课程。其中"高等有机"这门课，杨石先、曾昭抡、朱汝华、钱思亮四位先生分别讲了四门不同内容的高等有机化学，唐敖庆都去听了，感觉内容丰富，收获很大。曾昭抡很用功，晚上常研读外文的化学书籍。曾昭抡讲课以教学内容为主，教学比较灵活，主要用中文讲授，有时也穿插英文。以典型历史材料为辅，纵横谈论，兴趣时生，整个黑板写得满满的。上新课要指定一批参考书，鼓励学生自己钻研。他喜欢学生提问，更乐意回答问题。他很重视理论化学，提倡化学系学生要修"微积分"与"力学"。

曾昭抡还擅长分析时事，所写的时评比起某些专家毫不逊色，他在抗战

① 戴美政. 曾昭抡评传 [M]. 昆明：云南人民出版社，2012.

时期从事民主运动不遗余力。唐敖庆修了几门课后，与曾昭抡也逐渐熟悉起来。曾昭抡很欣赏唐敖庆的逻辑思维能力和好学精神。对于唐敖庆等同学举办的各种活动，他常是很乐意地接受邀请，并自始至终，跟同学一起吃、玩、闹[①]。

大学阶段，唐敖庆还选修了许多数学、物理课程。他在选修南开算学系主任姜立夫老先生的"高等几何"时，发现教授王竹溪也在听课，几乎每堂必到，还勇于提问，唐敖庆被联大教授的谦虚好学精神所感动。他还修了蒋硕民的"高等代数"。蒋硕民上课从无一句废话，讲话速度超乎寻常地快，讲偏微分方程时，一星期布置15道以上题目，每隔4星期要考一次。唐敖庆还慕名选了吴大猷的"理论物理"和"量子力学"。吴大猷学识十分渊博，教课的特点是说得快、写得快、擦得快，手脚比较慢的学生只能"望板兴叹"了。下课钟响了，吴大猷还常常坚守岗位，直到下一节课钟声响了为止。听这样的课，唐敖庆一般只记大标题，上课听懂推导，记在心里，下课再补笔记[②]。

西南联大对学生管理相对自由，不点名，不排队唱歌，也不用呼口号。不上课没人管，喜欢听的课才听，不喜欢的就不听不看。联大的老师很多，同一门课，各个老师教的不一样，学术有充分的自由，没有规定的标准。老师各讲各的见解，对于学生来讲，至少比只了解一个方向要好得多。学生思路开阔了，逐渐形成自己的判断，不一定非要同意老师的观点，而且可以公开反对，这样才有可能超越。当时理学院有一个学生，对所有物理学的理论都不赞成。周培源教力学，这同学每次下课就跟他辩论，周围还有很多人旁听，都变成南区教室一景了。联大有个大图书馆，每个系还有自己的资料室，图书馆全部开架，学生可以自由进库，愿意看什么书就看什么书，待一整天也没人管，置身其中如同浸泡在书的海洋里，那种感觉真是好极了[③]。

但联大的实验教学严重不足。临时大学迁往昆明时，化学系在香港采购到一些实验仪器和药品，还有南开大学抢运出来的少量设备；而清华运出来

---

① 唐敖庆. 一代宗师——曾昭抡百年诞辰纪念文集 [M]. 北京：北京大学出版社，1998.
② 西南联大除夕副刊主编. 联大八年 [M]. 北京：新星出版社，2009.
③ 何兆武. 回忆西南联大七年·那时那人那事 [M]. 武汉：华中师范大学出版社，2009.

的一些设备，一部分存放在四川北碚，全被日军炸毁了，另一部分从山东转运过来，成为联大工学院最重要的设备；北大则没能运出什么设备。因此仪器药品是当时最突出的困难。后来公路被封锁，连最常用的双氧水、盐酸、硝酸都买不到，只好自己制备。当时没有自来水，就在实验室旁搭个木架，放上木桶，就是小水塔；实验室加热没有煤气灯，就用酒精灯，后来连酒精也买不起了，只能用木炭加热。没有冷凝水，就用两个铁皮槽，一个放在架子上，一个放在桌子上，打上一槽水，不断地将水

西南联大图书馆（引自《国立西南联合大学图史》）

图书馆内（引自《国立西南联合大学图史》）

往上槽舀，保持水的流动性，达到冷却效果。

由于实验条件太差，无法做毕业论文，联大化学系将毕业论文改为读书报告或调查报告。读书报告是导师给学生一个题目，并开出一系列参考书，让学生看后提出如何进行实验，然后进行报告。另一类是为地方资源开发作调查报告或考察报告。曾昭抡就多次带学生到云南一些煤矿、盐行、制糖厂等处调查，并结合其中有关化学的工序进行讲解，使学生了解当地资源、社会民情。写出的考察报告则为地方政府提供参考，有明显应用价值，为学生毕业后进入社会打下基础。

联大的学习条件很艰苦。刚到的时候，学校没有装电灯，男生住在茅草搭起来的长条宿舍里，两架上下床用破床单隔成一个空间。整条宿舍公用几

西南联大新校舍（引自《国立西南联合大学图史》）

盏油灯，由女工统一来加油。油不够，寝室里的昏暗就可想而知。图书馆是用汽灯，偌大的图书馆也没有几盏灯，因此抢座位比买电影票还要拥挤。天未黑，馆外便黑压压站满了人，门一开便向里涌，涌进门就分头向汽灯下面跑，等坐定一看，往往会发现笔记本挤烂了，或洋装书的硬封面挤脱了。挤不到座位的人，只得夹着书继续往前走，三五成群在昏暗的道路上，走向云大图书馆。云大图书馆让联大学生占满了，云大学生也不乐意，后来云大做出规定：一定要佩戴云大校徽才可入内。唐敖庆只能在联大图书馆昏暗的灯光下读参考书、整理笔记，眼睛近视度数越来越深。到了1940年春天，新宿舍才有电灯。但初期电压低，电灯很昏暗，一个宿舍8人一盏，而且吊得很高。那样的灯光，不需半年便可速成一副近视眼。

唐敖庆每天都在昏暗的油灯下挑灯夜战，久而久之，他的眼睛近视度数越来越高，眼镜片上的螺纹一圈圈地增加。每天早上起来，眼前模糊不清，要像瞎子似的摸来摸去才能摸到眼镜。上课时，即使坐在教室第一排，他也看不清黑板上的字，眼疾成了他前进途中的绊脚石。对付这个恼人的问题，唐敖庆的对策是训练记忆力，提高上课效率。他听课只记大标题，把教授讲的内容要点和烦琐的化学符号、数学公式全都强记在脑子里，课后再打开"记忆闸门"，将它补记在本子上。他的学习成绩一直遥遥领先，大学毕业后，顺利留校任教。

西南联大师生有个"曲社"（爱好昆曲人的小团体）。昆曲最初是江苏昆山一带民间流行的清唱腔调，数百年来对许多地方戏曲都有影响，是我国最古老的声腔之一，许多学者将昆曲作为古代戏曲音乐的"活化石"来研究。曲社中水平最高的是数理统计学家许宝騄，他是留英博士。令人意想不到的是，许教授竟会唱300多出昆曲。另一位是中文系罗常培教授，也学昆曲，他的目的是要研究制曲与配乐的关系。学生中也有一些爱好者，唐敖庆就是一个。以前在家，他常听昆曲演唱，现在因抗战来到昆明，几年回不了家乡，唱起昆曲就如同回到家乡。曲社不定期聚会活动，有时还应邀到昆明广播电台演唱①。

联大的学生绝大多数是背井离乡，寒暑假也回不了家，一年四季都在校园里。好在上学、吃住都不要钱，学生每个月靠"贷金"吃饭，而且不用还。因为穷困，吃喝玩乐的事没有可能，大部分时间都用来学习。休息时就在草地上晒晒太阳，或到街上茶馆花一毛钱喝碗茶、坐一晚上。一部分人在用功学习，大部分人在聊天，海阔天空说什么的都有。同学之间聊天，特别是不同学科交叉，受益就更多。文科学生在茶馆曾听到物理系的两位才子杨振宁和黄昆在高谈阔论。黄昆问："爱因斯坦最近又发表了一篇文章，你看了没有？"杨振宁回答"看了"。黄昆又问"如何"，杨振宁把手一摆，不屑地说"毫无 originality（创新）"。文科生想："年纪轻轻，怎么能这么狂妄？居然不把当代物理大师放在眼里。"事实上，年轻人大概需要这种气魄才能超越前人。读中文的对读历史的学生说："亚里士多德说过：诗人可能比历史学家更真实，因为他们能够看到普遍的人性深处。"专业的历史学家往往止步于历史事件，没能够进入当事人的灵魂深处，知道的细节再多，不等于了解历史。这些从同学间的聊天得到的启发，影响了许多人的一生②。

昆明的气候，四季如春，处处鲜花开放。昆明又处于高原，秋天的天空，

---

① 余斌.西南联大·昆明记忆[M].昆明：云南民族出版社，2003.

② 何兆武.回忆西南联大七年·那时那人那事[M].武汉：华中师范大学出版社，2009.

像大海一样一片湛蓝。1938年9月底的一天上午，突然一声汽笛凄厉地响起，接着四面八方似乎到处都响起汽笛声，同学们从教室里跑出来。听到一阵越来越大的隆隆飞机声，唐敖庆抬头一

西南联大纪念碑（引自《国立西南联合大学图史》）

看，蔚蓝的天空中，几架银色的飞机排着队列飞过，一阵机枪扫射后，又传来地动山摇的轰炸声，门窗震动，硝烟四起……后据新闻报道，日军出动一个中队，在小西门外投下重磅炸弹几十枚，死者尸横遍野，幸存者惨叫声不断，共炸死一百三十几人。从此日军开始轰炸昆明，以后，只要天气晴朗，日军轰炸机就有可能来光顾。为了避开日本飞机轰炸，许多教授搬到郊外，多数租住村中的院子。

1940年夏，唐敖庆以优异成绩从西南联大毕业，随即聘为化学系助教。当了教师，唐敖庆对联大的教师们有了进一步的了解。吴大猷为了让学生对光谱仪有感性认识，他用北平带去的一些元件，组装了一台光谱仪，并用砖头砌了一个平台，用木头做支架。暗筒是用黑纸糊的，还有一个放照相机底板的东西，要拍光谱的照片。就用这么一个简陋的光谱仪，吴大猷还为学生演示了光谱实验。胡适在美国当大使，他知道国内的情况，看到一本新出版的数学专著《拓扑学》，就买了书，扯掉精装硬皮，航空邮寄给江泽涵。收到后江夫人为书做了个封皮，这本书就在数学系的教师中传阅，大家轮流做报告来读它、抄它。日军的炸弹可以把教师逼到荒山野岭，但阻挡不住他们吸收国际最新知识的欲望，并及时将它们传授给学生。值得

一提的是，联大是名教授在一线上基础课。地质系出去实习考察，都是系主任孙云铸带队。孙云铸已50多岁，是世界知名地质学家，还自己带队翻山越岭、风餐露宿，而不是叫讲师、年轻教师带队。这种教学态度，潜移默化地影响着年轻一代。

那年秋天，日军封锁了滇缅公路，昆明成了被轰炸的重点。特别是10月，日军每次出动几十架次。由于我方没有制空能力，日本飞机飞得很低，飞行员在飞机上用机枪点射昆明市民。每一次开枪，就有人倒在血泊中，人们哭喊着逃向另一边。飞行员又向另一边射击，以此取乐，残忍至极。日军一天多次轰炸，文化教育机关竟也成了他们轰炸的目标。联大师院男生宿舍被炸，平民一天死伤几十人，日寇的罪行激起了全人类的愤怒。在敌机频繁侵袭、动荡不安的日子里，联大教师大都总结出躲避敌机、抓紧时间学习工作的办法。因从早到晚都在跑警报，一切计划都不能实行。唐敖庆也有了经验：将要读的书或要写的材料、笔用书包装起来，听到警报就抓起包奔出城，到荒郊或山沟里坐下，抓紧时间看书或写讲稿。这段时间，曾昭抡住在大西门外敬节堂巷，唐敖庆有时会去那儿找他，其间曾昭抡还安排唐敖庆带学生到盐行考察[①]。

1943年，日寇已开辟了太平洋战场。美国参战后，协助中国建立起空军飞虎队，给日本空军很大的教训，昆明的轰炸比以前少多了。唐敖庆写信给他的未婚妻史光夏，让她从家乡来昆明[②]。史光夏历尽艰辛，从沦陷区"千里寻夫"来到昆明。唐敖庆结婚后租了一间小屋。昆明的物价高涨，米价8年里涨了300多倍，使一些教职人员苦不堪言。为缓解生活压力，许多教授都做些兼职工作：闻一多制印；王力到中学兼课；许多教授为报社、杂志写文章；化工老师制肥皂；物理老师做铅笔。特别是1942年后，联大教授的工资不能按时发放，教授夫人为人加工毛衣、绣花挣钱，来维持家用。因为住在乡间，还自己种菜、养鸡，自给自足。梅校长的夫人等也制作米粉碗糕，取名"定胜糕"（抗战一定胜利），送到冠生园食品店出售。唐敖庆承担繁重的助教工作，领取法币一二百元月薪，除了付房租，其余全部用来买米还不够，只得

① 余斌.西南联大·昆明记忆 [M].昆明：云南民族出版社，2003.
② 唐敖庆.中国科学院院士自述 [M].上海：上海教育出版社，1996.

兼做家庭教师。一年多后，第一个孩子出生了，为了纪念出生地，唐敖庆将他取名为唐昆。孩子的出生，使家里经济更紧张。经过系主任杨石先介绍，唐敖庆到离昆明16公里的呈贡县中学去兼课，家里才能勉强糊口[1]。为此，唐敖庆每周须来回在两地奔波。

留学哥伦比亚大学[2]

1945年9月，终于盼来抗日战争胜利。国民政府委派著名物理学家吴大猷、化学家曾昭抡、数学家华罗庚于1946年赴美考察原子能技术，并要他们推荐一些优秀年轻人才去美国学习原子能技术。吴大猷推荐了李政道、朱光亚，曾昭抡推荐了唐敖庆、王瑞骁，华罗庚推荐了孙本旺。他们以助手身份随同访美。为了给年轻人一些知识准备，安排唐、王、李、朱、孙5人，于1945年12月至1946年2月在联大接受应急培训。由吴大猷给他们上"量子力学"等现代物理课程，华罗庚也给他们讲了点数学。1946年7月初，曾昭抡赴美打前站，吴大猷先赴英参加庆祝牛顿诞辰三百周年活动，再转赴美。只有华罗庚带着5个年轻人，9月2日从上海搭船赴美。曾昭抡到美国后发现，美国政府根本不让外国人参与原子能技术学习与工作，他就赶紧为他们联系其他留学的学校。唐敖庆到美国旧金山后，立刻去找住在加州大学一位华人教授家里的曾昭抡。曾昭抡将唐敖庆推荐到哥伦比亚大学化学系，跟随 Halford 教授（哈弗尔德）攻读博士学位。Halford 先是研究有机化学，后转为物理化学。其余四人也分别推荐到不同大学读书。三位老师（曾昭抡、吴大猷、华罗庚）则分别到不同大学做访问教授[3]。

分手前，曾昭抡与唐敖庆有一次长谈，曾对唐敖庆介绍了美国学习、生活的一些细节。当时国内正在进行解放战争，东北战场上一些原来已属于共产党管理的城市，又被国民党军队占领了。唐敖庆很担忧时局，曾昭抡给他做了分析："表面看对我方不利，其实不然，这些城市给国民党背上了一个个

---

① 西南联大除夕副刊主编 . 联大八年 [M]. 北京：新星出版社，2009.
② 戴美政 . 曾昭抡评传 [M]. 昆明：云南人民出版社，2012.
③ 唐敖庆 . 一代宗师——曾昭抡百年诞辰纪念文集 [M]. 北京：北京大学出版社，1998.

包袱，会把它压垮。总有一天，这些城市都会回来的。"曾昭抡一席话，使唐敖庆在迷茫中看到光明。后来回国后，唐敖庆在毛主席著作中看到了这些分析，看来曾昭抡当时就读过毛著了。在老师的影响下，唐敖庆在美国参加了"进步学生运动"，每个学期还给曾昭抡写信，汇报学习情况。曾昭抡在回信中给唐敖庆很多鼓励，勉励他努力学习，以准备将来报效祖国。

哥伦比亚大学位于美国纽约曼哈顿的黄金地段，是美国最早的大学之一，也是美国常青藤盟校的一个领袖。哥伦比亚大学建校远早于美国的建国，它是英国国王乔治二世于1754年创建的，原名叫"国王学院"，因此有较浓的皇家色彩。大革命爆发，学校关闭。革命胜利后，美国政府接管并改名为哥伦比亚大学，后来再归还给

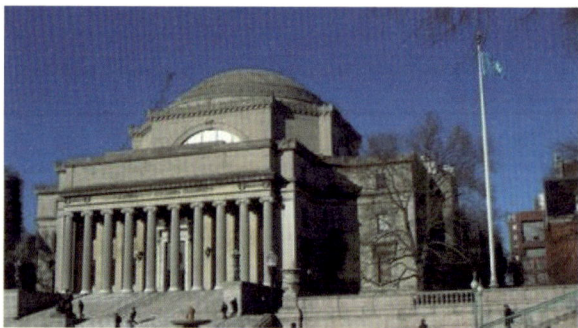

美国哥伦比亚大学

董事会，但校名就保留下来了。当时的哥伦比亚大学拥有十几个学院，其中只有3个招本科生，其余均只招收研究生。七十几个专业系科，还有100多个研究所和学术研究中心，历史上有五十几位教授或校友获诺贝尔奖。

唐敖庆怀着惴惴不安的心情走进了哥伦比亚大学化学研究院，迎面见到一位四十出头、身材魁梧、目光炯炯的中年人（Halford）。"欢迎您，唐先生！"Halford紧紧握住了唐敖庆的双手："您的情况，我已从曾教授那里了解了，很高兴和您合作！"

唐敖庆来到哥伦比亚大学，看到这么好的学习和实验条件，不仅抗战中的联大不能比拟，即使抗战前的北大也无法比肩。哥大化学系的教授，有的是诺贝尔奖的获得者，有的是美国科学院院士，十几个学院拥有13个图书馆。这么强的师资和这么丰富的图书资料，实验室里的现代化仪器都鼓励学生去用。唐敖庆真想一天当作两天使，凭着他在西南联大打下的数理化基础，他想用3年时间修完化学与数学两个系的课程。唐敖庆以顽强的毅力、无坚不摧的锐气开始拼搏了，他每天匆匆地奔走于化学系与数学系之间。在这个系刚

刚下课，又匆匆忙忙地赶往另一个系。每天晚上，他在图书馆整理笔记，并查阅大量参考资料，好像有用不完的精力，思维的翅膀在化学和数学的领域自由翱翔。

"唐先生，听说您在听两个系的课？"一天，他的指导教师Halford疑惑不解地看着唐敖庆。唐敖庆有些不好意思，然而却语气坚定地说："Halford教授，我想同时拿两个学位！""原来是这样！"导师不禁吃了一惊，"你撑得住吗？你在美国只有3年时间呐！"这是他从没听说过的事情。在一般情况下，在这样短的时间里，拿到一个学位，都是很艰难的。

正在唐敖庆全力拼搏时，一个巨大的打击向他袭来，他的眼病又犯了。上课时，即使坐在第一排，黑板上清晰的字迹在他的眼里只是模糊不清的一片。查阅文献时，要把眼睛贴到离书几厘米的距离，才能勉强看清楚。繁重的思维活动、紧绷的大脑神经，使唐敖庆的眼睛视力更加衰竭了。医生向他发出红牌警告："你要再这样用眼，将会失明的！"眼睛，像生命一样宝贵的东西。要保护眼睛，就要少看书或不看书，这等于要从科学进军的征途上退下来。唐敖庆不能接受这样的命运安排，他要与命运抗争。

不能过多地使用眼睛，唐敖庆就开始加强训练自己的记忆力。每次上课时，他只记下一些大标题。教授在讲述时，他一边听一边跟着推导思维。当教授在写板书时，他赶紧将刚才的内容回想一遍，然后跟上下一段的讲解和推导。听完课，自己再把所有的内容回忆一遍，然后整理成笔记。通过这样的训练，唐敖庆听课的效率比以前更高了。慢慢地，他将大脑训练成"存储器"，养成了过耳不忘的习惯，需要时可直接调用，比一般人记在笔记本上更好。唐敖庆在学习的道路上，比其他同学洒下了更多的汗水，也比其他同学获得更大的收获，而且练就了惊人的记忆力，直到老年都没有减退。

在哥伦比亚大学研究生院，唐敖庆同时选修了化学系与数学系的主要课程。他修满了30学分的化学课外，又选修了30学分数学和Heitler，Lamb，Rabi，Yokawa，Bethe等教授讲授的理论物理课程，为他后来从事的理论化学研究工作打下了坚实而深厚的基础。入学一年后，唐敖庆以优异成绩通过了博士资格考试，进入博士论文阶段；并获得了"University Fellowship"校级最高奖学金，该奖金在全哥伦比亚大学几千名研究生中只有8个名额，化学系200多人只有唐敖庆一人获得 ①。

他还当了 LaMer 院士的助手。一次，院士要外出，把唐敖庆叫来说："我明天应邀要去外地讲学，我的'化学原理'课就请你代劳了。"说着，就把几张讲稿递给唐敖庆，要唐替他上一次课。唐敖庆有些担心，问："我能行吗？"院士肯定并带鼓励地回答："行，我相信你。"望着院士信任和期待的目光，唐敖庆接下了这个任务。他先把院士讲稿的内容熟悉一遍，再在自己的脑子里记忆一遍，然后再尝试以初学者的理解力推导一遍。他发现其中一些较难理解的地方，就再补充一些论据，然后试讲一下，看看需要多少时间。最后，确定了讲述内容后，唐敖庆再把它记忆一遍。

中国留学生要代替院士上课的消息不胫而走，很快传遍了哥伦比亚大学的化学学院。上课铃响后，教室里座无虚席。修 LaMer 院士这门课的学生，有本系和外系的学生，还有些中国留学生是来捧场的。只见唐敖庆手里拿着几根粉笔，大踏步地走上了讲台，手上既没有讲稿，也没有参考资料。台下喊喊喳喳有人议论起来："他是不是紧张得连讲稿都忘了带？""他到底行不行？"唐敖庆一开始讲课，洪亮的嗓音、自信的语调立刻使教室里安静下来。他先介绍了今天这堂课的中心内容，然后一步步推理下来，严密的逻辑、透彻的论述，清晰的板书，吸引了所有人的注意力。两节课很快就过去了，当唐敖庆以"谢谢大家"结束自己的讲授时，教室里响起一片热烈的掌声。以后，唐敖庆还替 LaMer 院士上过几次课，大家也习以为常了。

1948年，浙江青年徐光宪自费公派来到美国旧金山，在圣路易斯华盛顿大学化工系学习。后来听说哥伦比亚大学有暑期班（两个多月），他就赶来纽约，选了两门课。学校规定，若考试成绩在前10%，就可进入哥大。徐光宪选了"化学热力学"与"偏微分方程"。前一门考两次，分别为99分、100分，后一门成绩为 A。授课教授非常高兴，写推荐信说徐是班上第一名，使徐获得了大学助教奖学金。徐转入哥大学习，并在唐敖庆等的帮助下，将徐的夫人高小霞也接来美国读博士。徐光宪与唐敖庆等4人合租了122街日落（Sun Set）公寓。大家轮流做饭，一起吃饭。唐和徐两人后来成为终身的挚友。

在哥伦比亚大学学习后期（40年代末），随着国内革命形势的迅速发展，

① 徐光宪. 唐敖庆科学论文选集 [C]. 长春：吉林大学出版社，1996.

校内的300多名中国留学生中发生明显的政治分歧。国民党控制的"哥伦比亚大学中国学生会"，扬言要以中国留学生的名义开展一系列"拥蒋崇美"活动。这时唐敖庆已读过《新民主主义论》一书，他坚信书中指出的令人信服的真理：只有革命，中国人民才有出路，只有社会主义才能救中国。他旗帜鲜明地与一部分志同道合的同学，通过各种途径对此进行宣传活动。一天下午，唐敖庆和十几位进步同学相邀，在一个教室里商量如何阻止"哥大中国学生会"的可耻行径。当时在美国颇有影响的《华侨日报》主编、后来曾任联合国副秘书长的唐明照也应邀参加了会议。

哥大同学合影，前排左一徐光宪，后排右二唐敖庆（吉林大学理化所提供）

与会者对多数中国留学生的政治觉悟和是非观念是充满信心的，就是苦于无法联系。"你们也可以组织起来嘛！"唐明照插话说。"对呀！"有着多年学生运动经验的唐敖庆恍然大悟，"他们有中国学生会，我们也可以成立一个中国同学会。我们有了组织就可以团结起来，统一行动了。"大家都赞同唐敖庆的意见。经过充分的酝酿和选举，中国同学会诞生了，在留学生中享有很高威信的唐敖庆当选为第一届理事会的主席，他的好友徐光宪当选为常务理事。回国后，唐敖庆才知道，另两位副主席和秘书长当时就是中共党员①。

这时唐敖庆的寓所，已成为议论国事的场所，曾被戏称为"唐氏茶馆"。在斗争中形成的进步学生组织"哥伦比亚大学中国同学会"，唐敖庆当选为第一任主席。"中国同学会"与"中国留美科学工作者协会"等进步组织一起，开展了许多活动。1949年10月，新中国成立的消息传到美国。中国同学会在纽约河边教堂（Riverside Church）附近的国际学生公寓，租借地下健身房的篮球场，举办庆祝中华人民共和国成立的大会。开会要有国旗，高小霞等女生根据新华社报道，买红布做国旗，用黄布剪出五角星缝在上面。大会上介绍国内情况，向联合国发出签名通电，要求驱逐国民党代表，接纳新中国的代表。后来，大家又到纽约中央公园野餐，由于没有可悬挂的标志物，就立了一块"胜利酒家"的牌子。1950年海南岛解放时，"同学会"发起"一人一元劳军运动"，慰劳解放军。一美元是很少的数目，但那时是一个政治表态，约有2 000人参加了这一活动②。

1949年夏天，唐敖庆写出了题为《相互独立粒子的统计理论》的博士论文，向理论化学的高峰开始了首次进军。他并不急于答辩，他要等待那一伟大的时刻到来的时候再进行答辩，他要把博士学位献给新中国。1949年10月1日，新世纪的曙光从东方升起。唐敖庆欣喜万分，彻夜难眠，急于回归、报效祖国的心情再也按捺不住了。唐敖庆立即申请论文答辩，同时开始办理回国手续。曾昭抡还是北大化学系主任，他写信邀请唐敖庆到北大任教。唐敖庆顺利地通过了论文答辩，取得了博士学位。学校为了表彰唐敖庆出色的学习成绩，奖给他一枚象征能够打开科学大门的金钥匙。

1949年11月，唐敖庆获得博士学位后，老师们对他很器重，希望他留在美国。他曾经给LaMer院士当助教，院士听说唐敖庆要回国，很担心他的才华被埋没，就对他说："你现在回去做什么，不是跳火坑吗？"并再三表示，可以为他介绍工作。唐敖庆婉言谢绝了他的挽留。不过，导师Halford的挽

---

① 张玉来.科学之树植根于祖国大地[N].人民日报（海外版），1996-01-02.
② 叶青，黄艳红，朱晶.举重若重•徐光宪传[M].北京：中国科学技术出版社，上海：上海交通大学出版社，2013.

留却不能不使他动情。几年来，师生之间建立了深厚的情谊。导师听说学生即将回国的消息，他和夫人特意在一个档次很高的餐厅，设宴为唐敖庆送行。席间，Halford 深情地说："我对国共两党谁是谁非并不了解，也不妄加评论，不过贵国目前相当落后我是确信不疑的。你回到那里，继续从事你的科学研究是相当困难的。是不是在美国工作两年，看看再说。""教授先生，"唐敖庆放下餐盘，激动地说，"我知道我的祖国现在是满目疮痍，百废待兴。但您知道，一个爱国者是不会嫌弃他的祖国贫困的。改变祖国贫困落后的面貌，正是每个爱国者义不容辞的责任！"他对 Halford 说："我的事业在自己的祖国，我的祖国就是中华人民共和国。"

导师被学生强烈的爱国热忱深深打动了，他理解学生的心情，把最珍贵的文献资料送给了学生。国民党特务分子也百般阻挠留学生返回大陆，唐敖庆冲破重重阻力，终于办好了离境手续，于1950年初回到祖国。27年后，当唐敖庆率领粉碎"四人帮"后中国第一个化学代表团访问美国时，他想到哥伦比亚大学去看望自己的导师。可惜的是，年近七旬的 Halford 正卧病在床，在距离纽约市很远的医院接受治疗。唐敖庆只能给导师打了长途电话，表示最诚挚的慰问。

当年离开美国前，唐敖庆曾写信给同在美国留学的一位同学，告诉他自己要回国了。虽然美国各方面条件比国内好得多，但在这里教的是美国人，回国是为自己国家做事。中国学生在美国待得越久，对祖国的贡献就越少。结果那同学回了一封信，画了一幅坐标图，横坐标代表在美国停留的时间，纵坐标代表对祖国的贡献和自己业务的成长。有两条曲线：一条呈下降趋势，这条曲线说明在美国停留时间越长，对祖国贡献越少；另一条曲线呈上升趋势，这条曲线代表在美国时间越长，自己业务水平越高。他说，自己还是要回去的，但要选择在两条曲线交点的这个时间回来，实际上他是不想回来了。40年后，当唐敖庆回忆起这段往事时，两人都成为世界著名的科学家，但显然唐敖庆不仅对科学研究有贡献，而且对国家科学发展、人才培养的贡献要大得多[①]。

---

① 唐敖庆 . 中国科学院院士自述 [M]. 上海：上海教育出版社，1996.
唐敖庆 . 一代宗师——曾昭抡百年诞辰纪念文集 [M]. 北京：北京大学出版社，1998.

第二章 / 到东北去

回到北大 [①]

　　唐敖庆于1950年春节期间，经香港转天津回到北京大学，起先住在教育部招待所，等待分配工作。一天晚上，他去看望曾昭抡。曾昭抡很高兴，问起唐住在什么地方，唐敖庆回答是教育部招待所。曾昭抡对他说，你现在已被北大聘用，2月份就有工资了，不能再住这种免费招待所。可唐敖庆一时无处租房，曾昭抡想了一下说："你就搬到我这里来，我们一起吃饭。"曾昭抡当时住在北沙滩一套三间房子里，一间他自己住，另一间做会客室，还有一间空着，唐敖庆就住进去了，开始与曾昭抡朝夕相处的一段日子。

　　曾昭抡告诉唐敖庆："马上要开学了，这学期你要开'普通化学'，不能

---

① 叶青，黄艳红，朱晶. 举重若重·徐光宪传 [M]. 北京：中国科学技术出版社，上海：上海交通大学出版社，2013.
唐敖庆. 中国科学院院士自述 [M]. 上海：上海教育出版社，1996.

用现成讲义，必须自己写。"当时春节已过，马上就要开学，时间相当紧张。唐敖庆抓紧时间编讲义，写出一部分就送给曾昭抡审阅。看过两部分后，曾昭抡放心了，也就不看了。唐敖庆还是按照这个要求，继续写下去，完成了"普通化学"讲义，顺利地开出了第一门本科基础课"普通化学"。

新北京大学校门

不久后，曾昭抡问唐敖庆："国外有没有好的人才，可以请来北大任教？"唐敖庆马上想起在美国的同学徐光宪。曾昭抡听了唐的介绍，很感兴趣，明确表态："聘请徐光宪先生和他夫人高小霞来北大任教。"唐敖庆立刻给徐写信，徐光宪很快回信问："要不要拿到博士学位？"当时中美关系紧张，徐怕拿学位拖延时间，而被美方卡住。唐将这情况告诉曾，曾回答："如果两三个月内能拿到学位就抓紧，如果来不及就不要等了。"徐光宪接到信后，抓紧赶论文、拿博士学位，于1951年5月与高小霞一起回到北京大学。任教一段时间后，北大给唐敖庆分了房子，他的妻子史光夏带着两个孩子，从江苏来到北京，唐敖庆就从曾昭抡那里搬到北大宿舍楼。后来，曾昭抡出任教育部副部长，就辞去了北大化学系主任一职。

1949年，北平和平解放，北大化学系也进入了一个崭新的阶段。虽然经费困难，但化学系还是检修了房屋、管道，恢复了机械加工房，成立了化学博物馆。化学实验室补充了普通仪器，试制了半微量仪器，制备了一些基本药品，如盐酸、硫酸、硝酸和部分有机试剂。资料室补充了新书，又增订了俄文化学杂志。各方面条件都有了改善。此时，北大化学系共有学生120人，比起抗战前后四五十人翻了一番还多。另外，化学系还要承担理学院化工系及其他系、医学院等400多名学生的化学实验课。全系有教授6人，副教授2人，讲师、助教18人，职员、技工18人。这些教职员工要承担50～60门课，并要带那么多实验，工作相当繁重。本来北大都用外文教材，新中国成立后要求不用外文教材，特别是主干课程，要求教师都要自编中文讲义[1]。

刚到北大，唐敖庆被聘为副教授，后升为教授。他在自编的"普通化学"讲义中，把化学热力学引入，并讲授溶液性质。他开设了化学数学课程，为研究生讲授"统计力学"与"量子化学"。当时，唐敖庆还没招研究生，系主任孙承谔就把自己的研究生刘若庄分给唐敖庆带。

在科研方面，唐敖庆开展了杂化轨道理论研究。1931年，Pauling 提出轨道杂化思想，从 s，p 轨道组合出 sp^3 杂化的四面体键函数，后又进一步发展

唐敖庆备课（吉林大学理化所提供）

到 s-p-d 杂化，得到 sp^3d^2 八面体键函数和 sp^2d 的四方形键函数。以后，人们对等性杂化键函数做了较全面的研究，得到杂化轨道键角与 s，p，d 轨道成分之间的关系。但该关系式的键角不能多于2，这显然不符合多面体络合物的

① 戴美政.曾昭抡评传 [M].昆明：云南人民出版社，2012.

情况。唐敖庆等在1950年提出最优键函数的一般构造法，解释了像 PCl_5 等三角双锥型分子的杂化轨道；1951年又提出构造一般键函数的矩阵方法，建立了包括 s-p-d-f 原子轨道在内的杂化轨道理论。他还根据群论分析，对具有 O_h 和 T_d 对称性的八价键函数，预测必定含有 f 轨道。唐敖庆还开展了橡胶分子平均长度的研究工作。

协助指导研究生刘若庄

唐敖庆协助指导的研究生刘若庄，1925年5月出生于北京一个小职员家庭，12岁父亲病逝。刘从小学习成绩优秀，中学时就在课余从事家教，以缓解家庭经济的拮据。1943年刘若庄高中毕业后，考入辅仁大学化学系。大学期间，他依靠每年高额奖学金维持学习。1947年大学毕业后，同年考上北京大学化学系研究生，师从袁翰青，进行有机化学方面的研究，后因某种原因，又转给系主任孙承谔带，研究课题为物理化学。唐敖庆回国后，孙承谔又把刘若庄分给唐敖庆带，研究方向又转为量子化学。先后师从不同学科导师，使刘若庄的知识面比较宽，为他以后教学、科研打下很好的基础。

由于当时教学任务繁重，1950年3月这批研究生就提前毕业。刘若庄提前毕业后留校，承担"有机化学实验"与"定量分析实验"的指导。由于当时中文教材很缺乏，利用课余时间，刘若庄开始翻译英文教材《定性分析理论基础》，该书1951年在商务印书馆出版后，成为50年代常用的教材与参考书。刘若庄同时跟着唐敖庆进行化学键理论的研究，先进行了"六价键轨道"研究，后又进行了"类橡胶分子的统计长度"研究。这些研究整理成文，发表在《化学会志》上。1950年6月，刘若庄以论文 "Specific Heat by Mechanical Quandratures"（用机械求积法计算比热）通过研究生论文答辩。

1951年9月，兼任辅仁大学化学系主任的邢其毅，聘刘若庄到辅仁大学化学系任讲师，同时兼任北京大学化学系讲师。刘若庄的课堂教学注重循循善诱，引导学生的兴趣与思索。他的讲课思路清晰、条理分明，以强调应用著称。1952年，全国高等学校进行院系调整，刘若庄被调整到北京师范大学任教，以后一直在北师大工作至今。

去东北人民大学 [1]

1952年，党中央、教育部决定对全国高等院校的布局进行调整。当时北京大学的工科要并到清华大学，清华大学的文科、理科并入北京大学，燕京大学也要并入北京大学。经过这样的调整，北京大学理科可谓人才济济，阵容十分强大。教育部官员带领曾昭抡等专家到东北考察，发现作为我国重要的工业基地，却连一所理工科大学都没有。为了改变这种不合理的布局，教育部决定在原来只有文科的东北人民大学（长春）增设理科，把它办成一所综合性大学。曾昭抡马上想到了唐敖庆，觉得唐敖庆可以到这里来打开局面。教育部要从全国各地的综合性大学选派一些理科教师到长春市的东北人民大学去工作，并在东北（哈尔滨）再建一个工学院。

唐敖庆听了北大化学系领导的动员后，感到这是国家发展教育事业的一项重要措施，当即向党支部书记表示愿意到东北去工作。曾昭抡对唐敖庆一向十分关心，唐敖庆想到东北去工作的心愿他当然知道。即使这样，他仍语重心长地说："说心里话，从学校角度讲，我们是舍不得放你去的。你的业务能力、教学水平是有目共睹的，但是建设一所新的大学非常需要像你这样的人才。"唐敖庆表示："我理解您的心情。国家办一所新的综合性大学会有很多困难，那里更需要我，只是不要安排我行政职务。"

唐敖庆深深眷恋着北京大学。这里是他踏进科学殿堂的起点。在这里，他先后开设了"普通化学""物理化学""统计力学""化学动力学"等五门课程。这里有他熟悉的老师和同事，这里寄托着他的理想和希望。现在，就要告别北大，他的心中难免一阵阵的不舍。唐敖庆的思绪从学校又转到了自己的家庭：妻子怀孕，还有一个月就要临产了；岳母年过花甲，身体虚弱；全家人长期生活在南方温暖的气候条件，现在要到一年中半年是冬天的东北，气候以及饮食会带来许多不便，要如何去适应……

想到这里，唐敖庆思想上有些困惑了。但他又想起周总理在怀仁堂对知识分子的殷切期望，想到抗战英烈舍生忘死，想到志愿军在朝鲜卧冰雪吞炒

---

① 张玉来. 科学之树植根于祖国大地 [N]. 人民日报（海外版），1996-01-02.
戴美政. 曾昭抡传 [M]. 北京：群言出版社，2013.

面，保家卫国。现在，国家需要我们知识分子，我们不能退却！唐敖庆心中顿时涌出一股强劲热流，感情上的依恋、生活上的困扰，都变得微不足道了。他的心情豁然开朗起来：到东北去，到那里去创业！他回家对家人说："组织上要调我去东北工作，赶快收拾东西。虽然那里各方面条件比较差，但那里更需要我们。"

化学系建系初期 ①

原燕京大学化学系主任蔡镏生受命组建东北人民大学化学系（除"文革"期间，蔡镏生一直担任化学系主任，直到1983年逝世）。他是福建泉州人，欣然离开生活条件优越的北京来长春赴任，放弃了在燕京时家里全套红木家具。他没带那些名人字画，而是带上回国时从国外带来的微量天平、油扩散泵、光接收器等化学实验需要的设备，贵重的化学药品，还有一批图书资料，就风尘仆仆地来到东北长春创业。

当时东北人民大学化学系只有一幢日伪时期建起来的两层小楼中的一层。全系只有几间很小的办公室，三十几名教职工挤在一起办公，教师的数量大约只相当于北大一个教研室的人数。实验设备、仪器、药品都无从谈起。第一届学生做化学实验的地方，就是现在改为食堂的地下室。同学们围着一张像卖肉案板似的条桌，用墨水瓶做酒精灯，用极为简单

东北人民大学

① 白玉白.20世纪中国知名科学家学术成就概览（化学卷 蔡镏生）[M].北京：科学出版社，2011.

的仪器，进行着最基本的化学实验……

"难道 Halford 教授的劝说是对的，我不应该这样匆忙回国。这样的条件，怎么能培养出高水平的学生，怎么能取得世界一流的科研成果？"唐敖庆暗问自己，"不，我没有错！当时西南联大条件比这更艰苦，头顶着炸弹，不是也培养出一批批人才吗？"为国家献身、为民族争光的志向在他的胸中激荡。他相信，在人民当家做主的年轻共和国的土地上，在这所由共和国自己建立的大学里，一定会出现举世瞩目的业绩。

唐敖庆的信心不是没有理由的。当时还有许许多多的大学教师像他一样，从北京大学、燕京大学、清华大学、交通大学、浙江大学会集到这里。他们当中有全国闻名的数学家王湘浩、王柔怀、江泽坚、徐利治，物理学家余瑞璜、吴式枢、朱光亚、苟清泉……化学系更是群星荟萃，有以实验技术高超著称的蔡镏生，有生物化学家陶慰逊，富有办学经验的老化学家关实之……特别是还有德高望重的著名教育家、历史学家吕振羽担任校长。"有这么多人才同心协力，艰苦创业，还愁办不成一流的大学吗？"唐敖庆对学校的未来充满了信心。

化学系建系初期，教师奇缺。除系主任蔡镏生和教授关实之外，只有7位来自北京大学、清华大学、交通大学、浙江大学、中山大学等校的中年教师和11名应届毕业生。蔡镏生一方面抓青年教师的培养，在这基础上，认真组织几门基础课的教学梯队，让学术水平高、教学经验丰富的教师进行示范性教学。另一方面，蔡镏生又抓实验教学，50年代初就着手建立同位素应用与检测技术实验室，60年代初组装气相色谱仪。他主持建立了技术力量强大的玻璃加工室，要求每个助手都能自己动手，吹接玻璃反应架。

唐敖庆满怀热情，投身到教学第一线，为培养东北人民大学的第一代理科生昼夜辛劳。刚到长春那几年，一个人主讲了"无机化学""物理化学""物质结构""热力学""动力学""统计力学"等十几门课程。有时一周的课时达16学时之多，相当于正常情况下二三个教员的工作量。他讲的每一门课程都有严密的科学体系和独特的风格：无机化学课素材丰富，而且结合最新科研成果；物理化学课纲举目张，既有逻辑推理，又时常结合化学实际，使艰深的理论公式变得通俗易懂；物质结构课则是从宏观到微观，由结构联系分子性质，深入浅出，融会贯通……深受同学们的欢迎。令同学们十分惊异的是，

唐敖庆在上课（吉林大学理化所提供）

唐敖庆讲那么多门课，但每次走上讲台从来不带教案，只凭一张嘴、几根粉笔。他的大脑就像一部电子计算机，准确地输出一个又一个复杂的数学公式，又能输出化学原理和理论推导。唐敖庆讲课独特的风格、严密的体系更令人心驰神往，使青年们欣然步入那五彩缤纷、变幻无穷的化学殿堂。系主任蔡镏生是一位教学经验十分丰富的老教授，他的耳中装满了同学们对唐敖庆的赞誉之声。蔡镏生亲自听了唐敖庆的几次课后，十分感慨地对系里的教师们说："基础课能讲到这种程度，真不容易。有学问！"

青年教师孙家钟 [1]

孙家钟1929年12月出生在天津一户殷实人家，1941年进入天津耀华中学

---

[1] 燕京研究院.燕京大学历代人物志[M].北京：北京大学出版社，2008.

读书，1947年毕业。自幼喜爱数理，同时也阅读了大量文学作品。同年考入燕京大学化学系，在燕京，孙家钟打下了扎实的数理基础，以至后来他的学生感受到他渊博的物理知识，以为他是物理系毕业的。在燕京，孙家钟还受到很好的外语熏陶，无论是日常用语还是专业英语都相当纯熟。他看了不少英国狄更斯、法国巴尔扎克等大师的文学作品，在繁忙的学习、工作之余，还有一个爱好，就是阅读小说。

1952年，孙家钟大学毕业，先分配到鞍山钢铁公司任技术员，后来熟悉孙家钟的系主任蔡镏生觉得他是个人才，而系里正缺人，就把他调来东北人民大学化学系。蔡镏生了解孙家钟，知道他数理基础好，适合理论化学研究，就把他交给唐敖庆培养。唐敖庆看见孙家钟、沈家骢等年轻教师都只是做辅导、没有上课，就对他们说："我现在还没有研究生，你们就和我一起学习吧。我给你们布置一些书，你们看后，我们定期讨论。"他布置的第一本书就是著名物理学家费米的《热力学》。他还安排他们去数学系、物理系听课。有一次，年轻助教要参加一个会议没法听课，唐敖庆知道了，说："没关系，我替你们去听。"第二天，唐敖庆把几页笔记交给他们。他们都知道，唐敖庆是不记笔记的，这几页笔记是老师根据记忆追记的，想到老师为他们花了两倍的时间，他们的学习热情就更高了。孙家钟还经常找一些问题与唐敖庆讨论。[①]

孙家钟给唐敖庆"物质结构"课当助教，改作业、答疑都很尽职。唐敖庆想：这是个好苗子，要培养他上讲台。于是，唐敖庆把孙家钟找来，首先肯定了他的教学热情和能力，然后说："你和我同时到东北人大，跟我做'物质结构'课的助教也快两年了，你在辅导、答疑方面做得不错。你要准备上讲台，接我的'物质结构'课。"孙家钟有些不安："我才毕业两年，还是个助教，能主讲大课吗？"唐敖庆说："人都是锻炼出来的，有压力才有动力。"他把自己在美国哥伦比亚大学替院士上课的事告诉孙家钟，并给孙家钟分析有利条件："你已经跟班听课两年了，改习题、辅导、答疑都已胜任，对'物质结构'这门课的内容已熟悉。'物质结构'的前半部是介绍量子力学基础，并将其用于处理原子、分子结构，你的数理基础好，上这一部分难度不大；后面的晶体结构部分，要花点力气，多了解一些晶体。"唐敖庆想起自己上北

---

① 张玉来．科学之树植根于祖国大地 [N]．人民日报（海外版），1996-01-02．

大讲台时，曾昭抡对自己的要求。他对孙家钟说，你把讲稿写出来，我帮你看看。孙家钟回去后，先把这两年跟着唐敖庆辅导时的笔记拿出来，一章一节地推敲，然后写出自己的讲稿，每写完两章就交给唐敖庆看。唐敖庆审阅后，给他分析：微观粒子的波粒二象性这里要讲得慢一些，再举些例子……一次次审阅、一次次交谈，孙家钟心里越来越有底了。1954年，孙家钟开始走上大课讲台，讲授的第一门课"物质结构"，受到师生们的好评，青年教师都羡慕他得到了唐敖庆的"真传"。

研究生江元生 [①]

1953年，新中国招收第一批研究生，唐敖庆招了5名研究生（江元生、戴树珊、蒋栋成、薛志元和殷继祖），江元生是其中一名。他于1931年8月生于江西宜春。父亲江维华早年参加国民革命并东渡日本学习法政，是早期同盟会会员，为推翻清朝、建立共和，立下汗马功劳。江元生两岁时，父亲积劳成疾，不幸英年早逝。母亲又于他12岁时病逝。江元生等兄弟，跟随父亲朋友杨翘新来到南京，就近入读鼓楼小学。以后又在杨先生资助下，就读宜春袁山中学，于1948年夏毕业。他和同伴来到上海，借住在交通大学朋友处，准备入学考试。江元生囊中羞涩，只能粗粮果腹。考试后感觉不太好，正准备来年再考时，竟意外收到广州中山大学数学系的录取通知书。江元生不禁又喜又愁：喜的是可以进入大学，继续深造，愁的是父母双亡，学费何处筹借？幸好朋友易任涛资助了部分路费。江元生一路风餐露宿，用一点点钱来到广州，又争取到公费就读的资格，终于在中山大学落下脚。经过中山大学数学系一年的学习，江元生意识到做一个数学家，必须具有特殊的天赋，自己若在这条路上走下去，毕业后充其量成为一名中学数学教员。而化学是一门实验占主导的学科，它要求研究者不仅有丰富的想象力、灵巧的双手，还要有一定的数理基础。江元生经过深思熟虑，一年后转入化学系就读。

[①] 何熙瑾. 20世纪中国知名科学家学术成就概览（化学卷 江元生）[M]. 北京：科学出版社，2011.

这时正值新中国成立，1950年，当时列为全国五大名校之一的武汉大学到广州招生，江元生又去应考，考入武汉大学化学系。大学期间，江元生对有机化学和物理化学最感兴趣。物理化学有比较严密的理论体系，有机化学则几乎都是实验事实的描述归纳，连其中的规律也是如此，如加成反应的 Makonikov 规则、Thiele 余价学说等。这使他感觉到化学作为一门学科，有一片处女地等待开发。新中国刚建立不久，百废待兴，大学毕业生由政府统一分配。江元生大学成绩优秀，1953年毕业后，被分配到东北人民大学（现吉林大学）读研究生，导师是唐敖庆。这是他人生道路的转折点。那时，正值国家建设起步，人们充满希望。东北人民大学集中了一批国内著名的教授，学术氛围十分浓厚。

江元生有幸成为唐敖庆首次招收的5名研究生之一。唐敖庆为这届研究生系统讲授了两年的理论课，涉及热力学、动力学、量子化学和统计力学，还有线性代数和群论等数学课程。唐敖庆要求自己的研究生与数学系的本科生一起学习数学分析和函数论。江元生的数学基础比较好，遇到难题，同学们会找他帮忙，他也乐此不疲。在良好的学习氛围中，他如饥似渴地学习。为了学好量子力学，他还复习了经典力学。江元生用"时间是个常数"来激励自己专心学习。因为人的时间用在这里多一点，用在那里就会少一点。只有把所有的精力都投入学习研究中，机遇一来，才能实现自己的理想。

江元生的研究生论文是《聚缩 – 裂解反应的动力学研究》。50年代，合成高分子材料是国际化工生产的前沿领域。聚缩反应是合成高分子的重要方法之一，按分子链结构，可分为线性缩聚与非线性缩聚两大类；若按动力学，则有简单反应与复杂反应（两个参数以上）之分。首先要解决两个问题：一是将分子量分布写成动力学参数的函数，另一个是动力学参数与时间的关系。江元生的数学功底帮了他，他较快得到了分子量的分布及动力学参数。在唐敖庆指导下，他分析了裂解反应参数与时间的关系，并得到了正反应、逆反应分布函数不变的结论。该论文很快在《化学学报》上发表[1]。3年的研究生学习为江元生打下了从事理论化学工作的坚实基础。1956年研究生毕业后，江元生留在东北人民大学化学系任教。

[1] 唐敖庆，江元生. 缩聚 – 裂解反应动力学的理论分析 [J]. 化学学报，1956, 22 (4): 286.

唐敖庆指导研究生江元生等（江元生提供）

研究生戴树珊

1953年，唐敖庆第一次招研究生，共招5名研究生：江元生、戴树珊、蒋栋成、薛志元和殷继祖。戴树珊1928年11月出生在江苏扬中农村，抗战期间农村学校关闭，耽误了好几年的学习，直到1945年，才在无锡读完初中一年级，日本投降后，转到上海，读到高中毕业。恰逢国内解放战争决战阶段，等到1949年上海解放后，戴树珊考入燕京大学化学系，1950年到北京，在燕园上学。1952年院系调整，燕京大学化学系并入北京大学，而北京大学又搬到燕园校址。戴树珊这些学生虽然从燕京到北大，实际上还是在燕园读书。1953年，戴树珊提前从北大毕业，学习成绩不错。孙承谔主任见唐敖庆在东北招研究生，就把戴树珊分配到东北人民大学化学系，师从唐敖庆，攻读研究生。

这是新中国第一次招收研究生，一般是单位选送的，学习基础都比较好。唐敖庆很高兴有这么多年轻人跟着他从事教学与科研。唐老师召集他们开会，了解各人大学期间读过什么课程、什么教材，以便为日后的教学安排做出规划。在了解到情况后，似觉大家的数理基础稍有不足，要求研究生随数学系、物理系学生学一些课程。其余课程"热力学""物质结构""统计力学""化学动力学"和"量子化学"等都是唐敖庆亲自讲授，耗费了他几乎全部精力。唐敖庆所讲课程没有一门是按某教科书讲的，而是博采众长熔炼出一个新的体系，结构严密，且结合听众实际缺什么补什么。最初听课的人只有研究生和物化教研室的年轻教师，后来知道消息的逐渐增多就换到大教室，再往后应化所来了一大批听众就改到阶梯教室。听课的人有年轻人，也有稍长者，分别来自不同学科，但对唐敖庆的讲课内容和风格则无不赞美。

当时系里还安排戴树珊一项教学任务，为长春电影制片厂的部分职工讲"无机化学"，他们的工作涉及感光、显影、定影等化学过程，要求技术人员有系统的化学知识。由于唐敖庆曾为化学系第一届学生讲授过无机化学，听课老师整理出来油印稿，戴树珊借到油印稿如获至宝，快速阅读过后发现该教材自成体系，理论性、逻辑性特强，一环紧扣一环，删减则无从下手。学时所限又必须精简，经过再三斟酌，他写出前三讲。戴把讲稿送教研室审阅，第二天唐敖庆就把讲稿还给他，除鼓励的话之外提了几点建议和意见，主要是须根据听众需求做出材料组织，而不可照搬，并对上下衔接提了具体意见。研究生明白了唐敖庆对待教学工作是何等的认真，对教材的组织结构何等严苛。

戴树珊跟随唐敖庆进行化学键函数问题研究，在"杂化轨道理论"研究生论文中，论文第一部分更正了 Eyring 在量子化学中群论特征标表的一些错误，还增加列出了 f 轨道基函数。接着分析了配位数 $2\sim8$、对应各种对称性的原子轨道（包括 f 轨道）、σ、π 分子轨道所属的不可约表示。第二部分讨论最优键函数，是由各类轨道性格唯一决定，与坐标选择无关，并由此得出了多种杂化轨道间的键角。第三部分用转动矩阵方法构造一般键函数。论文中还有群论方法在分子轨道中的应用等新见解，充分显示出这位青年学者的学识与才华。毕业时，戴树珊的论文已在《东北人民大学自然科学学报》上发表[①]。之后又被唐敖庆在庆祝八十华诞论文集选中，足见唐敖庆对该论文的肯定。

研究生毕业后，戴树珊分配到当时教育部直属云南大学化学系任教。

---

① 唐敖庆，戴树珊. 化学键函数问题 I. 杂化轨道理论 [J]. 东北人民大学自然科学学报，1956, 2: 215.

第三章 / 科研、行政初显身手

分子内旋转势能函数 [1]

唐敖庆在承担大量教学工作的同时，积极开展科研工作。他在化学实验中早就发现，单键连接的分子在旋转中会存在某种障碍。他在阅读文献中发现，1948年K. S. Pitzer（皮泽）等发表了有名的乙烷分子C—C单键阻碍内旋转的势函数经验公式。这函数数值虽然只是每克分子几千卡，但热容、熵和平衡常数等性质都受到影响。这一最新成果引起了唐敖庆的关注。他重新推导了这一式子，公式对于旋转轴一端具有3个相同键的分子都适用，但不适用连接具有3个不同键的分子。唐敖庆敏锐地感觉到，这是一个很好的工作，

---

[1] 张志尧，李前树. 中国现代科学家传记（第2集，唐敖庆）[M]. 北京：科学出版社，1991.

A. C. Tang. The Problem of Internal Rotations of Molecules[J]. *Scientia Sinica*, 1954，3: 279.

但 Pitzer 没有将它做到底。唐敖庆想："我可以继续做下去。"

由于当时人们对电子云情况还了解不多，计算电荷间作用是将积分内函数作级数展开。50年代初，唐敖庆等根据某些分子的实验数据，计算了一些化学键的八极矩，进而得到阻碍势垒，处理了旋转轴一端具有3个相同键的分

唐敖庆进行科学研究（吉林大学理化所提供）

子内旋转问题。

从1954年开始，唐敖庆考虑分子化学键之间的相互作用，将这类分子分为三大类型。第一类是旋转轴一端是相同原子，另一端为不同原子，CA₃—CBDE 型分子的平均势垒为：

$$V(\phi) = \frac{nV_0}{2}(1 + \cos 3\phi)$$

第二类是 CDA₂—CDB₂，即 C—C 键的每端连接两个相同键，它们的平均势垒是：

$$V(\phi) = \frac{V_0}{2}[x(1 + \cos\phi) + y(\cos 2\phi - 1) + (1 + \cos 3\phi)]$$

第三类是 ABDC—CDBA，分子含有两个非对称性碳原子，显然有旋光性，又分为内消式和活性式两种。唐敖庆将前两类分子用公式表示，并将计算结果与光谱、微波，热容、比热等多种实验比较，证明这些公式的准确性。然后，他再通过逐一讨论不同类型的势能函数，从而提出一种统一计算分子内旋转势函数的新公式：

$$V(\phi) = A + B\cos\phi + C\cos 2\phi + D\cos 3\phi$$

其中 A，B，C，D 四个参数在不同类型分子中有不同含义。这样，不仅能严格得到皮泽公式，而且能处理旋转轴一端具有不同键的分子，如 CX_2Y—CX_2Y，CY_2X—CY_2X，CX_2Y—CXY_2，并揭示了这几类分子内旋转函数间的联系。他还进行了85个分子内旋转势函数的分析。

这些工作整理成文，先在《化学学报》上发表，后又被《中国科学》转载。这是一个很基础的研究，又是一个很有实际应用价值的研究，文章一发表就受到国际化学界关注。1955年，民主德国特邀唐敖庆赴德讲学，并将该工作结果引入数据库。美国著名量子化学家 E. B. Wilson 对唐敖庆这项工作给予了很高评价。苏联学者 M. B. Волвкеншеин 在他所著的《高分子构型统计》一书中，用一章的三分之一篇幅，详细介绍唐敖庆研究分子内旋转的工作成果。国内外的教科书和学术专著曾广为引用，该工作于1957年1月获得我国首次"国家自然科学奖"（中国科学院颁发）三等奖。

由于科研成绩突出，唐敖庆1955年被中国科学院聘为第一期的学部委员。1958年唐敖庆加入了中国共产党。

办"物质结构进修班"[①]

旧中国的大学有三类：第一类是政府办的国立大学，如清华、北大，南京中央大学，上海交通大学等，第二类是西方来中国办的教会学校，第三类是私立大学。前两类资金有一定保证，师资力量也较强，第三类各方面就比

① 卢嘉锡传写作组.卢嘉锡传 [M].北京：科学出版社，1995.
叶青，黄艳红，朱晶.举重若重•徐光宪传 [M].北京：中国科学技术出版社，上海：上海交通大学出版社，2013.

较弱。新中国成立后，因与西方国家的关系中断，教会学校停办。教育部组织专家对各个片区进行调查、摸底，于1952年对全国高等院校进行了大规模院系调整，使学校的分布较为合理。又因为当时与苏联关系较好，他们的高等教育也比我们发展得快且好，因此高教部参照原苏联莫斯科大学化学学科的教学计划，对综合性大学化学系课程设置进行了修订，增设了"物质结构"这门基础课。

物质结构是介于物理与化学学科之间的一门学科，它用量子力学原理来讨论化学键理论，推测原子间的电子如何运动形成分子的化学键，同时讨论 X 射线衍射得到的晶体结构，以及分子与晶体的性能与结构的关系。它是一门用微观知识来解释宏观性质的课程。而英、美等西方国家这门课的内容是分散在"物理化学""量子化学""分子光谱""原子分子物理学""结晶化学"等多门课中，不统一开课。新中国成立初期，我国高等教育水平与国际差距较大，化学系开设的课程大多限于"无机化学"、"有机化学"、"分析化学"、"物理化学"和化工等一般课程，少有开设在原子、分子水平的"物质结构""量子化学"等课程。当时我国较少学校有能力开设这门课。

为了培养高校"物质结构"课主讲教师，1953年7月，教育部委托东北人民大学教授唐敖庆、厦门大学教授卢嘉锡在青岛的山东大学举办了暑期"物质结构进修班"。青岛市南濒黄海，西临胶州湾，风景秀丽。七月的青岛，蓝天白云，海风习习，气候十分宜人。暑假一开始，来自全国各地的大学教师，一批批、一群群涌向山东大学，有的是参加"物质结构进修班"，有的是参加"高等数学讲习班"，还有的教师是来参加"综合大学理科教学研究座谈会"。

在青岛举行的暑期"物质结构进修班"，唐敖庆讲授"量子化学基础"。量子力学是20世纪20年代新创立的学科，主要讨论微观粒子的运动规律。微观粒子具有波粒二象性，不能运用宏观物体遵循的牛顿三定律来描述，必须用量子力学来讨论。"物质结构"要讨论分子中原子间的电子如何运动形成化学键。由于电子是微观粒子，所以也要用量子力学来讨论化学，这就是"量子化学"。唐敖庆用浅显易懂的语言、简洁明了的数学方法解释化学键理论，将进修班学员带进微观世界，使深奥的理论变得可亲可近。

卢嘉锡讲授"结晶化学"。20世纪初，X 射线的发现使晶体学研究进入现代阶段。晶体学从以前研究晶体的外形，进入研究晶体的内部，用 X 射线衍射得到的晶胞中原子的排列与分布，通过结构说明它们与性能的关系，使化学性质变得有理可循，多姿多彩。卢嘉锡对 X 射线衍射方法生动活泼的讲授，对多种晶体结构如数家珍的描述，使进修班学员听后十分充实。

同时来到青岛的还有教授徐光宪、吴征铠，他们是来参加"综合大学理科教学研究座谈会"的。唐敖庆与徐光宪很熟，卢嘉锡与吴征铠相识，住处又离得很近，因此饭后经常在一起散步。会议间隙，徐、吴两教授也抽空来进修班听听课。后来，唐敖庆、卢嘉锡有时也请他们俩上台讲讲课，讲习班显得更加活跃了。

这个进修班在高校中反响极好，两位教授学术水平国际一流，讲授内容又是20世纪最新的科研成果，在百废待兴的中国高等教育界，无疑如沙漠中的一股清泉、久旱后的甘露。两位教授讲课技巧极高，人格魅力超群，使广大学员不仅在学术水平上有很大提高，在师德精神层面也受到一次洗礼。青岛进修班办得很成功，卢嘉锡与唐敖庆在国内学术界的声望大增。高等教育部认为这种进修班效果很好，决定第二年在北京大学再次举办。这次报名参

"物质结构进修班"4位教师30年后再聚首，左起：徐光宪、卢嘉锡、吴征铠、唐敖庆
（福建物构所提供）

加培训的人数比预计多出一倍。由于这次报名人数太多，于是请徐光宪（北京大学）、吴征铠（复旦大学）两位教授也在北京同时开班。培训班改为两个平行班。

1954年7月，教育部再度委托唐敖庆、卢嘉锡、徐光宪和吴征铠一起在北京举办暑期"物质结构进修班"。第一班仍然是由唐敖庆讲授量子化学基础与化学键，卢嘉锡讲授 X 射线衍射与晶体化学。第二班是由徐光宪讲授量子化学基础及原子、分子中的化学键，吴征铠讲授分子结构的光谱测定与 X 射线衍射测定各种晶体结构。这两位教授讲课也十分精彩，徐光宪是量子化学专业的博士，他把美国的研究生课程与苏联的物质结构课程结合起来。吴征铠则把分子、晶体各种结构测定，介绍得清楚明白。两个平行班有时交换讲课，一起开展活动，成为我国教育史上的一段佳话。这两期物质结构进修班为我国高等学校培养了一大批主讲物质结构课的骨干教师，同时也为我国开展理论化学研究打下了良好基础①。

讲课的教师培训好了，但还缺乏中文的"物质结构"课教材。教育部希望四位专家为高校写一本《物质结构》教材。1957年的夏天，唐敖庆、卢嘉锡、徐光宪与吴征铠四人，来到青岛进行集中编写。这又是一个不寻常的夏天。他们在滨海的"新新旅馆"住下，唐敖庆、卢嘉锡各住一间，徐光宪、吴征铠合住一间。"新新旅馆"客房是一排老式平房，式样很普通，但接待标准、服务质量就是现在的星级旅馆也未必赶得上。高教部规定的伙食标准是每天2元（当时大学毕业生每月工资为四十几元），这是较高的标准，后来还提高到每天3元。旅馆服务员天天围着你征求意见，问你想吃什么就给做什么。中国的教授清贫惯了，做梦也没想到这样高的待遇，从心里感受到国家对教育事业的重视。

四位专家一起讨论了教材的编写内容后，就开始拟教材的大纲，并进行了分工：唐敖庆写量子化学基础部分，徐光宪写分子结构、化学键部分，吴征铠写分子光谱部分，卢嘉锡写晶体化学基础部分。当时山东大学在青岛，他们从山东大学借了几十本书。每天一早起来，四个人就分头伏案写作，房

① 张志尧，李前树. 中国现代科学家传记（第2集，唐敖庆）[M]. 北京：科学出版社，1991.
卢嘉锡传写作组. 卢嘉锡传 [M]. 北京：科学出版社，1995.

间里静悄悄的，只听见笔尖接触稿纸发出的"沙沙"声，和偶尔响起的翻书声。除了用餐时间，他们就这样从早到晚，不停地写。晚饭后，他们常相邀到海边散步。在海边，观赏落日晚霞、潮起潮落，心情十分舒畅，卢嘉锡还爱讲些笑话逗大家开心。

到了晚上，他们又抖擞精神，一直写到深夜，每人一天可写几千字。一个暑假下来，共写了100多万字。速度之快，令他们自己都感到惊讶。但是按照他们拟的提纲，只完成了初稿的一半左右。他们原本打算寒假或第二年暑假再接着写，但是他们不知道，在他们奋笔疾书时，一场全国性的反右派斗争已拉开序幕，政治气氛完全变了。由于几个人都承担较重的行政职务，唐敖庆是东北人大副校长，卢嘉锡是厦门大学校长助理，后又筹建中科院物构所与福州大学，在以后很长的时间内，他们再也没有共同时间来写教材了，但高校又期待早日出版一本教材。最后是徐光宪将北大的物质结构讲义加以修改后，于1959年出版。以后不断再版，总印数超20万册，成为我国物质结构课程的主要教材，1987年获全国优秀教材特等奖。

参加科学规划会议 [①]

1956年，党中央发出"向科学进军"的号召，同年春天在北京召开"全国科学发展十二年规划会议"，几百位代表济济一堂，会议为期3个月，规模之大堪称空前，意义之远史无前例。唐敖庆也应邀参会。

会议在北京西郊宾馆隆重开幕，唐敖庆等与会代表高兴地见到了周恩来总理，李富春、聂荣臻副总理等国家领导人。规划会议进行到一定阶段，一位主持工作的领导向周总理做了一个详细汇报，其中"任务规划"提出了几十个中心课题。总理听了汇报，他亲切而又郑重地指出：发展科学，单纯从任务出发是不够的，应按科学的规律，从学科出发。他建议是否按学科分组，如数学、物理、化学等，每个学科提出一个好的课题。这一指示传达后，唐敖庆感到既兴奋又欣慰，总理管理全国，日理万机，对科学

① 卢嘉锡传写作组. 卢嘉锡传 [M]. 北京：科学出版社，1995.

参加科学规划会，左起：钱学森、唐敖庆等（吉林大学理化所提供）

科学规划大会合影（局部），第三排右五唐敖庆，第二排右六卢嘉锡
（引自《中国科学院院士画册》）

也在行，"从学科出发"才好讨论科学规划。

后面就按学科分组，化学组十几位代表基本上是学部委员，大多是德高望重的老一辈化学家，唐敖庆与卢嘉锡年纪刚过四十，是其中最年轻的。组长由南开大学校长杨石先担任。除了正式代表，还有刚从国外回到厦门大学的蔡启瑞。当时年逾花甲的杨石先是一位很有威望的科学家，高教部和科学院都十分倚重他。而杨石先对唐敖庆、卢嘉锡这两个年轻学者很器重。事情多的时候，特别是遇上重要活动，总要拉上他们俩，实际上唐敖庆与卢嘉锡成了他十分得力的左臂右膀。这次搞科学规划，有很多文字工作要做，除了会议记录外，有关化学学科的规划最后都要形成文字。杨石先便把这些"文字活"都交给他们俩。卢嘉锡的文笔和书写都非常好，而唐敖庆则起策划和推销作用。两人"一唱一和"，配合默契。

当时要对化学学科的发展趋势做出科学概括，他们起草的序言提出："这种趋势乃是从宏观到微观，从静态到动态，从平衡到不平衡……"没想到这提法就引起一些老先生的异议，他们一时难以接受。而在国外待了多年、刚回国的蔡启瑞率直地提出发展要"以结构为纲"，更使某些老前辈不以为然，会场出现了小小的僵局。但唐与卢却不慌不忙，他们只是静静地、认真地听取老先生的意见。他俩对几位很有名望的化学名宿十分了解，有些就是唐敖庆西南联大的老师，他们让老先生慢慢谈，谈完后气色也平和多了。这时，唐敖庆、卢嘉锡又从近代化学的发展说起，把我国化学发展历程、老一辈的贡献一一数说，引起大家的共鸣；然后就国内外化学现状做了比较和分析，最后再提出发展趋势，终于使老先生们心情舒畅地接受了。"以结构为纲"的规划通过后，蔡启瑞佩服地对卢、唐二人连说："还是你们有办法。"对唐敖庆来说，这次会议既是一次熟悉与了解科学界全局性工作的机会，又是拓展视野、增长才干的过程。

加盟高分子化学研究 [1]

1956年5月的一天，长春应用化学所的高分子化学专家钱保功刚去苏联访问回国，就赶到唐敖庆家。他兴奋地对老朋友说："老唐，这次我在莫斯科见到了伏肯斯坦教授，他对你的分子内旋转研究成果大加赞扬，一再嘱咐我向你祝贺，并说如果你去苏联访问，一定要去他们实验室。"钱保功是第一次访苏，他大谈访苏见闻，特别是他们的高分子工业发展情况，以及了解到的欧美国家高分子科研动态 [2]。"这下你们搞实验的可以大有作为了！"唐敖庆听了也很兴奋。钱说："不，你们搞理论的也可在这项工作中一展宏图。没有你们理论家的指导，我们实验会迷失方向的。"钱保功又说，"怎么样，感兴趣吗？最近国家要开一次高分子学术讨论会，我们一起参加吧。"他今天来的目的就是要拉唐敖庆一起干。

唐敖庆刚参加全国科学规划会议回来。会议原来拟定了55项重大科研课题，报送给周总理。周总理高瞻远瞩，亲自加上第56项，即"自然科学重大基础理论研究"。他语重心长地对科学家说："如果我们还不及时加强对长远需要和理论工作的注意，我们就要犯很大的错误。"规划还提出我国社会主义建设亟须解决高分子材料合成与改进的理论问题。当然，这些工作高分子专家也可以做，但唐敖庆想到这是国家的迫切需要，基础理论有必要与应用研究结合，他决定加盟钱保功的高分子研究。1958—1960年，长春应化所与吉林大学化学系联合主办了"高分子物理化学学术讨论班"，唐敖庆、钱保功、钱人元等专家轮番登台讲课，为我国快速培训了一批急需的高分子人才。

20世纪30年代，高分子的名称刚进入人们的视线时，W. Kuhn（库恩）就用统计方法研究了一个无限长链状高分子的无规裂解问题，并得到裂解产物的"最可几分布"。典型的缩聚化合物尼龙66于1935年研制成功，第二年，P. J. Flory（弗洛里）用统计方法对简单缩聚反应产物研究，得到与 Kuhn 相同的结果。以后 H. M. James（詹姆斯）、E. Guth（古斯）、F. T. Wall（沃尔）等人相继采用无规行走统计模型研究了橡胶的弹性理论，使高分子统计理论获得很大发展。但这些研究仅局限于少数体系，对一般的高分子缺乏系统研究。

---

① 张玉来. 科学之树植根于祖国大地 [N]. 人民日报（海外版），1996-01-02.
② 张志尧，李前树. 中国现代科学家传记（第2集，唐敖庆）[M]. 北京：科学出版社，1991.
   许肖龙，黄长泉. 中国现代科学家传记（第2集，钱保功）[M]. 北京：科学出版社，1991.

唐敖庆查阅资料（吉林大学理化所提供）

高分子合成包括加聚、共聚、缩聚、交联和裂解等几个主要反应类型，每一步反应都有大量研究可做。唐敖庆与吉大化学系沈家骢、江元生、岳国粹等科研人员，利用统计分析把高分子反应参数与某些高分子结构参数定量地联系起来。他带领岳国粹等进行了各种酯化反应的动力学研究[①]，又独自研究了交链高分子化合物分子量分布与物理性能的关系[②]。唐敖庆先研究加聚反

[①] 唐敖庆，岳国粹，丁开爽等．酯化反应的氢离子催化机构 I．单元酸与单元醇的酯化反应动力学 [J]．化学学报，1959，25(1):1.
唐敖庆，岳国粹．Ⅱ．二元酸与二元醇的聚酯反应动力学 [J]．化学学报，1959，25(1): 10.
唐敖庆，岳国粹，金春山等．Ⅲ．二元酸与多元醇的三向聚酯反应动力学 [J]．化学学报，1959，25(1):17.

[②] 唐敖庆．交链高分子化合物的分子量分布和物理性能（Ⅰ）——辐射交链高分子化合物的分子量分布和溶解度 [J]．科学记录，1959，新辑 3(8): 294.
唐敖庆．交链高分子化合物的分子量分布和物理性能（Ⅱ）——辐射交链高分子化合物的分子量分布和溶解度 [J]．科学记录，1959，新辑 3(9): 341.
唐敖庆．共缩聚反应的凝胶化理论 [J]．科学记录，1959，新辑 3(10): 387.

唐敖庆与吴式枢（左）研究问题（吉林大学理化所提供）

应的化学势的统计理论[1]，又进一步讨论引发剂分子数固定、无终止过程，及引发剂变化、有终止过程的几种情况，推导出动力学方程。钱保功带领长春应化所汤心颐等率先在国内开展了高分子辐射化学的研究[2]，于60年代建立了我国第一个辐射化学中试基地，并在辐射交联、辐射聚合和共聚合等实验方面取得重要突破。科研取得一定成果后，他们就到工厂去讲解，或发放材料，在生产实践中检验理论。为了提高生产效率，钱保功等不断修改、完善理论。这些工作为推进我国辐射化学和高分子产业的发展奠定了重要基础。

在缩聚反应的研究中，唐敖庆等分别用动力学和概率法得到了产物的分布函数，并证明两者结果是一致的。对于非线型缩聚，当反应达到某一阶段，体系黏度突然变大，即凝胶化现象。如何在理论上预测凝胶出现的临界条件，

① 唐敖庆. 加聚反应动力学的统计理论:（Ⅰ）分子量分布函数和宏观动力学方程[J]. 吉林大学学报，1962，2: 59.

② 许肖龙，黄长泉. 中国现代科学家传记（第2集，钱保功）[M]. 北京: 科学出版社，1991.

在生产上是很重要的课题。唐敖庆与江元生分别用无规支化理论、二项分布概率得到了严格的溶胶、凝胶分配公式，而且在交联度很小的情况下，可简化为国际上知名的 Charlesby 所得的近似公式。唐敖庆分析了中外数以千计的实验数据，并建立了物理模型，经过动力学的反复推导，度过了许多不眠之夜，创建了无规支化理论[①]。不仅讨论了凝胶点的性质，而且扩大讨论了凝胶范围，并从理论上预估了许多复杂体系的溶胶、凝胶分配。80年代，唐敖庆等将该理论进一步发展为高分子的固化理论。

加聚反应，包括引发、增长、终止三个基本过程，唐敖庆研究了其反应机理与分子量分布函数的关系、加聚反应统计理论[②]。由于该过程的复杂性，国际上普遍认为，不可能有统一处理的方法。在唐敖庆领导下，沈家骢建立了加聚反应图形分析理论。根据反应机理，可用图解法得到分布函数的级数形式，建立一个数学模型。分子量分布函数可用4个参数来表征，通过4个相应的动力学方程求解。反过来也可用分布函数，推断反应机理及合成条件。70年代进一步发展的这一非稳态理论，是国际上同类方法中最简便、适用性最广的。

共聚反应的研究是高分子化学中最活跃的领域。决定共聚物性能的结构因素有单体链节平均组成、排列方式及共聚物分子量等。研究共聚反应的理论有概率方法与动力学方法。动力学方法与机理密切相关，准确度高，但共聚反应太复杂，难以得到严格的结果；而概率法较简单，但结果可信度差。唐敖庆总结了两种方法的利弊，提出了一种二者相结合的方法[③]。80年代，他们将共聚物的链段用分子模型来处理，建立了很有特色的共聚反应统计理论。

以上工作大部分是60年代做的，由于"文革"，整理后未发表。1978年，该工作获得"全国科学大会奖"。60年代的工作，以及这些理论在高分子合成中得到不断检验和发展，加上后来80年代的理论发展，都总结在1985年唐敖庆等人合著的《高分子反应统计理论》一书中，此书成为一部用统计理论讨

---

① 唐敖庆，江元生. 高分子凝胶化理论 [J]. 高分子通讯，1963, 5(1): 35.

② 唐敖庆. 加聚反应统计理论. 中国科学院高分子学术会议会刊 [C]. 北京：科学出版社，1961.

③ A. C. Tang. Statistical Theory of Chemical Kinetics of Addition Polymerization[J]. *Scientia Sinica*, 1962, 11(5): 605.

论高分子反应的重要著作 [①]。1989年，"缩聚、加聚与交联反应统计理论"获
"国家自然科学奖"二等奖。

走上副校长领导岗位

1955年，唐敖庆被聘为中国科学院学部委员。这一年匡亚明调任东北人
民大学校长兼党委书记 [②]。这位共产党的老干部，革命胜利后，主动要求"弃
官办学"，他敢说、敢做、敢担当。一到东北人民大学，匡亚明就旗帜鲜明地
提出"标志一所大学水平的，是教授的数量和水平"，充分展示了他依靠知识
分子办学的理念。他器重人才，广纳鸿儒，对知识分子生活关心、政治保护。
到校不久，匡校长就调整家属宿舍，为系主任家安装电话，为教师送粮到家，
为教授配备助手……1956年，在知识分子中发展了33名党员，其中高级知识
分子有唐敖庆等9人。

1956年，唐敖庆出任东北人民大学副校长，作为匡亚明校长的助手，
与其他校领导一起规划学校的发展。1958年，学校更名为吉林大学。50年
代末到60年代初，吉林大学先后创办了半导体、无线电、原子能、生物学
等五个系，唐敖庆兼任原子能系的主任。学校又新办了计算数学、半导体
物理与器件、半导体化学、无线电电子学、生物化学、原子核物理学、放
射化学等新兴专业，准确地把握了科学发展方向，紧跟新兴科学发展趋势，
使吉林大学在学科的发展中后来居上。1960年，吉林大学进入国家重点综
合大学行列 [③]。

1957年整风、反右斗争，接着1958年的"教育大革命"搞半工半读，一系列
"左倾"错误，使吉林大学的教学受到影响。1961年秋，学校传达"高教六十
条"，确保每年教学（包括科研）37周。提倡教授上课，要求基础课要讲师以
上教师任课。唐敖庆身先士卒，坚持在一线上课。1963—1965年，学校受教育
部委托，举办了"物质结构学术讨论班"，旨在促进物质结构研究。为了让培

① 唐敖庆等.高分子反应统计理论 [M].北京：科学出版社,1985.
② 程斯辉等.新中国著名大学校长（匡亚明）[M].武汉：湖北人民出版社,2007.
③ 吉林大学校办.吉林大学校史 [M].长春：吉林大学出版社,2007.

与校长匡亚明（中）在一起（吉林大学理化所提供）

养的教师能集中精力钻研业务，学校规定保证5/6的时间用于教学与科研，并对仪器图书使用和生活条件方面，也给予适当照顾。这些规定，在那个"以阶级斗争为纲"的年代，是要冒很大风险的，匡亚明表示"这由我负责"。培养效果十分明显，这些中青年教师后来都成为学校里各学科的学术带头人，这些工作为吉林大学长远发展打下了重要基础。

匡亚明刚到学校的第一次讲话，就提出"办一个像样的大学"。当时要建理化楼，匡亚明提出的标准是建全国最像样的，不搞短期行为。建成的理化大楼以其雄伟壮观的英姿，展示了高等学府的神圣，引起人们对知识殿堂的向往。50年后，与新世纪的建筑物相比，仍不觉得过时。为扩大校舍，他几经争取，从长春市买下大礼堂（鸣放宫），为学校发展抓住了极好的机遇，修礼堂前的马路，他坚持要修成二车道。学校安装电话总机，匡校长力主上容量大的500门……为学校的长远发展奠定了坚实的物质基础。唐敖庆任副校长期间，与匡校长有较多接触，深深感受到匡亚明这位老共产党人的博大胸怀和远见卓识，也学到了许多管理学校的方法与经验。这一切也深深影响到他以后出任吉林大学校长时的领导作风。

第四章 / 长春"物质结构学术讨论班"（上）

怀抱理想 会集长春

1963年8月，为了推进我国物质结构研究，培养高层次理论化学研究人才，原高等教育部委托唐敖庆在长春吉林大学举办为期两年的"物质结构学术讨论班"[①]。通知发到各个学校，许多老师都要求去参加。

山东大学化学系副主任邓从豪自己报名。厦门大学化学系总支书记刘正坤与系主任商量，从学术水平与发展前景考虑应派张乾二去，而赖伍江又积极报名，还需征求一下卢嘉锡的意见。卢嘉锡的意见是"张乾二做正式成员，赖伍江可做旁听成员"[②]。四川大学校长柯召推荐鄢国森和古正两位教师。唐敖庆早年几个研究生也报了名。

---

① 乌力吉. 1963年在吉林大学开办的物质结构学术讨论班 [J]. 中国科技史, 2009, 30(2): 211.
② 刘正坤口述访谈, 2013-05-06, 厦门.

"物质结构学术讨论班"合影，前排右起：鄢国森、邓从豪、唐敖庆、刘若庄、古正；后排右起：江元生、戴树珊、张乾二、孙家钟

　　全国报名名单送到唐敖庆手中，他经过反复遴选，最终确定了"物质结构学术讨论班"的8名正式成员。8人中具有研究生学历的有4人，都毕业于我国知名大学化学系，且毕业时间在10年以上、具有一定的教学和研究经验。有些人在学术界已有一定影响，并成为该校有关教研机构的负责人，其中多数已具有独立开展研究的能力。对于另外一些申请者，唐敖庆决定将他们作为旁听成员。

　　刚到的那天晚上，唐敖庆把大家请到柳条路的家里，讨论班8名成员，有的相互认识，有的还是初次见面。8名成员之中年龄差别还是比较大的。年纪最大的是山东大学邓从豪，已经42岁，比最年轻的江元生整整大了11岁，他当时已是山东大学化学系副主任，且还是张乾二在集美中学的数学老师。虽然这八个学员中的结构比较复杂，但在那个时候大家都是同学。吉林大学本身有两位——孙家钟和江元生，以前他们都跟着唐敖庆做科研。北京师范大学的刘若庄，50年代也曾与唐敖庆一起搞研究。四川大学有鄢国森和古正两位。云南大学有一位戴树珊，曾是唐敖庆的第一批研究生，这样一共是8位学员[①]。讨论班的班长是山东大学的邓从豪，党小组长是四川大学的鄢国森。他们将要一起共同度过两年的学习、科研生活。

　　讨论班旁听学员经过几次增补，到1963年12月时有旁听生31人，其中外

---

①　鄢国森口述访谈，2012-11-30，厦门．

地8人，包括南京大学游效曾、厦门大学赖伍江、云南师范学院刘春万（留苏获副博士学位，后被卢嘉锡要到物构所），还有复旦大学薛志元、大连化物所派出学员等。长春本地的有东北师范大学赵成大、长春应用化学所裘祖文、长春地质学院高孝恢，吉林大学本校还有11名旁听生。1964年5月，北京大学黎乐民还来插班。讨论班可谓是化学方面群贤毕至。

讨论班班长邓从豪

1920年10月，邓从豪出生在江西省临川县一个贫苦农民家庭。父亲虽无文化，但心灵手巧，是远近闻名的种田能手。邓从豪是家中长子，从小跟父亲下田劳动。父亲深受文盲之苦，决心培养长子成才。1929年，邓从豪入本村小学读书。小学毕业后，邓以全校第一名的成绩考取南昌一中，并成为学校的尖子生。高中时，邓从豪读了《牛顿传》《居里夫人传》，立下科学救国之志。

1941年邓从豪中学毕业，他报考了厦门大学化学系和中正大学化工系。在炎炎夏季，邓从豪徒步800里，风餐露宿，赶到福建长汀。虽然病倒了，还是坚持参加厦门大学入学考试。在1 000多名考生中，邓以第40名成绩被录取，同时也被中正大学录取，他选择了厦门大学。录取通知书虽然令全家高兴，但筹集学费却使父母愁肠百结。从邓从豪上中学，家里为了筹集学费就东借西凑。这次，父亲毅然典出全家赖以生存的田地，从此当佃户，租地耕种为生。邓从豪十分感动，发誓将来报答父母，照顾弟妹。

在厦门大学求学期间，许多老师的为人处世、治学精神给了邓从豪重要影响，特别是傅鹰教授。1945年，邓从豪大学毕业，到集美中学教数学和化学。有了薪酬后，他第一件事，就是赎回父亲典当出去的田地。一年半后，到中正大学化工系任教。1948年夏，因发表反对国民党政府暴行、支持爱国学生的言论，而被当局解聘。1948年冬，受原厦门大学化学系主任刘椽邀请，来到山东大学化学系任教。

早在1952年，邓从豪在《化学学报》上读到唐敖庆的两篇论文《分子内旋转》和《橡胶的弹性》，很感兴趣，就试着给唐敖庆写信，索要论文油印本。

很快他就收到唐敖庆寄来的油印本，并附信鼓励他。1953年，唐敖庆与卢嘉锡在青岛举办"物质结构进修班"，邓从豪参加了，唐敖庆觉得他还不错。这年秋天，邓从豪又跑到吉林大学跟随唐敖庆进修了半年，并选择了自己的研究课题——"化学键的量子理论"。这次邓从豪参加两年的研讨班，唐敖庆就安排他做班长。

党小组长鄢国森

1930年1月，鄢国森出生于四川省南川县（现属重庆市），1944年就读于省城沙坪坝区的省立重庆高中。鄢国森从南川县徒步180多里，再乘小货轮经过90多里水路，才能辗转到达重庆。当时正值抗战后期，重庆经过日军的大轰炸后，楼房毁坏倒塌，四处一片废墟，条件十分艰苦。由于生活贫困，中央大学、重庆大学的不少教师只好到高中兼职，因此省立重庆高中的师资好，课程也上得较深。在学习过程中，鄢国森对于文言文写作、古文赏析、唐诗宋词特别喜爱。高二开始接触理科后，也产生了浓厚兴趣。报考大学填写志愿时，鄢国森考虑报考中文或者理科，当时他的想法也很简单，读数学以后可以教书，读化学可以到肥皂厂、日用化工厂工作。1947年秋，鄢国森进入重庆大学化学系学习，1951年毕业后留校，任化学系物理化学助教。

1952年，全国高等院校调整开始，重庆大学化学、数学等学系调入四川大学。在人员名单公布时，并没有鄢国森，他将继续留在重庆大学教工科基础课程。但四川大学领导看了名单后，特地点名要他，因为四川大学缺乏化学实验方面的人才，希望他来带头发展。1953年，鄢国森由重庆大学调到四川大学。刚从重庆来到成都，他一度还不太习惯，觉得成都的山水风景不如重庆，生活节奏也较慢。到四川大学后，鄢国森独当一面，克服困难，白手起家，兴建起物理化学实验室。

1957年秋，苏联专家姆·赫·卡拉别捷扬茨来华讲学，并在四川大学举办"化学热力学讲习班"，鄢国森参加了该班学习。这位专家当时四十几岁，时值壮年，是莫斯科门捷列夫化工学院的副教授，在苏联物理化学界很有名望。他在教授"化学热力学"课程的同时也搞科研，课题是"比较计算法的研究"。他将收集的科研知识、摘要资料等随时记录在读书卡片上，每天翻看复习，已经积累了好几千张，而每周只有半天的时间休息，其余都用于学习科研。这位专家勤奋治学、潜心科研的态度给鄢国森留下了很深的印象。在教授新知识的同时，苏联专家还分配给每个学员不同的科研课题，每周都找一名学员进行一次谈话，询问这一周的学习科研进展，看了哪些文献，有什么收获，并指定一些参考书目，非常尽心尽力。鄢国森的题目是"液体黏度的比较计算"，在专家指导下做液体黏度的比较计算研究，证明了同系物的黏度存在线性规律，并发表了一系列文章[1]。通过这次讲习班两年的学习，鄢国森从这位苏联专家身上意识到，作为一名学者，必须知识广博而深厚，专一门精一门，还应该实事求是、踏实认真，这些都对他后来的成长发展产生了很大影响[2]。

厦门大学张乾二 [3]

1928年8月，张乾二出生在福建省惠安县的一个中医家庭，小时候喜欢和渔民的孩子在海边撒网钓鱼。父亲家教很严，在张乾二四岁时就把他送到私塾接受启蒙教育；再大点，送他到崇武小学读书。从小他就喜爱数理，不喜欢背诵古书。以后全家因抗战搬迁，转学到霞美小学。1940年，张乾二考上厦门集美中学，后因日本侵华，厦门沦陷，学校被迫迁到安溪的文庙。张乾二每次去安溪学校，要走3天崎岖的山路。中学时代有几位老师给张乾二留下了很深印象：一位是数学老师邓从豪，讲课很有启发性，使他对数学的兴趣进一步提高；另一位是化学老师陈淑沅，她上课时将两种溶液混合，红色液体变成蓝色，再加一种液体，溶液又变成无色了，像变魔术一样，使张乾二对当时的新兴学科——化学产生了兴趣。

---

[1] М.Х.Карапетъянц，鄢国森.关于液体黏度与温度关系的计算 [J].四川大学学报（自然科学版），1959,6: 65.

[2] 张仕钊，李珊.寸草春晖不减风华 涓滴海涵乃成其大 [M].濯锦录——名宿与旧事中的百年川大.成都：四川大学出版社，2014.

[3] 林梦海.弄潮儿向涛头立 [N].中国科学报，2013-12-26.

1947年夏，张乾二考入厦门大学化学系。化学系主任是刚从美国归来的教授卢嘉锡。他学识渊博、才华横溢，讲起课来生动活泼，板书工整清晰，张乾二最爱听他讲课。入学第二年，厦大在鼓浪屿办了校友中学，卢嘉锡推荐张乾二去任教，这也是张乾二第一次走上讲台，教的是数学。大学毕业前，省里组织学生到福州学习3个月，当时正播放苏联影片《乡村女教师》，张乾二在毕业志愿表填上"到农村当教师"，结果被推荐读研究生，导师就是系主任卢嘉锡。

卢嘉锡先后为研究生讲授了"物质结构"、"量子化学"、"热力学"、"统计热力学"、"晶体学"和"现代晶体学"等6门课程。当时他身兼数职，还有社会活动，只能在夜间备课到深夜。不管头一天多累，第二天上讲台后他的精神就上来了，滔滔不绝地连讲两节甚至三节课。张乾二觉得卢嘉锡上课十分生动，听他的课是一种享受。每节课内容都十分饱满和精彩，中间还穿插提问和讨论。研究生不光学习，还要担任"研究助理"，即一面听导师开设的专业课程，一面还要辅导本科生或指导实验等。卢嘉锡要求研究生先做一两遍实验，然后进行"试讲"，他必定全程听讲，并对每个实验细节进行提问和检查。卢嘉锡知道张乾二对数学推理完成得很出色，但如果是具体的数字计算，有时会出错；所以凡是有数字计算，都特地留给他们，以提高张的数学计算准确度。学习之余，张乾二还时常到数学系旁听。

1954年7月，张乾二研究生毕业，留校担任⋯⋯指导实验与辅导。唐敖庆、卢嘉锡等开了两期"物质结构⋯⋯国各地很多教师慕名来厦门大学进修。卢嘉锡给他们上⋯⋯，由张乾二辅导和带他们做X光实验。1960年，组织上决定⋯⋯领化学系物构组一班人马，去福州组建中科院物质结构研究所和福⋯⋯。而张乾二留下来，带领几名教师组建新物构组，任教研室主任。

1963年秋，张乾二来到长春吉林大学报到，参加"物质结构学术讨论班"，这是他第二次到长春。8名学员中，邓从豪曾是他中学数学老师，北师大刘若庄曾为他翻译的俄语著作做过校对，其他人都是初次见面。讨论班成员安排在东中华路一个招待所住宿，旁边是长春市委驻地。邓从豪、刘若庄一个人一间，张乾二与戴树珊一间，鄢国森与古正一间。吉林大学两位就住在自己家里。

第一学期教学 [①]

唐敖庆为了办好这个班，做了许多准备。他查阅了国际上近年出版的《量子力学》《量子化学》《群论基础理论》《群论在原子结构的应用》《群论在固体物理中的应用》等书籍，拟订了一个教学计划，准备用两个学期讲授理论课程，后两个学期进行科学研究，研究课题大致是群论在原子、分子结构中的应用。他开给学员的教学参考书都是世界名著，其中既有入门、普及型的，又有提高、经典型的，包括量子力学、量子化学基本原理，群论及其在物理、原子结构、分子体系、晶体中的应用等。下面列出他开的参考书：

L. D. Landau, E. M. Lifshitz：*Quantum Mechanics*（量子力学），1958；

P. A. M. Dirac：*The Principles of Quantum Mechanics*（量子力学原理），1958；

J. S. Griffith：*The Theory of Transition Metal Ions*（过渡金属离子理论），1961；

E. P. Wigner：*Group Theory and Its Application to the Quantum Mechanics of Atomic Spectra*（群论及其在原子光谱量子力学中的应用），1959；

J. S. Griffith：*The Irreducible Tensor Method for Molecular Symmetry Gropes*（分子对称群的不可约张量法），1962；

M. Hamermesh：*Group Theory and Its Application to Physical Problem*（群论及其在物理中的应用），1962；

G. Racah，U. Fano：*Irreducible Tonsorial Sets*（不可约张量集合），1959；

R. Daudel，R. Lefebvere，C. Moser：*Quantum Chemistry*（量子化学），1959；

A. Streitwieser：*Molecular Orbital Theory for Organic Chemists*（有机化学分子轨道理论），1961；

E. B. Wilson，J. S. Decius，P. C. Cross：*Molecular Vibrations*（分子振动），1955；

H. Jones：*The Theory of Brillouin Zones and Electronic States in Crystals*（布里渊区理论与晶体中电子态），1960；

L. Marriot：*Group Theory and Solid State Physics*（群论与固体物理），1962；

S. Raimes：*The Wave Mechanics of Electrons in Metals*（金属中电子的波动

---

① 乌力吉 . 1963 年在吉林大学开办的物质结构学术讨论班 [J]. 中国科技史，2009，30(2): 211.

唐敖庆备课（吉林大学理化所提供）

力学），1961。

主干课程"群论及其在物质结构中的应用"，教材采用格里菲斯的《过渡金属离子理论》，由唐敖庆亲自讲授，每周3次课，约10课时。在执行计划过程中，根据教学进度，讲课内容进行了较大调整。"空间群""群论在固体物理中的应用""李群和李代数"等三门课，后来调整到第三学期和第四学期讲授。

唐敖庆的"群论"课，从群论的基础知识开始。第一部分介绍"分子对称点群"，因为这些学员都是化学教师，对分子构型比较熟悉，容易入门。第二部分是"置换群"，这是在分子点群基础上，提高到比较抽象的置换群，接着介绍 Young 图、Young 表等算符与计算方法。第三部分是"n 维空间线性变换群"，从有限元素推广到 n 个元素、n 维空间。第四部分是"交替群"。这些内容讲了一个学期。

张乾二在卢嘉锡那儿听过这些课，所以感觉比较轻松，第一次接触这些内容的学员就感到很吃力。唐敖庆具备深厚的数理功底和渊博的学识，条理性、逻辑性、系统性都非常强，而且讲课深入浅出。因有高度近视，他讲课从不看讲稿，一上课先将今天要讲的内容简要介绍一下，有时还将这节课的内容与上一节课的关系点出来，使学员明白知识间的联系。然后开始当天课程讲述，黑板写了一大片，条理十分清晰，记忆力也是超群。唐敖庆当时任吉林大学副校长，主管

唐敖庆上课（吉林大学理化所提供）

教学与科研，他是真正负责，而不是挂名的，因此工作负担很重，每周还要上十几学时高难度课程（除讨论班课程外，还有研究生课程4学时）[1]。

　　唐敖庆还给吉大化学系研究生上"统计力学"，鄢国森等也过去听课。唐敖庆上课板书很多，还要再擦黑板，手常常酸得举不起来，于是研究生轮流给唐敖庆擦黑板。邓从豪是班长，他第一个跑上台擦黑板，接下来鄢国森、张乾二、戴树珊一个个抢着擦，这件事也给大家留下了一段温馨的回忆。

　　为了开拓研讨班学员的知识面，唐敖庆还聘请江苏师范学院周孝谦老师来校讲授"原子核壳模型理论"，为时1个月。唐敖庆觉得，这些学员各人都有研究课题，让他们做些报告，既可以相互交流，又可以相互促进，从而找到科研的新突破。从下半学期开始，讨论班每周安排学员做一次专题研究报告，共安排10次。孙家钟做了题为"范德华力和$1/r_{12}$的展开式"的专题讲座5次，孙家钟备课很认真，报告先介绍国际上对范德华力的研究历史与现状，讲了2～3次，以后再讨论$1/r_{12}$展开式；刘若庄做了两次题为"氢键"的专题讲座；江元生做了题为"$1/r_{12}$展开式及氢键的性质"的专题讲座；后面还组织

---

① 　鄢国森口述访谈，2012-11-30，厦门．

学员集体讨论两次。对于主课教学，唐敖庆结合课堂讲授，每周布置习题一次，习题由学员轮流批改，可以相互学习，疑难问题再由唐敖庆来解答。

放寒假前，学术讨论班的全体学员就一个学期的业务学习和政治思想情况进行了认真的个人总结。唐敖庆组织大家讨论下学期的学习计划，并布置了两个研究题目。邓从豪、张乾二、鄢国森三人分在一个小组，这一组的研究课题是"核能谱的分析"。因为学员中的吉林大学两位、北师大一位，以前就跟唐敖庆做了研究工作，还有云南大学来的，以前也是唐敖庆的研究生，他们合做另一个课题。研究题目是"分子间作用力"，由孙家钟、戴树珊、江元生、刘若庄等5人进行。上述研究题目要求1964年暑假前完成（即从寒假到第二学期），并要求就第一个研究题目，写出1篇论文；就第二个研究题目，写出3篇论文。

多彩的业余生活

当时一周工作6天。隔一两周的星期天，唐敖庆就来东中华路招待所看望大家一次。大家来自天南地北，在闲暇时常热烈地聊着各地的风俗习惯，交流各个学校的教学科研情况。有时也聊聊中国的古典文学《红楼梦》《三国演义》等，聊到高兴时，唐敖庆还会哼两句京剧、昆曲。因为60年代是困难时期，过几个月唐敖庆会请大家到长春饭店，改善一下伙食。这是比较高级的饭店，一顿饭就要100多元。唐敖庆家里子女多，负担重，有时大家也集资去吃饭。

20世纪60年代正值困难时期，东北的生活尤为艰苦，当时长春一般老百姓供应粗粮，都是吃玉米碴、高粱米，很粗糙，不易消化，一个月只可配给两斤细粮。但是唐敖庆为了照顾这些学员的生活，特别写了报告，提交到吉林省政府批示，提出学术讨论班8名成员中，有6名来自南方，初来东北吃粗粮很不习惯，希望能供应细粮。再由吉林大学学校出面与长春市粮食局协商，从1963年9月到年底为这六名学员全部供应细粮。还有一些副食品的供应，如肉类、黄豆、鸡蛋等，都是通过特批才争取到的。唐敖庆总是想尽一切办法、尽一切可能，照顾好学员的日常生活。

东北入冬后，天寒地冻，室外温度是零下二三十摄氏度。南方带来的冬衣根本不能御寒。当时中国棉花、棉布都是按地区发放票证供应。吉林大学校方又与长春市商业局协调，给这6名南方来的老师发放布票54尺、棉花票4斤，解决了他们购买棉大衣的问题。这些副食品

南湖划船（唐敖庆与鄢国森）（鄢国森提供）

补贴、布票的办理，都由较熟悉长春情况的副班长江元生帮大家办理。

课程学习与科研并重

通过第一学期末的小结，唐敖庆发现课程进度偏快，课程负担过重，个别学员感觉吃力。因此，第二学期授课时间每周控制在20节以下，由唐敖庆继续讲"群论"的第五部分"群积分"和第六部分"正交群"、"旋转群"及"辛群"[①]。从上学期的有限群，讲到下学期的连续群，每周授课9节，从早上八点开始上课，一直讲到十一点半，中间休息20分钟。下半学期还讲了"群论在原子结构与核结构中的应用"。唐敖庆讲课条理清楚，逻辑性严密，他在讲授当天课程之前，先讲预备知识，以提高学员听课的效果。

第二学期中插班旁听的北大黎乐民是徐光宪的研究生，研究方向为配位化学，所以到研讨班旁听"群论与配位场理论"的课程。去长春前，他已自

---

① 乌力吉. 1963年在吉林大学开办的物质结构学术讨论班 [J]. 中国科技史，2009，30(2): 211.

学了《过渡金属离子理论》和群论相关著作，自以为大体上是懂了，但听完课后感觉大不一样。他后来回忆，唐敖庆讲课有高屋建瓴之势，站得高、看得远、讲得透："他从问题的提出讲起，说明解决问题的困难在哪里、前人是怎样解决的、是否完善了、还有什么问题有待解决以及可能的突破等等。听过他的课，回过头来再看自己原来对问题的理解，之前就感觉好像站在万山丛中的谷底观察周围，只见诸峰林立、头绪万千，看不出各部分之间的联系，想不出事物之间的全貌；听完课使自己'站高'了，对问题的认识有一种俯瞰群山的感觉，心中豁然开朗。"[1]

从第二学期开始，研讨班学员进行专题报告的时间大幅度增加，"原子结构及配位场理论"这门课就安排给学员做专题报告。其中"过渡元素与稀土元素原子的结构和光谱"由邓从豪、鄢国森两位做报告，安排50节课的时间。邓从豪从过渡金属中心离子 d^n 组态或稀土金属中心离子的 f^n 组态分析，讲述如何与八面体配体、四面体配体等形成化学键。鄢国森则给大家讲述这些络合物的具体光谱特征。刘若庄做报告讲述"络合物的结构和性能"，安排20节课的时间。通过专题报告，学员们相互讲解，互教互学，相关知识掌握得更加扎实了。

另外，讨论班还请了中国科学院长春应用化学研究所的吴钦义、裴祖文介绍"磁共振原理及技术"，安排了20节课，使学员对物质结构的各种实验研究方法的原理与技术都有所了解。再请吉林大学物理系教授吴式枢讲"量子力学的多体问题"，安排了30节课。这个问题涉及量子力学应用的重要处理，当时张乾二听这些课时，不会想到20年以后自己研究的就是量子化学中的多体问题。

张乾二与戴树珊住一间宿舍，隔壁是鄢国森，他们经常互相串门。虽然屋内有暖气，但一天只通气两次，两次之间有段时间不是很暖和。从温暖的南方来到寒冷的北方，张乾二感到身体很不适应。当时他还得了风湿病，手指关节肿痛，经常发低烧。据鄢国森回忆[2]，因为张乾二听课回来以后常感疲惫，有

---

① 中科院联合办.中国科学院院士自述（黎乐民）[M].上海：上海教育出版社，1996.

② 鄢国森口述访谈，2012-11-30,厦门.

时候一个下午都躺在床上休息，没看到他花多少时间复习，可能就是躺在床上回忆早上的课程。有些课他曾听卢嘉锡讲过，所以布置的习题很快就做出来了。邓从豪50年代参加过唐、卢两位办的培训班，又来吉林大学进修过，基础较好。而其他学员是初学者，学得很吃力，遇到一些不大懂的问题时，就经常请教邓从豪、张乾二两位，他们都能够很快地回答问题。邓从豪有时想与大家交流学习心得，但有些同学刚开始学比较吃力，他就找张乾二讨论。因他以前教过张数学（高中时），张一直尊称他为邓老师。邓从豪打趣道，现在学生已经超过老师了。

邓从豪担任讨论班的班长，他的特点是非常勤奋，每天差不多晚上10点睡觉。睡觉前他锻炼身体的方式很特别：尽管东北天气很冷，但是他用凉水擦身，擦完还要用一盆水从头到脚淋下去，然后擦干再睡觉。第二天清早四五点，他就起来看文献、做科研、推导

张乾二在吉林大学（张乾二提供）

公式，几十年如一日。在研讨班大家都叫他"老邓"，而张乾二从来不敢这样叫，他对邓从豪非常尊重，不敢跟他开玩笑，都是毕恭毕敬地称"邓老师"。鄢国森在班上担任党小组长，唐敖庆有时来询问同学们的情况，鄢就向他汇报学习情况等。"唐老师就是希望讨论班的一伙人能够团结协作，所以大家都处得非常融洽。这种友谊一直保持到现在，已有半个世纪了。"

第五章 / 长春"物质结构学术讨论班"（下）

科研找到突破口

第二学期的研究课题继续分成小组进行，研究专题从第一学期期末的2个再细化为5个。第一个研究题目细化为2个：（1）由电子填充 g 壳层出现的状态分类及亲态比系数；（2）两个以上未填满壳层组态混合的群论分析。第二个课题细化3个：（1）极性分子间的作用力；（2）氢键本质研究；（3）用$1/r_{12}$的展开式计算晶体场分裂能。其中（1）、（2）课题由邓从豪、张乾二、鄂国森三人承担，另外三个课题由孙家钟、江元生、戴树珊、刘若庄等承担（古正因是无机专业，数理基础较弱，只听课不参加科研）[1]。

第一研究组在进行配位场中电子状态分类与亲态比系数研究时，了解到

Racah 运用线性变换群的不可约表示，将原子 d^n 和 f^n 组态波函数分类，引入亲态比系数、$6j$ 符号等，构造多电子波函数和计算作用能矩阵元，使原子谱项计算标准化。John 发展了 Racah 方法，用连续群理论将原子核 d^n 组态能谱分类。晶体场弱场方案，虽然用了连续群理论将配位场作用下原子谱项与波函数分类，但单电子原子轨函仍沿用三维、二维旋转群的不可约表示基。

唐敖庆对科研问题具有高度敏锐的洞察能力和极为深刻的分析能力。据邓从豪回忆，他讲授分子对称群的不可约张量法时，课后常对学员讲："在三维旋转群与点群之间，存在一条沟，需要架一座桥。"在这个思想启发下，邓从豪琢磨："在络合物里，我们用三维旋转群来研究中心离子，用点群来研究配体。在化学中，我们用中心离子的原子轨道杂化来与配体的对称性匹配。在群论中，我们是不是要找到两种群之间的偶合系数？"邓从豪觉得找到了这座桥，即三维旋转群到八面体群的偶合系数。可这座桥要怎么搭，偶合系数要怎么求，文献都查不到。邓从豪与鄢国森向唐敖庆汇报：三维旋转群到点群之间需要的偶合系数，文献中还没有报道过，是一个新课题，估计难度比较大。唐敖庆听了很高兴，他说："搞科研就是攻难点，突破了就可以开拓一大片，我们都来努力探索一下。"从那以后，邓、张、鄢三人课后经常在一起切磋，如何推算这个偶合系数。时间过了半个多月，但这个偶合系数如何推导还是想不出来。与此同时课程也在进行，从"连续群"上到"辛群"。

唐敖庆进行研究（吉林大学理化所提供）

师生竞相推导公式

一天晚上，在东中华路的招待所里，在鄢国森与古正的房间里，张乾二与鄢国森在讨论中，鄢国森突然头脑中灵光一现，提出：将旋转群分解到点群的不可约表示基，分别用旋转群和点群偶合的基函数表示出来，其中就含有旋转群分解到点群的偶合系数。张乾二听完后说："很好，我马上来推。"便马上拿起笔，开始推导公式。他的逻辑推理能力得到了最好的发挥，一会儿就推出了旋转群分解到点群的偶合系数的计算公式。鄢与张不顾时间已近10点，赶快找几个例子来验算。几个例子算完，完全正确！鄢国森与张乾二高兴极了，若不是看到古正在睡觉、周围夜深人静，他们真想大声欢呼："我们找到计算方法了！"静下来后，真有"踏遍铁鞋无觅处，得来全不费工夫"之感[1]。

第二天一大早，他们俩对邓从豪讲了这件事。邓从豪将张乾二推导的计算公式拿来看，他觉得不够完美，于是他对公式的推导做了修改，使其更加规范化，抄正后准备送唐敖庆审阅。三个人都很兴奋，准备上课时向唐敖庆汇报这一结果。没想到那天早上，唐敖庆手上也拿着一张纸——他也有事情要告诉大家。真是英雄所见略同，唐敖庆用不同方法，也推出了旋转群分解到点群的偶合系数计算公式。唐敖庆先把他推的公式告诉学生，接着学生也将推导过程与方法告诉老师。老师和学生两个公式各有千秋：唐敖庆的式子是闭合公式，比较漂亮，但要进行大量计算，需要好几次求和；学生推出的公式比较简洁，更方便用于徒手计算。师生竞相推导公式，一时传为佳话。

第一研究组（邓、张、鄢）提出，用三维旋转群和点群的不可约表示基函数为单电子波函数，并用连续群理论将 d^2 组态在八面体场作用下进行分类。研究组发现旋转群和点群不可约表示的基函数乘积的线性组合，也可以得到一个新的偶合系数——旋转群 – 点群的 Clebsch-Gordan 系数。应用这个 C. G. 系数与点群的 C. G. 系数，点群将作用能矩阵元分解成旋转群约化矩阵元同两个 C. G. 系数的乘积。这结果还说明基函数的正交变换不改变约化矩阵元。

---

[1] 鄢国森口述访谈，2012-11-30，厦门．

后来一起做科研课题的时候，遇到很多严密的理论推导，张乾二总是越做越兴奋，经常忘了自己身体上的不舒服。许多烦琐的系数计算，大多是由张乾二与鄢国森两人完成的。当时的计算条件不能与现在相比，不仅没有电脑，连计算器都没有，再烦琐的数字都是通过手算。据鄢国森回忆，张乾二很强的计算功底，是在卢嘉锡手下时训练出来的。张的工作速度比鄢快得多，计算同样一个问题，张的计算速度至少是他的3倍。做研究时，计算结果需要两人相互核对，所以张算的时候鄢核对，鄢算的时候张核对。在这个过程中，往往都是张乾二在等鄢国森。这项工作完成得不错，差不多2个多月的时间就得到了一定的突破，唐敖庆就决定将其他的研究工作暂时放下，先围绕着这个总的题目来做。

讨论班正式成员科研搞得如火如荼，一些讨论班成员听说了，觉得他们也应该做些什么。赖伍江等找唐老师要求参加科研，唐敖庆思考了一下，介绍他们翻译 Cotton 的《群论在化学中的应用》，刘春万、游效曾和赖伍江就承担这本书的翻译工作。这本书1975年出版后，80年代再版，为在我国化学界普及群论知识起了很好的作用。

长春的春天来得迟，5月份大地才化冻，6月份树枝才发芽。天气好的时候，唐敖庆就组织大家到南湖公园去玩，还租了船在南湖上划船。星期天，大家劳逸结合，也都到处走走。戴树珊与江元生、蒋栋成等原来是同届研究生，他们经常互相邀请在一起玩。鄢国森、张乾二、邓从豪等到长春快一年了，也会到长春市逛逛街。与南方城市相比，长春市大街又直又宽。他们到三马路，发现那里有个旧货市场，有许多收音机、缝纫机和各种小电器在卖。鄢国森比较熟悉电路，他看一些收音机只是接触不良，其他器件还很好，且价格很便宜，就对张乾二说："这收音机不错，可以再利用。"张乾二买回来后，鄢国森帮他修理后，听新闻广播、音乐歌曲都很好。

第二学期，学员的政治学习内容为毛泽东的《矛盾论》《实践论》两篇哲学著作，学完后讨论、写心得。还特别安排学员去辽源煤矿参观了"三史"展览，并到农村参加社会主义教育运动和生产劳动半个月。

集中攻关 "配位场理论"

第三学期（1964年的秋天），研讨班开设了"群论在分子结构中的应用""群论在固体物理中的应用""分子轨道理论"三门课程。其中群论应用的两门课由唐敖庆讲授，共计26讲，每讲为4节，合计104课时；"分子轨道理论"由孙家钟、刘若庄、戴树珊三位学员分头讲授，共计29讲，每讲为4节，合计116课时。唐敖庆又安排张乾二讲"配位场强场理论"——分子对称群不可约张量法。

既然第二学期在第一项科研题目有了突破，其他项目就停了下来，集中攻关该题目。唐敖庆布置了新的科研安排：总科研题目是"配位场理论研究"，分成若干项进行——第一项是改进弱

唐敖庆上课（吉林大学理化所提供）

场方案，第二项是探讨强场和弱场之间的联系，第三项是应用第一项的成果分析 d^4 和 d^6 组态，第四项是把弱场方案推广到低对称络合物。邓从豪与戴树珊分配做第一项课题；张乾二与鄢国森分配在第二项，探讨强场和弱场之间的联系；孙家钟分在第三项，应用第一项成果分析组态；江元生做第四项，将弱场方案推广。其中，第二项的任务最重，要搞清楚强场方案及与弱场的关系，而第一、三、四项都是弱场方案的延伸。

第一组由邓从豪与戴树珊合作，计算弱场方案中的各种系数。他们先做出旋转群不可约表示在 O 群四角场中的分解表（$J=0\sim12$，$1/2\sim25/2$），再计算旋转群与 O 群不可约表示基向量的变换系数。$J=6$ 以下的数据比较简单，很快就算出来了。但随着 J 值增大，工作量逐渐加大，当 J 值大于10以后，

每个 J 值都要计算好几天。一个人计算，另一个就要做校对工作。每天早上四五点，邓从豪起床晨练完，就赶着计算变换系数。等大家去吃早餐时，他已计算好几个系数了。

江元生承担低对称场偶合系数的计算。旋转群向低对称群分解，相同不可约表示会出现多次，这样偶合系数的选择就有任意性。要如何选择，才使几套偶合系数同时有可交换的好性质，江元生动了不少脑筋。点群的偶合系数虽比旋转群简单，但也有特殊性，除了一维表示，还有二、三维表示；而且偶合系数与 V 系数的关系与基向量选择有关。江元生根据相因子的规约、广义正交定理等处理了点群的 V 系数和 W 系数等，解决了这一难题。接着就进入大量的系数计算。

孙家钟忙着将李代数用于分子壳模型，他一直在寻找连接酉群与旋转群的道路。如果说，旋转群与点群之间有一道沟的话，现在找到了一座桥，即旋转群到点群的偶合系数。而酉群在高处，旋转群在低处，它们之间也缺少一把梯子。如果找到这把梯子，联系酉群、旋转群、点群之间的群链就可以建立起来了。孙家钟一直苦苦思索，在寻找这个梯子。刘若庄则为 Cotton 的

师生讨论课题（吉林大学理化所提供）

《群论在化学中的应用》翻译稿做校对。有空闲时，他就这间屋走走，那间屋看看，关心大家的工作进展。一听到"笃、笃、笃"的拐杖声，同学们笑着说："刘公来探访了。"

因为要做强场方案，唐敖庆就对张乾二说，你去好好读一下 Griffith 的《分子对称群中的不可约张量法》[①]，然后给大家讲一下。Griffith 在这本书中，用不可约张量算符为基，讨论八面体群的 V 系数，较低对称性点群的 V 系数，以及矩阵的约化，点群的 W 系数、X 系数等。张乾二发现，作者与 Racah 一样，也将不可约张量算符的矩阵元分解为几何因子与物理因子。几何因子即点群的偶合系数，物理因子就是约化矩阵元。也就是说，处理分子问题与处理原子问题可以用同样的基，这样三维旋转群的群链，就可以与分子点群的群链连接起来，所有原子结构的处理方法，都可用于分子结构。即"一路既通，路路皆通"，这样强场方案与弱场方案就打通了。张乾二将这一想法与大家进行交流，经过讨论，大家觉得原子结构与分子结构的桥梁已经建立起来了，应抓紧开展进一步的研究。

强弱场与群链

对于分子轨道与原子轨道可用相同基这一点，孙家钟尤为兴奋。他在李群李代数的研究中，酉群 SU(N) 群、旋转群 SO(N) 群与点群 O 群等，一直处于分离状态，现在梯子找到了，可以将这个群链建立起来，可将李群运用于分子壳模型：

$$SU(5) \supset SO(5) \supset SO(3) \supset O \qquad (1)$$

过去认为群链（1）仅适用于中心原子与配体之间不形成化学键的弱场方案。现在用分子轨道做点群不可约表示基，得到群链（1），不受化学键强弱的影响。孙家钟又试探了第二条群链：

$$SU(5) \supset U_e(2) \times U_t(3) \supset O_e(2) \times O_t(3) \supset O \qquad (2)$$

---

① J. S. Griffith. *The Irreducible Tensor Method for Molecular Symmetry Gropes*[M]. New York: Dover Publications, 1962.

前人仅用点群讨论强场方案，没有应用连续群，因此得不到这条群链。他把这些工作与唐敖庆交流，唐敖庆仔细听了他的说明，很是高兴。他说："这样，我们就可以站在更高处来处理分子模型了。"但为严谨起见，他嘱咐孙家钟要进一步验证，这样工作量就大了很多。此时，学术讨论班成员都已进入计算高潮，每个人都有很大工作量。唐敖庆想到化学系李伯符的数理基础很好，可以来帮忙。这样孙家钟继续推导群链，李伯符一方面配合孙家钟的群链研究，一方面对已建立的群链，做各种组态的能谱分类。

张乾二、鄢国森组讨论配体形成强场的情况，若沿用弱场的方法，将 d^2 组态在八面体场中分解为 e 和 t_2 两种不可约表示，然后将 e 与 e 的直积、t_2 与 t_2 的直积、e 与 t_2 的直积用 Young 图表示。直积结果得到的 Young 图，又可分为单纯 Young 图与混合 Young 图。单纯 Young 图所荷载的不可约表示，可从连续群到点群的分解系统得到；混合 Young 图则要进一步分析。某个混合 Young 图所荷载的不可约表示，可由其所包含的单纯组态的对称性和表示的直积推出。强场与弱场两种偶合方案之间蕴含了一个从连续群到点群的分解关系，它可用 Young 图的分解式表示。

强场与弱场关系推出后，张乾二与鄢国森又投入讨论变换 C 系数性质的工作（因为这个变换系数公式是张乾二推出来的，鄢国森把它命名为 C 系数）：研究 C 系数正交归一性，C 系数与 L 态、它的 R 补态的关系。应用 C 系数，可计算弱场偶合方案中的配位场作用能，计算强场偶合方案中的静电作用能，还可以统一强场、弱场方案的补态理论。这些公式、性质推导出来后，张乾二和鄢国森接着投入计算 d^2-d^5 强、弱场变换的 C 系数中。他们每天上午上完课，到食堂吃完午饭后，就赶紧回宿舍计算系数。因为那时没有计算机，所有计算都靠笔算，这既是脑力活，也是体力活，完全是时间的积分。张乾二算完鄢国森校对，鄢国森算完张乾二校对。据简单统计，就这段时间两人共计算了400多个 C 系数。生活既紧张又充实，鄢国森在跟张乾二的交往当中，觉得他非常坦诚，什么话都可以谈，讨论最多的，当然就是如何来做好这个研究课题。经过这段学习生活，两人成了终身的挚友[1]。

1964年秋天是收获的季节，根据第二学期的突破与第三学期的进一步研

---

[1] 鄢国森口述访谈, 2014-01-18, 厦门.

究，将改进的弱场方案整理成文，总题目是"配位势场理论的研究"，第一篇论文是《正八面体场中 d^n 组态的理论分析》[1]，唐敖庆安排由邓从豪执笔撰写。邓从豪详细思考后，决定将全文分为五部分：第一部分是引言；第二部分对 d^n 组态能谱在正八面体场中进行分类；第三部分介绍旋转群向点群分解的 Clebsch-Gordan 系数，包括基函数的变换矩阵，旋转群点群的 C. G. 系数，旋转群 – 点群的 V 系数；第四部分讨论亲态比系数，指出连续群 – 点群的亲态比系数是旋转群亲态比系数乘以旋转群 – 点群 C. G. 系数；第五部分分析配位场作用能矩阵元可分为静电排斥能双粒子矩阵元和配位场作用能单粒子矩阵元两类。邓从豪考虑到在弱场方案中，波函数仍是三维旋转群不可约表示基函数，静电排斥能矩阵元与同轨道、同自旋角动量的原子谱项矩阵元相同，可查文献，不必计算。配位场作用能矩阵元，可用约化矩阵元法或亲态比系数法计算，最后是结论。邓从豪接到任务后就专心写作，不到半个月就完成了，交给唐敖庆审阅后，投到《吉林大学自然科学学报》，在1964年第3期上发表。

这学期的政治理论学习，除继续安排学习毛泽东的《实践论》外，还增加了学习毛泽东的《关于正确处理人民内部矛盾问题》，以及与当时形势有关的其他学习内容。学员还每周参加一次集体劳动。

整理部分科研成果

第四学期是学术讨论班的最后一个学期，主要开设了"李代数"和"物质结构的近代实验方法"两门课程。其中"李代数"由唐敖庆主讲，"李群"的内容已分散在前面几部分中介绍，每周讲8节，共计96学时。

还有实验课程"物质结构的近代实验方法"，共48学时[2]，安排在长春应用化学研究所进行实地学习。科研项目还是配位场理论的延续：第一项是 d^4

[1] 唐敖庆等 . 正八面体场中 d^n 组态的理论分析 [J]. 吉林大学自然科学学报，1964，3: 70.

[2] 乌力吉 . 1963 年在吉林大学开办的物质结构学术讨论班 [J]. 中国科技史，2009，30(2): 211.

和 d^6 组态的全分析，第二项是不可约张量算子方法的研究，第三项是半整数与低对称场 V 系数的计算，第四项是群链的推导。

1965 年的春天，配位势场理论研究的第二篇论文《强场与弱场波函数的变换关系及其应用》[①] 也整理好了。这篇论文首先提出了强场中组态能谱的分类，也是沿用弱场中用群的直积分解的办法，对 d^n 组态的波函数与能谱进行分类，d 轨道在正八面体场 O 群中，可分解为 e 和 t_2 两种不可约表示，它们的直积又可用置换群的 Young 图来表示。论文进一步讨论强场与弱场波函数之间的变换关系，根据旋转群 – 点群 V 系数及亲态比系数，推导并计算了八面体场中 d^2-d^5 组态强、弱场波函数之间的变换 C 系数，并研究了这种系数的性质，以及应用变换 C 系数计算弱场中配位场作用能和强场中静电作用能；统一强场与弱场偶合方案的补态理论，并将计算所得 d^2-d^5 组态强、弱场波函数之间的变换 C 系数列表于附录。这篇论文发表在《吉林大学自然科学学报》1965 年第 1 期上。

孙家钟这组研究得到了第三条群链 $SU(5) \supset SO(5) \supset O_e(2) \times O_{t_2}(3) \supset O(3)$，它为配位场提供了一种新的计算方案，是介于强场与弱场之间的中间场方案。若将第三链中 $O_e(2) \times O_{t_2}(3)$ 换成 $SO(3)$，就得到第一条链；若将 $SO(5)$ 换成 $U_e(2) \times U_{t_2}(3)$ 就得到第二条链。孙家钟与李伯符讨论，对八面体场要用与 $SU(10)$ 群相关的群链，由孙家钟负责；对四角场要用与 $SU(7)$ 群有关的群链，由李伯符负责研究。孙家钟研究发现，三条链可看作 $SU(10)$ 三种等价不可约表示的三种基向量，这三者之间存在相互变换关系。当 $SU(10)$ 群不可约表示的一种基变换成另一种基时，相应的群链就变成另一种。这些基本理论搞清楚后，接下来是大量的亲态比系数计算与矩阵元计算。孙家钟还要接着研究，由于计算量太大，李伯符一个人计算根本来不及，古正也过来帮忙计算。

根据科研取得的成果，唐敖庆计划讨论班要写两本书，一本是《配位场理论方法》，一本是《配位场计算方法》。张乾二与鄢国森写作第二本，两人同心合作、奋力撰写，用几个月的时间写出了《配位场计算方法》的初稿。内容包括"基向量标准化"、"弱场方案"、"强场方案"、"强场与弱场偶合系

---

① 唐敖庆等.强场与弱场波函数的变换关系及其应用 [J].吉林大学自然科学学报，1965, 1: 59.

数间的关系"、"旋转群－点群间的变换系数"和"点群－点群间的变换系数"。后面附了大量计算出来的旋转群－点群的偶合系数、V 系数，点群 O 群 –D_4 群的偶合系数和 V 系数，点群 O 群 –D_3 群的偶合系数和 V 系数。张乾二主要负责内容写作，鄢国森负责整理大量计算数据的表格。张乾二回忆当年的情况，当时他还用钢板将蜡纸刻成初稿，油印成小册子，大概100页篇幅，交给唐敖庆。[①] 学员已经把研究成果整理成文，唐敖庆很高兴。本着严谨、慎重的原则，唐敖庆还要对这些内容进行归纳、提高，对计算结果一一核对。

1965年的春天，虽然东北的春天来得晚，但讨论班内对配位场理论的研究、计算进行得热火朝天。邓从豪与戴树珊忙着推导弱场方案的计算公式与计算变换系数；江元生则计算各种低对称点群的 V 系数和 W 系数等；孙家钟与李伯符在探讨李代数与分子壳层模型，与 SU(10) 群、SU(7) 群相关的群链分解，他们那里还有大量亲态比系数和矩阵元等着计算……唐敖庆看大家实在太忙，各种系数大量计算出来（有几千个），就让进修班的学员也加入系数验算的行列，厦门大学的赖伍江、云南师院的刘春万、东北师大的赵成大等参与了系数校对工作。每天上午是上课或讲座报告，下午是科研计算时间，大家都抓紧时间，尽量多算一些数据。

这学期的政治理论安排学习毛泽东的《实践论》和《人的正确思想是从哪里来的》等文章以及时事政治内容。学员每周仍安排一个单元时间的集体劳动。1965年7月，讨论班即将结束时，安排学员做个人鉴定和讨论班的工作总结。

在讨论班计划结束前4个月，唐敖庆发现科研成果丰硕，需要进一步进行整理。1965年4月，吉林大学向教育部打报告，申请山东大学的邓从豪、厦门大学的张乾二、云南大学的戴树珊、四川大学的鄢国森四人延期返校。吉林大学在申请报告中写道："近两年的时间内，该班学员除了掌握物质结构基础理论、基本技术与近代研究方法外，还进行了有关配位势场理论的研究工作，已完成四个项目，其中一项发表，其他三项也在整理之中。这些工作具有一定的理论及实用价值。为了总结收获、整理和推广科学研究成果，希望于该班结束后撰写两本有关配位势场理论及计算方法的专著。为使此项工作顺利

①　张乾二口述访谈,2014-03-12，厦门.

进行并在短期内完成，需留部分外校学员延期半年返校。"教育部批准了这份报告[①]。

讨论班结业时，吉林大学举办了隆重的结业典礼。正式成员与进修成员都收获满满。大家不仅学习了群论知识与其在络合物等领域的应用，而且开展了相关的科学研究。特别是后期，配位场理论研究中大量偶合系数的计算、

讨论班结业合影，第一排为校领导，左起：唐敖庆、陈静波、刘靖、何礼、江剑秋；
第二排左起：赵成大、戴树珊、邓从豪、鄢国森、刘若庄、肖慎修、殷继祖、古正；
第三排左起：江元生、赖伍江、半导体班学员、陈世元、孙家钟、张乾二、裘祖文；
第四排左起：半导体班学员、刘春万、张英华（科研处长）、半导体班学员、游效曾、
　　　　　　半导体班学员、王志中、祝继康（吉林大学理化所提供）

---

① 1963年"物质结构学术讨论班"总结，吉林大学档案馆．

验算，动员了全班学员参与，做得热火朝天。结业典礼有领导讲话、教师发言、学员代表发言，最后是唐敖庆给大家临别赠言，希望大家要在各自的岗位上，将教学与科研结合好，发扬刻苦钻研、团结奋战的精神，为祖国的理论化学事业贡献力量。接着是欢送晚宴。

张乾二回到厦门大学时，化学系正在进行社会主义教育，全系正在进行电影《早春二月》的大批判，他无法再回长春了，邓从豪也是如此。

《配位场理论方法》初稿

过了暑假，鄢国森、戴树珊如约再来长春，与吉林大学的孙家钟、江元生一起，将上学期做好的研究，整理成第三篇论文《d^4、d^6组态八面体络合物能谱的全分析》。在正八面体场或其他点群对称势场中，电子光谱的相同谱项常常重复多次出现，严格计算谱项能量就必须解高阶特征方程。论文应用改进弱场方案，对矩阵元的计算做了重要的简化，在此基础上，可以比较快地计算 d^4 及 d^6 组态正八面体络合物的能量矩阵元；再用电子计算机，解出了久期方程的所有特征根，分析了三价钴络合物的光谱数据，并将所得结果列成了表格。该文发表在《吉林大学自然科学学报》1965年第4期[1]。

暑假时，唐敖庆在考虑，科研工作已经取得决定性的成果，但一些偶合系数的计算与验算还是个问题。上学期讨论班成员与进修班成员，全力以赴，才计算完一部分数据，下一学期人员大大减少，恐怕要想别的办法。他想起沈阳这两年在搞计算中心，就通过学校去打了招呼，希望合作，沈阳方面表示欢迎。

1965年秋天，唐敖庆安排两个方面的工作：一方面鄢国森、戴树珊和江元生在上半年《配位场计算方法》初稿的基础上，写作《配位场理论方法》；另一方面孙家钟带领长春光学机械所的赵景恩、吉林大学的王志中到沈阳。根据唐敖庆、邓从豪推导的公式编写成软件，用早期的计算机计算旋转群与

---

[1] 唐敖庆等 . d^4、d^6 组态八面体络合物能谱的全分析 [J]. 吉林大学自然科学学报，1965, 4: 71.

点群的偶合系数，并与张乾二、鄢国森得到的数据比较。后来又编程计算群链的亲态比系数等，与手算结果对照。早期计算机效率比较低，输入要用人工打卡，所以工作也很辛苦。

　　鄢国森这一组，各忙各的工作。鄢国森文笔比较好，主要承担写作任务。戴树珊整理弱场方案，将其中旋转群不可约表示基向量组合成点群不可约表示基向量，又把强场方案中群表示的直积空间化成相应点群不可约表示的组

师生教学会议相遇，左起：鄢国森、邓从豪、唐敖庆、徐光宪、刘若庄（刘若庄提供）

合系数整理好；江元生则先把分子点群的 V 系数与 W 系数整理好，又与李伯符一起，将孙家钟组推出的群链中重要的矩阵元，如静电排斥能矩阵元、配位场作用能矩阵元、旋轨作用矩阵元等一一计算好。唐敖庆又请吉林大学印刷人员，把整理好的书稿打印成讲义形式，便于校对与修改。到了1966年夏天，全国"文化大革命"已经展开，四川大学写信来催鄢国森回校。当时

政治压倒一切，虽然书稿即将完成，但鄢国森也只得离开长春返回成都[1]。

国际暑期物理讨论会

"文革"刚开始，讨论班成员都回到原学校，只留下戴树珊在吉林大学，为配位场研究成果做整理工作。当时这项目已被列入亚、非、拉、大洋洲暑期讨论会的一项报告。根据当时中央高层指示："内事服从外事，外事通天。"唐敖庆就要戴树珊把前面获得的科研成果压缩成一篇报告，并要用英文写作。为此，还经"文革"驻校工作组批准，将吉林大学外语系教授王锟暂时调离运动，为这份报告的英文把关。最后由孙家钟定稿，并打印出来带到北京。

1966年7月，在北京召开了"亚、非、拉、大洋洲暑期物理学术讨论会"（也称"国际暑期物理讨论会"）。唐敖庆带孙家钟出席大会，并做了题为"配位势场理论的研究"的学术报告，阐述了讨论班在配位场理论研究方面所取得的创新研究成果：引进了一类新的偶合系数，沟通了连续群与点群、高对称群与低对称群之间的联系，使配位场计算方法达到标准化。讨论会认为，这项研究成果丰富，并发展了配位场理论，为发展化学工业催化和受激光发射的科学技术提供了新的理论依据。这项研究成果被大会评为十项优秀成果之一。孙家钟回到长春后很高兴，告诉戴树珊，报告大获成功。

唐敖庆带领孙家钟等，在阶段性成果基础上，进一步将结果提高到李群、李代数的高度，用群链去分析配位场问题，总结成两篇"配位势场理论研究"相关的论文，由孙家钟执笔整理。第一篇论文指出[2]，Racah 曾经用群链的连续群部分，来讨论 d^n 组态的原子结构，后来 Racah 的结果被引入配位场中，即群链由于 Racah 以原子波函数为出发点，因此前人认为群链仅适用于中央原子的 d 轨道和配位体间不形成化学键的配位场，即弱场方案。论文以点群的不可约表示基底为基础得到群链，证明了这条群链对于中央原子的 d 轨道和配位体间甚至形成了很强的化学键时也仍然适用，去掉了弱场方案的限制

---

[1] 鄢国森口述访谈, 2014-02-21, 厦门.

[2] A. C. Tang, C. C. Sun, Y. S. Kiang. Research Group on Structure of Matter. Studies on the Ligand Field Theory Ⅰ. An Improved Weak Field Scheme[J]. *Scientia Sinica* (English Edition), 1966, 15(5): 610.

条件。论文讨论 $e^n t_2^m$ 组态的群链，并将其列表说明；接着又计算了 $e^n t_2^m$ 的谱项能量，并将所得结果列成了表格，供配位场研究人员使用。论文发表在《中国科学》（英文版）1966年第4期上。

第二篇论文首先介绍了两种群链的电子波函数，接着讨论并推导了三维旋转群–点群的偶合系数。利用了波函数的建造只依赖于群的性质，和基底的具体形式无关这一概念，将原子结构连续群的成果用到中央原子和配位体间形成化学键的情况，重要的是通过三维群约化偶合系数将原子结构连续群的成果和分子点群的成果衔接起来，才具体得以实现。论文中给出了大量三维旋转群–正八面体群的约化 V 系数的数值表，对于中央原子是过渡元素的配位场已经够用。这种约化偶合系数在计算各种矩阵元时，确实发挥了它的独特作用。

下一篇论文还没整理完，"文革"的风暴已把一切砸烂。再整理这篇论文，已是孙家钟下放农村回来后的事了。这篇论文发表在《吉林大学学报》1975年第1期上[①]。

这期学术讨论班因在科学研究和高端人才培养方面成果显著，曾引起学术界的广泛关注。1981年，唐敖庆当选为国际理论化学界最高学术组织——国际量子分子科学研究院院士，并被聘为该院主办的《国际量子化学杂志》（*Int. J. Quant. Chem.*）顾问编委。1963年的"物质结构学术讨论班"的正式成员与旁听成员中，产生了7名院士、2名校长。多人承担国际学术职务：张乾二受聘担任国际《理论化学》（*THEOCHEM*）杂志编委；孙家钟受聘担任国际《分子液体》杂志编委；江元生受聘担任国际理论有机化学家联合会特别理事[②]……邓从豪出任山东大学校长，鄢国森出任四川大学校长。这个讨论班造就了中国理论化学的一个强有力的学术团队，学术讨论班的大多数成员，日后成为了我国理论化学教学和研究的中坚力量，并在国际理论化学界被誉为"中国学派"。

温馨家庭

① 唐敖庆, 孙家钟, 江元生等. 配位势场理论的研究Ⅱ [J]. 吉林大学自然科学学报, 1975, 3: 57.
② 乌力吉. 1963年在吉林大学开办的物质结构学术讨论班 [J]. 中国科技史, 2009, 30(2): 211.

物质结构学术讨论班成员，前排左起：鄢国森、刘若庄、唐敖庆、邓从豪、张乾二；
后排右起：孙家钟、戴树珊、江元生、古正

　　这段时期，唐敖庆在学校承担繁重的教学任务，带领研究团队冲击国际前沿科研课题，还担任吉林大学副校长。他同时要挑起教学、科研、行政三副重担，家务就完全交给夫人史光夏处理。唐敖庆家庭，刚来长春时是两个大人带一男二女三个孩子，不久第二个男孩出生。到1960年，家里已是3个男孩、3个女孩。大的两个已上中学，小的还在上小学。大孩子出生在昆明，为了纪念出生地，一个叫唐昆，一个叫唐敏。在北京出生的叫唐梅。到东北后不久出生的孩子取名唐东。后来一个孩子出生时，恰是新中国第一部宪法诞生时，就取名为唐宪。唐敖庆一家1952年来到长春，那时化学系刚刚创办，所有理科都是刚刚创办，克服了多少困难，才发展为今天这样的规模。理化大楼建起来了，学校有了大礼堂，许多新学科也建立起来了，才形成今天文理综合发展的吉林大学，并进入国家重点大学行列。唐敖庆心里真是高兴，他和妻子史光夏商量："我们来长春已8年了，从一个5人的小家庭，变成8人的大家庭了，吉林大学成为国家重点大学了，我们照张相片纪念一下。"于是有了这张全家福。唐敖庆在教学、科研两方面拼搏，还兼任副校长职务，家里的重担都落在妻子史光夏身上。她不仅要上班，照管好全家的衣食住行，还要关心孩子的学习、成长。唐敖庆对妻子的默默奉献，十分感激。

唐敖庆全家福（1960年）（吉林大学理化所提供）

60年代唐敖庆与史光夏

第六章 / 十年坎坷 矢志不移

唐敖庆"文革"遭遇

1966年6月，中央人民广播电台播发北大聂元梓一张大字报，席卷全国的"文化大革命"开始了，吉林大学也不能幸免。学校都自动停课，大字报铺天盖地，学生自发组织红卫兵，冲到社会上"破四旧"。一切旧社会留下来的都是"四旧"，寺庙、教堂被砸烂关闭，大批文物字画被收缴，除了集中管理和私分的，大部分进行烧毁、粉碎，图书资料被毁不计其数。大学里校系领导靠边站，干部是"走资本主义道路的当权派"应该被揪出来，教授是"资产阶级反动学术权威"应该被打倒。唐敖庆属于既是领导又是权威，免不了成为革命对象。

到了1968年清队、整党时期，长春市搞逼供信很严重。中科院应用化学所所长吴学周被诬为特务，关进监狱，与一个强盗关在一间牢房。押送吴学周的人叫强盗打吴，还拿着一个电烙铁烙吴的眼睛，吴学周的眼睛基本被烙瞎了。在严刑拷打下，吴学周实在受不了，只好乱说了。他把唐敖庆、徐光宪、高小霞、吴征铠等一批留美回国学生，说成是美国派遣的特务。他瞎说后可免再挨重刑，但被他点到的人就惨了。吉林大学对唐敖庆成立了专案组，将他关押起来。吉林大学共关押了200多人，设置刑具10多种，受刑人员占关押人员一半以上。与唐敖庆接触多的人也被牵连审查。徐光宪原来在北大没什么事，从长春来的消息使他马上被隔离审查，几个月不能回家，以后又下放到江西去养牛①。唐敖庆早期的研究生蒋某也被隔离审查，只好乱揭发，他说知道唐敖庆有一个发报机，"文革"初期害怕被抄家，叫蒋扔到南湖去了。专案组还信以为真，组织人到南湖去捞发报机，结果什么也没捞到。

"文化大革命"确实是触及知识分子灵魂的大革命，特别是高级知识分子。有的人为了自己逃脱责任，不惜否定过去的一切；有的以揭发别人而换取自己的安全；但也有些人宁愿放弃生命，也决不随便乱说。唐敖庆的恩师曾昭抡曾任教育部副部长，1957年被划为右派，职务被撤销，安排到武汉大学任教。"文革"中曾昭抡被打成"黑帮"，首当其冲成为"牛鬼蛇神"。武大专案组来吉林大学向唐敖庆调查，要他检举揭发曾昭抡的"罪行"。唐敖庆说："曾先生每次与我谈话，都是要我好好学习，将来报效祖国。每次我组织进步学生活动，邀请他参加，他都很乐意。我实在看不出他有什么反党反社会主义的罪行。"外调人员得不到他们想要的材料，十分生气，交代吉林大学专案组，一定要唐敖庆写出揭发材料。唐敖庆在专案组的威逼下，就把年轻时考上北大、到西南联大与曾昭抡交往，抗战后曾介绍他到哥伦比亚大学留学，写信邀他回北大任教，一直到鼓励他到东北创业，一五一十地写下来，足足写满好几张纸。专案组起先很高兴，看完后大骂起来："这简直是在替曾昭抡树碑立传。"②

由于有人揭发唐敖庆，吉林大学工军宣队为唐敖庆搞了个专案组，但是内查外调都找不到他是特务的证据。专案组想起唐敖庆在1963—1965年办的那个讨论班，想查一查这里有没有什么问题，于是到四川大学、云南大学、厦门大学等处，找那个班的学员外调。厦门大学、云南大学都没有得到结果。

---

① 江涌主编. 真相：聚焦台前幕后 [M]. 北京：中国文史出版社，2013.
② 叶青，黄艳红，朱晶. 举重若重. 徐光宪传 [M]. 北京：中国科学技术出版社，上海：上海交通大学出版社，2013

但在四川大学有一名学员"揭发"道：当时唐敖庆找讨论班成员开会，每次会后邓从豪与鄢国森会留下来，与唐再密谋一些事情，可能就是特务组织。外调人员听后，如获至宝，以为可以顺藤摸瓜，可找到了邓从豪与鄢国森，他们俩都说："我们是班长与党小组长，唐敖庆向我们了解学员们的思想、学习情况。有时坐的时间较长，是聊起《三国演义》或《红楼梦》等古典文学。"特务案因查无实据，也就不了了之。

因为唐敖庆是国内外著名科学家，又是副校长，他比一般"特嫌"的待遇要好一些，允许他一个星期回家与家人团聚一次。当时他的研究生陈欣方住在解放大路宿舍，每逢星期六下午四点半到五点之间，他总是站在窗口，沿窗下望，看到唐师母扶着唐老师从学生七舍方向走来，经过他家窗下沿立信街向北走去，陈立即快速下楼，目送二老穿过解放大路，拐向同志街并到达柳条路口唐敖庆家时才返回。陈心中非常难受，但是敢怒不敢言。唐敖庆

唐敖庆到电石厂搞科研（吉林大学理化所提供）

被审查了大约半年多，根据上面指示凡"事出有因，查无实据"的特嫌，可以结案后恢复自由。

负责唐敖庆"特嫌"专案的人受极"左"思潮的影响，根本不承认自己有任何错。他们说唐敖庆的理论工作对工农业建设毫无用处，也很少有人看得懂他的论文，只有外国人能看懂，他的理论工作客观上是为"帝、修、反"服务，所以我们审查他是完全有依据的。由于未发现他的特务活动，可以不做特务处理，但对他客观上为"帝、修、反"服务的理论工作，必须批倒批臭。

因上级要求结案材料必须写上哪些理论工作毫无实用价值，而负责专案组的人又不懂他的工作，为此要陈欣方参加专案组的工作。后来陈以专案组成员名义单独去看望唐敖庆，并安慰他说，专案组没有获得任何参加特务组织的证据，估计很快就能结案，但结案前要进行公开批判，这种批判不允许被批判者进行辩解。他叮嘱老师暂且忍耐，不要为此生气，要注意保重身体。公开批判唐敖庆的前一天晚上，专案组召开预备会，负责会议的人定下调子，一定要将唐敖庆的工作批成"为'帝、修、反'服务"，并且事先布置要陈欣方作中心发言。

陈欣方不能违心地在大会上批判老师，又不敢顶撞宣传队员。他在专案组预备会上做了比较婉转的发言，说自己上大学前曾在工厂工作过，根据自己的亲身体会，认为唐敖庆的有些理论工作，如高分子凝胶化理论，对化工厂的生产实践，还是有指导意义的……陈的发言使主持会议的人非常恼怒，但他也无法驳斥，因他根本不懂这些工作，最后只能对陈进行不点名的评判。事后，陈请病假，没有去参加在理化楼召开的、以唐敖庆为批判对象的大会。至今回想起此事，他愈感到不去参加批判会是对老师最好的尊重。①

当时全国对毛泽东的个人崇拜达到登峰造极地步，到处在搞"三忠于四无限"活动。每天早晚都要对着毛主席像，"早请示"，"晚汇报"，还要跳"忠字舞"。唐敖庆眼睛高度近视，平衡能力不是太好，又年近六十了，但为了表示忠心，还是坚持跳"忠字舞"，叫人看了都担心他会跌倒。1969年11月，中央下达加强战备紧急通知，吉林大学革委会就先后分两批，"动员"580户他

---

① 陈欣方.怀念恩师唐敖庆（唐敖庆诞辰100周年纪念文章）[M].长春：吉林大学出版社，2015.

们认为不可靠的教师、干部到偏僻农村"插队落户"。不管老弱病残，一律"四带"（带户口、粮油关系、工作关系、家属），下放的教师占全校教师总数的84.5%。孙家钟与江元生一家也在下放之列，从得到通知，到出发还不到半个月。唐敖庆虽然没有下放农村，但也下到吉林电石厂，与厂里技术人员、工人一起进行非汞触媒乙炔水合制乙醛的实验①。

直到1971年9月，"林彪事件"发生，国内政治形势出现暂时的转机。周恩来总理主持工作，批复了一些科学家的建议，高校和研究所才恢复一些基础科研活动。国家要开展科学前沿课题"化学模拟生物固氮"研究，唐敖庆得知这一消息后，联系福州物构所卢嘉锡和厦门大学蔡启瑞，决心参与这一研究。1972年2月和1973年3月由中科院生物部组织，分别在长春与厦门两地召开"全国化学模拟生物固氮会议"。吉林大学、厦门大学、福建物构所、福州大学、中科院植物所、沈阳植物所等单位参加了这次会议。会议决定兵分三路：第一路由卢嘉锡、唐敖庆、蔡启瑞领导，探索固氮酶活性中心的生物化学与基础化学研究；第二路对现有工业合成中氨铁系催化剂进行改进；第三路则由中科院生物学部组

下工厂与工人相结合（吉林大学理化所提供）

---

① 校史编写组.吉林大学校史 [M].长春：吉林大学出版社，2006.

织，进行寻找温和条件下固氮催化剂的探索研究[①]。

张乾二晚上研究"轨道系数"

唐敖庆带着江元生到厦门参加固氮会议，遇见刚从牛栏中出来的张乾二。"文革"一开始，张乾二就沦为"牛鬼蛇神"，后经历妻亡子散之痛。直到1972年年初，才被允许为工农兵学员上数学课。张乾二的老师卢嘉锡、唐敖庆、蔡启瑞三人联袂研究"化学模拟生物固氮"项目，三位大师为固氮酶聚首厦门。正好张乾二刚从牛棚出来，见到自己的老师又重新出来工作，还像以前那样精力充沛、勇往直前，张乾二精神上受到很大鼓舞。见面时，卢嘉锡、唐敖庆与张乾二意味深长地握手，一切尽在不言中。他坚信，自己现在虽然没有资格参加科研，但将来一定有机会与老师一起搞科研。

晚上回到空无一人的家中，张乾二开始考虑科研问题。当他在讲述初等数学时，曾诱发他进一步的思考：能否用初等数学的几何知识、三角函数来解析分子结构的化学问题？在"物质结构"教学中，张乾二对大量分子的结构特点已进行过归纳总结，现在他想更普遍地推导出共轭分子轨道系数的特点。首先，张乾二观察到直链多烯烃分子中的 π 电子轨道系数，从丁二烯、戊二烯到己三烯……链中某个 C 原子的系数乘上一个常量，会等于左右相邻两个 C 原子的系数之和。以后又发现这个常量与该轨道能量本征值的关系。张乾二不停地计算、观察与琢磨，发现了分子的几何构型可能影响它的轨道系数，并与三角函数有一定的联系。接着，张乾二研究苯环、苄基、三苯甲基等环状共轭分子的轨道系数。他发现这些分子的轨道系数是以环的中轴线左右对称或反对称。如果先求解轨道系数，再导出轨道能量，可能会是一条捷径。但还要大量的验算与证明。

张乾二观察到直链多烯烃的分子轨道系数，发现长链多烯烃的 π 轨道系数，先是比较小的值，然后变大，达到最大值1以后，又逐步下降，降到负值后，最小达到 −1，再逐渐上升，回到0。数据的变化有周期性，特别像正弦波。

---

① 卢嘉锡传写作组 . 卢嘉锡传 [M]. 北京：科学出版社，1995.

第二次固氮会议在厦大召开，中间左起：周绍民、刘正坤、卢嘉锡、唐敖庆、蔡启瑞；
后排左起：张乾二、江元生、赖伍江（厦门大学刘正坤提供）

"可以用正弦函数来表达轨道系数！"张乾二脑子里灵光一闪。他再算另一
个直链多烯烃——戊二烯的5个 π 分子轨道，轨道系数完全符合这一规律！
张乾二对三角函数十分熟悉，如果可用正弦函数表达直链多烯烃的系数，那
么余弦等三角函数又可用来表示什么图形的分子呢？张乾二越研究兴趣越浓，
他真想把这些结果与什么人一起分享，但周围只有黑黑的夜空。张乾二心想，
即使只有一个人，我也可以一步步做，先把直链多烯烃的规律研究清楚，然
后研究环状烯烃的分子轨道。这样每天晚上的时间都不够用了。

每天晚上吃完饭，张乾二就坐在书桌前，演算一个又一个共轭分子的轨
道系数。计算三角函数时，他不用小数表示，而坚持用无理数表达，这样可
减少运算中的误差，使结果更直观。几个月下来，演算的草稿纸都有一尺多

高。然后将各种图形的共轭分子归类：直链、分叉链、单环、双环、稠环……找到了轨道系数的规律，再寻找轨道能级的规律。对于一些结构比较复杂的分子，张乾二动了好几天的脑筋，最后想出一个法子：把环归环、链归链，划分成几个分子碎片。至于这些碎片要如何串联起来，他又开始研究。

固氮酶活性中心的基础研究

第一路基础研究三支队伍中，由厦门大学蔡启瑞带领的队伍，对于工业合成氨这个多相催化的典型例子已相当熟悉。蔡启瑞想，虽然我们对于活性酶促进生物固氮比较生疏，但可以从工业合成氨的几种催化剂体系（Fe，Ru，Co-Mo）出发，对它们的结构敏感型特点进行广泛关联，然后与多核结构的固氮酶比较，可获得更多信息。化学模拟生物固氮研究表明，N_2在固氮酶活性中心上的配位模式是钼铁原子簇为活性中心、多核三棱柱单盖帽

厦门固氮会议后，唐敖庆、卢嘉锡（左）、蔡启瑞（右）三人聊天（卢嘉锡家属提供）

的 $MoFe_6$。活性中心加电子和质子还原后，吸附活化分子态氮，可与 N_2 在 α -Fe(111) 面多核吸附模式的簇结构敏感型进行类比。经过团队全力研究后，1976年蔡启瑞在《中国科学》杂志发表了《固氮酶的活性中心模型和催化作用机理》一文。文章从配位催化的角度出发，提出了固氮酶活性中心模型和电子传递机理的设想，对活性中心结构及其参数进行了合理描述[1]。

蔡启瑞和卢嘉锡分别提出了多核原子簇结构的固氮酶活性中心模型，即"厦门模型"和"福州模型"。这两个模型经发展、改进后，融合为福建模型。卢嘉锡趁筹建固氮研究组之机，把尘封多年的结构化学研究室恢复起来，将被下放到福建各地农村、厂矿的科研人员调回来。为了验证固氮模型是否正确，卢嘉锡带领课题组，合成了模拟物。课题组对两类模拟物进行结构表征，同时对模拟物与乙炔、氮气等底物作用进行活性测试。1975年年底在《科学通报》发表了一钼三铁三硫（$MoFe_3S_3$）网兜式结构的固氮酶模型[2]。

厦门固氮会议中，卢嘉锡与唐敖庆亲密交谈（中科院福建物构所提供）

---

① 廖代伟. 20 世纪中国知名科学家学术成就概览（化学卷 蔡启瑞）[M]. 北京：中国科学技术出版社，2001.
② 卢嘉锡传写作组. 卢嘉锡传 [M]. 北京：科学出版社，1995.

　　唐敖庆领导的吉林大学化学系固氮组与中科院植物所等机构对国际上的固氮生物化学研究的现状进行了广泛的调研，将情况整理出来，供其他实验人员参考。吉林大学固氮组还编写了《温和条件下的化学固氮问题》一书。翻译了国外的资料《分子氮的固定和氨合成反应》《分子氮络合物》等[①]。唐敖庆固氮组研究了分子氮络合物的化学键问题，用分子轨道方法得到了分子氮络合物的轨道能级、电荷密度和键序，并据此分析了电子能谱和红外光谱数据，讨论了还原的可能途径。唐敖庆还对厦门模型、福州模型进行了量子化学的定性研究[②]。

唐敖庆研究固氮模型（吉林大学理化所提供）

　　1978年盛夏，以卢嘉锡为团长的中国固氮代表团参加在美国举行的"第三届国际固氮学术讨论会"。卢向来自五大洲27个国家的400多位代表，做了"新中国固氮研究概况"的综合学术报告。一位美国著名生物有机化学家，翘

---

①　吉林大学化学系固氮组 . 化学模拟生物固氮进展 [M]，北京：科学出版社，1973.
②　吉林大学化学系固氮组 . On the Theory of Chemical Bond in Dinitrogen Complexes. *Science in China.*, 1974, 2(2): 1938.

着大拇指对卢嘉锡说："你们在1973年就提出了固氮酶活性中心的原子簇模型，了不起。"一些华裔科学家则对卢嘉锡、唐敖庆、蔡启瑞等中国科学家在那样的环境下，还能探索这样的基础理论课题，表示十分钦佩。

唐敖庆争取，孙家钟、江元生又回吉大

1972年，唐敖庆虽然"解放"出来了，但随时可能再遭受"革命大批判"。他冒着风险，仍然偷偷地关注着国际理论化学的动态。在这段时间里，唐敖庆一有机会便钻进吉林大学化学系的图书资料室。在浩如烟海的文献资料中，他看到了美国科学家 Woodward 和 Hoffmann 在1965年提出的"分子轨道对称守恒"的文章，立即感到这一理论对于有机化学和量子化学的发展有着极重要的意义。后来，唐敖庆得到了一点从事科学研究的条件，当时吉林大学接受了国家下达的固氮科学研究的任务，唐敖庆以此为理由，马上向领导学校的工军宣队建议，把正在农村进行劳动改造的孙家钟、江元生调回来。孙家钟和江元生在农村接到唐敖庆亲笔信，告诉他们这一消息时，激动得泪流满面。唐敖庆为了祖国的科技事业，为了保护科研人才，真是用心良苦。

孙家钟1969年年底下放到吉林农村，与农民同吃同住同劳动，回到长春，唐敖庆差点认不出他来。孙家钟原来是衣冠楚楚的青年人，现在真像一个东北农民了：穿着一身农家缝的大棉袄，戴着一顶大皮帽，穿着一双呼啦草棉鞋。看着老师诧异的眼神，他对唐敖庆

向工军宣队反映情况（吉林大学理化所提供）

解释，那里没暖气，全靠炕取暖，出门不这样不行。他还告诉唐敖庆一个笑话：他下放的农村刚接上电灯，有时线路接触不好，电灯不亮。农民就说，这里有个城里来的教授，赶快叫他查查，到底哪里出问题。孙家钟又不是教电工学的，但在这种情况下，也只能硬着头皮上，他拿着一根细竹竿，这里碰碰、那里敲敲，电灯竟然亮了。

孙家钟返校后，唐敖庆立即告诉孙家钟，"国际上几年前提出了'轨道对称守恒原理'新领域，我们能不能在这方面也做些工作"。Woodward 是著名的有机合成化学家，Hoffmann 是年轻的理论化学家。他们合作后，从大量有机合成实验中总结出：在协同反应中，轨道对称性守恒。这一原理已被实验证明是正确的。孙家钟仔细研读了他们的专著与科研论文，发现协同反应包括电环合、环加成、σ 迁移等，轨道有对称面或对称轴对称性的，都可以建立能量相关图，判断反应发生的条件（加热或光照）。但还有两类重要的协同反应——同面 - 异面的环加成和 σ 键迁移反应，反应前、后分子轨道没有统一的对称性，能量相关图就无法建立。

孙家钟与唐敖庆反复研究了反应前、后的分子轨道，发现没有整体对称性，但有局域对称性，即这部分有对称轴对称性，另一部分有对称面对称性。他们俩讨论，尝试把对称性相同部分组合起来，有些轨道对称轴部分相关，有些轨道对称面部分相关，然后再排列，就可以得到能量相关图。同面 - 异面环加成难题解决了，接着研究 σ 键迁移反应。孙家钟发现，这类反应只讨论始态与终态是不够的，还必须考虑中间态。先找到中间态，对中间态各能级进行对称性分类，再通过解有关久期行列式得到能级高低，最后与始态、终态能级逐一关联，就能建立 σ 键迁移反应的能量相关图。唐敖庆与孙家钟这一工作，先后发表在1977年的《吉林大学学报》和1979年的《科学通报》上[①]。

---

① 唐敖庆, 孙家钟. 分子轨道对称守恒的新发展——4n+2 和 4n 规则的一般证明 [J]. 吉林大学学报, 1977, 3: 49.
唐敖庆, 孙家钟. 关于分子轨道对称性守恒原理 [J]. 科学通报, 1979, 24(16): 736.

组织翻译理论化学世界名著

查阅文献中，唐敖庆发现国外有几本量子化学专著非常好，为了让国内同行早点接触这些内容，他向科学出版社建议，应该尽快组织人员翻译出版，出版社同意了。唐敖庆就安排戴树珊翻译 M. J. S. 杜瓦的《有机化学分子轨道理论》[①]，作者是国际著名理论有机化学家。全书共10章，前两章是量子力学基础，第三章介绍半经验方法。从第四章开始讨论简单分子，第五章是共轭烯烃和芳烃的处理，在 Hückel 近似基础上，再进行 Pople 近似（忽略微分重叠），计算了各种环烯烃的生成热，与测定值非常接近；计算链烯烃获得的键能与键长，与实验测定值也符合得非常好。第六、七两章介绍微扰与组态相互作用。第八章介绍共轭烃的各种反应，第九章介绍含杂原子的共轭体系，第十章是将对 π 电子的处理推广到包括 σ 电子的计算。

翻译名著的过程，也是学习提高的过程。戴树珊在翻译中，对各种有机分子轨道越来越熟悉。书中应用分子轨道理论解释反应活性、光谱、波谱等实验结果。杜瓦的研究工作主要集中在有机共轭分子，并与化学实验密切结合。理论与实验数据丰富，处理方法多样、新颖，不愧是有机化学大师。作者在讨论化学反应时，将微扰法与自洽场方法平行进行一一讨论比较，最后还预测了加上 σ 电子的计算。这本书内容丰富，全书相当厚，共有四五十万字，加上图表，工作量很大。为了尽快翻译出来，后来又加上了刘有德一起翻译，江元生帮着校对。这本书1977年6月一印出来就热销，7 000多本一销而空，1979年第二次印刷加印26 000本。

另一本是 J. A. 波普尔与 D. L. 贝弗里奇合著的《分子轨道近似方法理论》[②]，唐敖庆交给江元生翻译。这本书介绍 Pople 提出的一种近似计算方法，以自洽场分子轨道理论为基础，忽略三中心、四中心积分的贡献，同时用实验数据估算双中心积分值，然后计算能量和分子轨道。近似分为全略微分重叠（CNDO）与间略微分重叠（NDDO）两种，书中还介绍了这两种近似的

[①] M. J. S. 杜瓦著，戴树珊，刘有德译. 有机化学分子轨道理论 [M]. 北京：科学出版社，1977.

[②] J. A. 波普尔，D. L. 贝弗里奇著，江元生译. 分子轨道近似方法理论 [M]. 北京：科学出版社，1976.

参量选择。书的附录部分是用 Fortran Ⅳ 语言编写的 CNDO 和 NDDO 计算程序。江元生看了这本书，觉得太好了！只要有了计算机，就可进行许多分子的近似计算了。他马上着手翻译这本书，翻译到入神时，都忘了时间，经常是夜以继日地工作，很快就把这本书翻译完了，交给了出版社。1976年年底，《分子轨道近似方法理论》出版了，第一次印刷7 000本，一扫而空，两年后第二次印刷17 000本。

还有一本书是 R. B. Woodward 和 R. Hoffmann 合著的《轨道对称性守恒》[①]。唐敖庆把该书交给吉林大学的年轻教师王志中和杨忠志翻译。两个年轻人认真地翻译了近两年，1978年该书出版。两年后，作者之一 Hoffmann 因这一理论，与福井谦一（提出"前线轨道理论"）合得1980年诺贝尔化学奖（Woodward 已去世）。20年后，Pople（波普）因他对量子化学计算的贡献（编写了大量计算程序），与另一人分享1998年诺贝尔化学奖。由此可见唐敖庆的高瞻远瞩，早就看出这几位科学家工作的重要性，及时将他们的著作介绍给中国读者。

唐敖庆赴上海有机所等处讲学

在科研资料查阅中，唐敖庆发现我国与世界发达国家的差距又拉大了。为了普及量子化学知识，介绍这个领域的科研动向，唐敖庆曾向中央有关部门建议，举办全国"量子化学讨论班"。但领导不置可否。唐敖庆只得带着江元生，为了普及量子化学知识，来回奔波于大江南北：从北京到南京、从福州到兰州，到处都留下了他们的足迹。1975年五六月间，上海正是梅雨季节，到处湿漉漉的，热气闷人。上海有机化学所邀请唐敖庆与江元生，到上海办一期量子化学短训班，学员有100多人。那时已经近十年没有人讲纯理论的课了，消息传出去后，外单位来了几十人，所内外有200多人前来听课。唐敖庆开讲后，效果很好，口口相传，所内一些原来没打算听的也跑来了，听众越来越多。

---

① R. B. 伍德沃尔，R. 霍夫曼著，王志中，杨忠志译. 轨道对称性守恒 [M]. 北京：科学出版社，1978.

在上海有机所讲课（吉林大学理化所提供）

本来要讲3个月，后来因上海市委干预，压缩到2个月。每周由4个半天增加到6个半天。由于学员掌握程度参差不齐，又不好使用外文教材，在2个月的时间里，在蒸笼般的屋子里，唐敖庆编写了近20万字的讲义。有机化学本来就是唐敖庆的强项，早在西南联大时期，他就听了四位教授不同风格的"高等有机化学"，打下了扎实的有机化学基础；到美国哥伦比亚大学读研时，导师也是从研究有机化学转到物理化学的。现在，唐敖庆在考虑，如何讲述用量子化学来处理有机化学问题。除了讲课，他平均每天要编写近3000字的讲义。这样繁重的工作对于一个年已花甲、两眼高度近视、写字又很困难的老人，实在是一个沉重的负担。除了写讲义，他备课一丝不苟，每天晚上要把第二天的课程背下来，导致睡眠时间严重不足。

有一次，唐敖庆应邀到上海树脂研究所做学术报告，由于过度疲劳，加之空气湿度太大，非常闷热，他在讲台上突然晕了过去。听课的学员们立即围上来，帮他解开衣扣，要送他到医院。有的学员说："老先生太累了，这么大的工作量，我们年轻人也受不了啊！"这时唐敖庆慢慢苏醒过来，笑笑说："没什么，咱们接着讲吧！"平时唐敖庆是坐公交车从住地到讲课地点的。有一天早上，天下起了瓢泼大雨，他坐的那路公交车暂时停运。到了上课时间，看着窗外的大雨，有的学员开始议论老师今天可能不会来了。没想到过了一会儿，教室门打开了，唐敖庆出现了。他浑身上下湿淋淋的，雨水夹杂着汗水顺着脸颊往下淌。他抱歉地说："耽误大家时间了。"看这情景，学员明白老师没坐到车，是走来上课的。有的递上毛巾，有的张罗着帮老师换衣服。有的学生说："听唐先生的一节课，就好像读了一部书！""听唐先生一节课，胜过以往几年的学习。"这是学员们的由衷赞叹，也是对唐敖庆最高的评价[①]！

这期间，江元生负责为唐敖庆抄写每天上课用的大字教学提纲。因为有机所的这个短训班，学员太多，达200多人，一般的黑板书写无法使这么多人看清，又没有现代的投影设备，只好用毛笔将教学内容写在大幅纸上。除此之外，江元生还要负责辅导、答疑。那几年学校已将纯理论课程取消，许多人是第一次接触量子化学，问题特别多。学员的基数很大，学习热情也很高，所以江元生也很忙碌。

《配位场理论方法》定稿[②]

1975年，鄢国森与戴树珊又来到吉林长春，和孙家钟一起将《配位场理论方法》一书修改定稿。唐敖庆要求，这本书定稿，理论方法不能只停留在弱场、强场处理方案，而要提高到群链的高度。由于配位场中各级近似的哈密顿算子，形成了明确的群链关系，例如 d^n 组态四角配位络离子，完全不考虑配位场作用时，哈密顿算子具有旋转群 SO(3) 的对称性；若部分考虑配位算子 V^4_{Alal} 组的贡献时，哈密顿算子具有八面体点群 O 群的对称性；若完全考虑配位场算子的贡献，则是四方形点群 D_4 的对称性，即在考虑对象的各级近似中，群的分解链为 SO(3) $\supset$ O $\supset$ D_4，与 Racah 处理原子结构时的高维连续群的分解链极其相似。这本书描述配位场理论，要引入系列偶合系数，即旋转群－点群和点群－点群偶合系数，它将扩大 Wigner-Eckart 定理应用范围，使配位场理论计

---

① 张玉来.科学之树植根于祖国大地 [N].人民日报（海外版），1996-01-02.
② 唐敖庆等著.配位场理论方法 [M].北京：科学出版社，1979.

算可直接引用原子结构结果，低配位场可引用高配位场的计算结果。

另一方面，配位场计算方法要高度标准化，要有一整套的 V 系数和 W 系数。虽然，前人在这方面做了一些工作，但直积分解中不可约表示重复出现时，V 系数与 W 系数有任意性，这本书要解决这个问题，以及二维、三维表示 V 系数、W 系数问题。鄢国森、戴树珊、孙家钟领会了唐敖庆的想法，然后拟出了写作大纲，鄢国森与戴树珊负责第一到第五章，孙家钟负责第六、七章。任务明确后，大家就开始工作。后来戴树珊去做"分子轨道图形"研究，孙家钟去写英文稿，中文稿基本由鄢国森完成。鄢国森深感肩上的重担，要把讨论班两年的大量工作总结好，而且要达到唐敖庆的要求，要从弱场、强场方案提高到群链的高度，所以写作的过程，也是提高的过程①。

这本书由两个部分组成。第一部分有七章：第一章绪论介绍配位场理论研究的历史和本书要解决的问题；第二章是"基向量标准化"，讨论配位场研究中最基本的问题——旋转群基向量、各点群基向量的标准化问题，既要满足时间反演，又要照顾群与子群的分解关系；第三章仿照原子结构研究，讨论配位场中群分解，及计算点群 V 系数和 W 系数，并解决不可约表示重复出现问题；第四章讨论旋转群 - 点群的 V 系数，沟通原子结构与配位场的关系、配位场弱场方案与强场方案的关系，讨论点群 - 点群 V 系数，沟通高对称群与低对称群之间的关系，即建立群链关系；第五章介绍不可约张量算子的定义和性质，阐述 Wigner-Eckart 定理，并据此证明能量矩阵元计算可约化为几何因子（几种 V 系数）与物理因子（约化矩阵元）；第六章从李代数出发，建立分子壳模型，并将其运用于配位场，讨论 SU(10) 和 SU(7) 群链的分解及组态能谱的分类；第七章讨论配位场重要群链中各种矩阵元的计算，包括静电排斥能、配位场作用能、旋轨偶合能及 Zeeman 作用能等。

第二部分是各种表格。首先是分子点群 O 群、D_4群、D_3群的特征标表和不可约表示直积分解表，接着是旋转群在 O 群、O 群在 D_4群、D_3群不可约表示的分解，然后是分子点群 O 群、D_4群、D_3群的 V 系数和 W 系数表，最后是八面体配位离子旋轨偶合作用矩阵元和 $(et_2)^n$ 组态亲态比系数表。

鄢国森和戴树珊一道，又综合了张乾二、江元生等分工写的章节，经过

① 鄢国森电话访谈，2015-01-13，成都—厦门．

大半年的努力写作，1979年，该书终于脱稿。唐老师看后，比较满意，他还让鄢国森为全书写了序言。同时，唐敖庆安排三人将《配位场理论方法》中文稿翻译为英文。三人译了一两天后发现，各人英文水平不同，用词各异，恐整本书不协调。孙家钟大学是读燕京的，英文底子比较好，大家就推他来挑这个重担。但要将一本三十几万字的学术专著翻译成英文，谈何容易，而且还有日常工作。孙家钟用了近两年的时间，才完成这个艰巨任务[1]。

最后书稿送科学出版社编辑、出版。1979年9月，配位场理论的研究成果写成专著《配位场理论方法》，由科学出版社以英、汉两种文字出版。"配位场理论方法"这一成果也在1982年荣获"国家自然科学奖"一等奖[2]。

唐敖庆带领江、鄢、戴研究"分子轨道图形理论"[3]

1975年春天，厦门大学化学系派张乾二与周牧易到全国去调研"物质结构"课程的改革问题，"文革"中该课程因脱离实际而被取消。他们来到了长春吉林大学，向化学系相关教师了解吉大的教改情况后，就来找唐敖庆。唐敖庆询问张乾二最近在做什么科研，张把自己根据分子图形，用三角函数表示轨道系数的工作，与老师交谈。唐敖庆觉得很有新意，就邀请张乾二给大家做个报告。当时戴树珊、鄢国森也在长春，他们与孙家钟一起正在整理《配位场理论方法》书稿，老同学相见分外亲热。

张乾二介绍自己用三角函数表示共轭分子轨道系数，无论是线性分子还是环形分子，都有某种规律。唐敖庆的数学基础很好，一听就觉得这是一个很好的方向，既然轨道系数可用三角函数表达，也一定能用代数多项式表达。张乾二与周牧易接着来到山东大学，找到邓从豪。邓已是光学系主任，交谈了"物质结构"教改情况后，张也告诉邓从豪，自己根据分子图形，用三角函数先定轨道系数的科研。邓从豪听了也感兴趣，开始做分子图形对称性与

① 鄢国森电话采访，2015-01-13，成都—厦门.
② 吉林大学理化所. 纪念唐敖庆 [M]. 长春：吉林大学出版社，2009.
③ 唐敖庆，江元生，鄢国森等. 分子轨道图形理论 [M]. 北京：科学出版社，1980.

轨道系数关系的研究，后来研究结果在《化学学报》上发表 [①]。

唐敖庆自从听了张乾二对分子轨道图形的研究后，心里一直在思考如何用多项式表达分子轨道系数。一天他召集江元生、鄢国森和戴树珊来讨论，告诉大家可以将分子图形1（G）割断一个键，生成图形2（G'），去掉割断键的闭图径，生成多个图形3(Gᵢ)。那么，图形1(G)的多项式可表示为图形2(G')多项式与多个图形3（Gᵢ）多项式的加和：

$$P_G(x) = P_{G'}(x) + \sum_{i=1}^{m} b_i P_{G_i}(x)$$

江元生一直在研究分子轨道理论，探索休克尔矩阵的约化。他开始思考如何将矩阵约化与分子轨道图形联系起来。戴树珊先把常见的单环共轭烃的分子轨道，表达成指数函数系数乘以原子轨道再加和的形式，有了这些轨道就可直接计算轨道能量。对于萘这样的双环分子，则要用对称性先将轨道分类。当时鄢国森也在长春，先为《配位场理论方法》定稿，后来也加入了研究。受张乾二报告的启发，江元生觉得从数学的图论出发可能更好。图论里用顶点表示原子，边表示键，二色图表示交替烃，非二色图表示非交替烃，邻接矩阵的本征值对应 π 轨道能级，而本征向量对应分子轨道，本征多项式对应久期方程。

江元生等对 n 阶久期方程的展开，获得一系列的本征多项式 g_i，对应图形是某些键割断的链，用 n 阶久期方程第一行元素展开，得到递推公式，从而归纳出多项式的一般表示形式，并用这表示式讨论了多烯烃、轮烯、环烯烃、并环、含杂共轭分子等多种情况的多项式表达；再通过代数余子式展开、各项的图形含义分析，找到计算分子轨道系数 C_i 的图形方法。大家又分头查阅了 Topics in Current Chemistry 期刊上 I. Gutman 等的文章《图论与分子轨道》，A. T. Balaban 写的《图论的化学应用》以及 N. Biggs 写的《代数图论》等有关著作。

鄢国森与戴树珊则用群论对本征多项式约化，当分子存在对称面时，本征多项式劈成对称 S 与反对称 A 因子的积，对应的两个半图 S 和 A 有两类

① 邓从豪，居冠之 . 具有周期性结构的共轭分子的能级与分子轨道 [J]. 化学学报，1978, 36: 159.
邓从豪，丁世良 . 枝状共轭烯烃分子的能级与分子轨道 [J]. 山东大学学报，1979, 3: 55.

参数发生变化。他们几个在一起，对研究做了分工：有人做直链多烯烃的多项式，有人做轮烯的例子，还有人做直线式稠环、直线式联环等各种情况的共轭烯烃，然后根据图形对称或反对称，求出分子轨道系数。当共轭分子具有 C_n 轴对称性时，本征多项式是 n 个因子的积。这又分为中心有原子与无原子的情况，例如交替含杂单环、三苯、晕苯等例子。接着，又讨论了 C_{nv} 对称性的共轭分子的多项式分解，有直链 $(AB)_n$、多苯醚 $(C_6H_5O)_{n-1}$ (C_6H_5) 及二度并苯等情况的多项式分解。

江元生、鄢国森、戴树珊将获得的成果向唐敖庆汇报。得知轨道图形理论可解决邻接矩阵的本征值问题，唐敖庆要大家探索将分子轨道图形理论推广到一般本征值问题。他们发现，本征值问题的图形理论，也是把久期行列式的展开，和代表该行列式的图形分解过程相联系而进行的。他们提出了几条定理。（1）多项式生成定理：由 n 个顶点及 $n(n-1)$ 根有向连线构成的完整偶图 G，其本征多项式为 $P_G(x)$；通过割断任一给定点连线的一根或多根，G 变成 G'，G' 可以是单组分图或多组分图。（2）轨道系数计算定理：对于本征值 x 的本征向量（分子轨道）可分为单根、m 重根两种情况获得。（3）对称性约化定理：图形存在对称面时，多项式可表示为对称半图与反对称半图的乘积；若图形 G 由子图 G_0，G_1，…，G_{n-1} 连环组成，子图间有联系，整个图形有 C_n 对称性，可通过基底变换，使图形 G 分解为 n 个相互独立的子图。他们对这些定理一一进行了严格证明。

接下来，江元生等又将分子图的本征项 $P_G(x)$ 拆分成与环有关及与环无关项，讨论了许多单环共轭烃、轮烯离子、多环共轭烃的离域能，及它们的稳定性。之后又进一步讨论共轭分子稳定性、反应活性与本征多项式的关系。

唐敖庆让大家将这两年研究的成果整理出来，戴树珊先整理"简单分子轨道理论"，江元生整理了"分子轨道的图形理论""本征值问题的图形理论""共轭分子稳定性与反应活性"，鄢国森整理"本征多项式的约化""分子轨道对称守恒原理"，形成《分子轨道图形理论》一书，1980年该书在科学出版社出版[①]。80年代，江元生对"图形理论"进一步研究，取得了一些新成果，1987年该项目获"国家自然科学奖"一等奖，70年代的工作是其中的主要内容。

① 唐敖庆，江元生，鄢国森等.分子轨道图形理论 [M].北京：科学出版社，1980.

第七章 / 改革开放的步伐

科学的春天

1973年，周总理主持工作时，中国共产党召开第十次党代会。为了保护一些著名科学家，总理将几位科学家定为党代表，唐敖庆就是其中之一。唐敖庆之后在吉林大学的日子就好过多了。1975年年底，唐敖庆随中国教育代表团访问加拿大、英国和法国。1977年4月，科学院委派唐敖庆带领中国化学家代表团首次赴美国考察，在美国西海岸，代表团考察了加州大学、斯坦福大学，对硅谷的学研结合，将科研成果迅速转化为生产力的印象深刻。到了东海岸纽约，大家参观了唐敖庆的母校——哥伦比亚大学，唐敖庆在母校做了"分子轨道图形方法"的报告。其间，唐敖庆想拜访博士导师Halford教授，可惜他因病在离纽约很远的地方住院，只能打电话表示慰问。

1976年9月，中共中央主席毛泽东逝世，全国人民沉浸在巨大的悲痛中，以前总在喊"毛主席万寿无疆"，但他是人，不是神，不可能"万万岁"。中

唐敖庆带队赴国外考察（吉林大学理化所提供）

遇见老同学，获赠专著（吉林大学理化所提供）

国怎么办？中国由谁来领导？许多人都在思考这个问题。

当时领导人华国锋在老帅的支持下，成功地将王、张、江、姚"四人帮"押上了历史的审判台。之后不断传来好消息：邓小平又复出了，他主动向中央要求分管文化科技方面工作。在邓小平关心下，1977年8月初，中央邀请著名知识分子召开座谈会。邓小平了解到复旦大学苏步青的科研团队在"文革"中被打散，立即指示要调回来。根据邓小平的指示，吉林省省委书记王恩茂特地赶到吉林看守所，将长春光学机械所的王大珩专家接出来参加座谈会。邓小平握着王伤痕累累的手，代表党中央向他道歉，并向一切在"文革"中遭遇不公正待遇的知识分子，表示歉意。他鼓励大家放下包袱，开展科研工作。知识分子冰凉的心开始回暖①。

"大学要恢复高考"，这消息像一声春雷，传遍祖国大地。不论是在陕北农村插队的北京知识青年，还是在云南军垦农场的上海知识青年，还有千千万万在各边远、贫困地区插队落户的城市知识青年、农村回乡青年，听到这一消息无不欢欣雀跃。许多人含着泪填写高考报名表，一些66届高中毕业生，整整等待了11年，都是近三十岁的人了，有的已经成家、拖儿带女了，终于有机会填这张报名表。

1977年秋天《人民日报》发表一篇批判文章《教育战线的一场大论战——批判"四人帮"炮制的"两个估计"》。"文革"中，解放后的教育战线十七年被诬为"黑线专政"，教师被批为资产阶级知识分子，是"革命对象"。工农兵进入大学，进行"上、管、改"。现在又翻过来说，"文革"前十七年教育路线虽然受到干扰，但无产阶级革命路线还占主导地位，教师是革命力量，不是"臭老九"。当时学校是革委会领导，学生是工农兵学员，对这些思想急转弯，许多人还需要时间。

1977年12月中旬，时隔11年，中国再次举行高考，570多万考生走进考场，到1978年春天77级新生才入校。紧接着78级的高招又开始报名。6部电影《洪湖赤卫队》《冰山上的来客》等复映了，文艺界许多名演员、名导演终于可以出来工作了……

中央指示，要对"文革"中的冤假错案平反，但许多单位的负责人就是

---

① 历史转折中的邓小平（电视剧），2014.

师生相聚在科学的春天，右起：刘若庄、徐光宪、唐敖庆、鄢国森、蒋栋成
（刘若庄提供）

冤案的制造者，平反工作进展困难；以后又对1957年以来错划的右派平反，为1976年的"四五"事件平反……为了解决思想认识问题，全国开展"实践是检验真理的唯一标准"的大讨论。

　　1978年3月，全国科学大会开幕了，科学的春天来了。大会上以吉林大学唐敖庆为首的科研集体的成果"配位场理论方法""高分子反应统计理论""分子轨道图形理论"均获奖[①]。唐敖庆等三位教授被评为先进个人，物质结构研究室被评为先进集体。山东大学邓从豪、厦门大学张乾二都因分子轨道图形理论的研究获科学大会奖。

---

① 吉林大学理化所等.唐敖庆科学论文选集[C].长春：吉林大学出版社，1996.

厦门的"分子轨道系数"

厦门大学是福建"文革"的重灾区。"文革"十年，仅校革委会成立后，清队、整党、"一打三反"期间，被审查的师生员工统计约320人，占全校教师、干部人数的1/3，被迫害致死13人 ①。张乾二在"文革"中被批、被斗，被非法关押前前后后好几年。1968年他被关押期间，前妻病危，因是"反革命家属"而未获抢救致死。1978年，学校党委根据上级指示，要求对"文革"中的冤假错案逐一进行平反。1979年6月，化学系党总支恢复，刘正坤书记力排众议，坚持为物构组的一位归侨平反。之后，化学系的平反工作得以顺利进行。一些靠整人过日子的干部，见势不好，纷纷调离学校。张乾二觉得绑在身上的枷锁终于卸下了，心里说不出的轻松。

张乾二找到林连堂、王南钦，问他们愿不愿意一起搞科研，他们当然愿意，于是三人组成了研究组。张向他们介绍自己在"文革"中偷偷研究取得的成果："直链共轭分子 π 轨道系数规律最明显，与三角正弦函数一一对应，只要掌握方法，随手可以写出；环状分子轨道系数，以苯环为例，可看成6个原子链状环合而成。π 轨道系数分为两类，一类为对称状态，系数按余弦半角函数分布，另一类为反对称状态，轨道系数与正弦半角函数对应。这是一种方法。还可以将苯环看成由7个原子叠合的情况，这样对称状态轨道系数与余弦函数对应，反对称状态轨道系数与正弦函数对应。而稠环情况，从萘到蒽、菲，都可分对称、反对称状态讨论……"由于方法简明易懂，林连堂、王南钦很快就掌握了。接着开始研究有支链的共轭分子、含有杂原子的共轭分子，然后进一步将特殊推广到一般。根据共轭体系中原子排列的几何性质，利用"原子团"轨道联系的几何表示，把许多共轭分子链状化，并提出了这种分子轨道系数的计算方法。

在此基础上，张乾二带领林、王二人，提出分子轨道"碎片法"，来解决不能链状化的共轭体系的分子轨道系数计算。整个体系的久期方程可从一个联系各碎片的特征多项式和"键合端"的原子轨道系数的关系获得。以后再

---

① 厦门大学档案馆.厦门大学校史（第 2 卷，1949—1991）[M].厦门：厦门大学出版社，2007.

发展到具有 C_k 轴对称的共轭体系类交替烃的休克尔矩阵约化，最后讨论同谱分子。以上科研成果，张乾二以"分子轨道几何剖析"为题，连续在《厦门大学学报》（1978）发表两篇论文[①]。随着课题的进一步深化，张乾二等在《厦门大学学报》上发表了系列学术论文[②]。

同时张乾二也在《中国科学》《化学通报》等杂志上，看到唐敖庆带领吉林大学量化组江元生等，用多项式方法研究分子轨道图形理论，发表了一系列研究文章。真是"条条道路通罗马"，分子轨道图形大有可为。

在以前工作的基础上，张乾二等总结出《Hückel 矩阵的图形方法》一文，发表在《中国科学》A 辑（1979）上。这项工作立即受到关注，科学出版社马上来约稿，研究组之后投入写书的忙碌中。《休克尔矩阵图形方法》[③]一书在1981年出版。张乾二的图形方法，是在休克尔近似基础上，直接使用三角函数，计算共轭分子轨道系数。这本书出版时，适逢"庆祝中国化学会成立五十周年大会"。图形方法因其图像直观、方法简单、结果准确而大受欢迎，一下子就销售上千册。1984年，《休克尔矩阵图形方法》获福建省高教厅科技成果一等奖，1985年，该书被选送参加法兰克福国际书展，深受好评。图形方法的内容现已被收入《结构化学》教科书，每年有数千学生在学习这个方法。

唐敖庆出任吉林大学校长

"文革"十年中，吉林大学存在的问题很多。1977年10月，中央相关部委及吉林省省委对吉林大学"文革"十年动乱期间存在的问题，先后做了批示。吉林省省委调整了学校领导班子，组成唐敖庆参加的五人小组，领导学校揭批查运动。1978年3月，全国科学大会召开，科学的春天来了。受到邀请的正式代表有1 000多人，住在友谊宾馆。还有许多科学家主动申请参会，列

① 张乾二 . 分子轨道几何剖析Ⅰ类共轭链分子 [J]. 厦门大学学报 , 1978, 01: 15; 分子轨道几何剖析Ⅱ分子轨道碎片法 [J]. 厦门大学学报 , 1978, 01 : 55.
② 张乾二 , 林连堂 , 王南钦 . 同谱分子 [J]. 厦门大学学报 ,1979, 02: 56; 直链共轭高聚物分子 π 电子能谱的图形方法 [J]. 厦门大学学报 ,1979, 02: 65; 交替烃分子轨道图形方法 [J]. 厦门大学学报 ,1979, 02: 76.
③ 张乾二 , 林连堂 , 王南钦 . 休克尔矩阵图形方法 [M]. 北京 : 科学出版社 ,1981.

席代表有几百人。会上会下，科学家摩拳擦掌，准备在科研领域大干一场。吉林大学向大会献礼33项，其中23项获得大会奖励。唐敖庆和他的研究集体从事的三项成果，均获重大科研成果奖。唐敖庆是化学组的主召集人，针对百废待兴的情况，他在大会上做了"加强基础理论研究，尽快培养科技人才"的发言，受到与会科学家共鸣，回来传达大会精神，全校人员都很受鼓舞。大家决心跟随党中央、拨乱反正、医治创伤，重建吉林大学。

全国科学大会（厦门大学提供）

1978年7月，中共教育部党组正式下文，任命胡绍祖为吉林大学党委书记，唐敖庆为党委副书记、校长。1978年12月召开的中国共产党十一届三中全会，是新中国成立以来党的历史上意义深远的一次伟大转折。它确立了马克思主义的路线，纠正了"文化大革命"及以前的"左倾"错误。胡绍祖、唐敖庆根据党中央的精神，在吉林大学组织了三次平反、落实政策。第一次在1978年6月和12月，分两批为"文革"中的冤假错案平反，先后共有174人获平反昭雪、恢复名誉。第二次是1979年3月，对1957年反右斗争错划的178名右派，全部平反，得到妥善安排。第三次是1979年7月，学校召开平反落实政策大会，对"文革"中的冤假错案及历史遗留问题，做出撤销、平反或改正的决定。党的干部政策和知识分子政策得到落实，促进了校内的安定团结，调动了广大教师和干部的积极性①。

接下来，唐敖庆对教学秩序进行恢复和整顿。1977年，国家正式恢复全国统一考试的招生制度，吉林大学共有11个系28个专业招生，77级新生名额1 315人，1978年3月入学。1978年10月研究生开学，吉林大学有8个系22个专业，招收了110名研究生。由于"文革"中一切教学秩序被打乱，唐敖庆要求教务处建立、健全有关教学的各项规章制度：《学生管理制度》《进修和旁听人员暂行办法》《学生成绩考核暂行办法》《学生选修、免修课程的规定》，还有《教材管理暂行办法》等。另一方面，他抓紧教师队伍建设。1978年11月，根据教育部规定、经校党委讨论通过，晋升417名教师为讲师。1979年9月学校又晋升了9名教授、84名副教授，并选派了8名教师出国留学。

吉林大学一贯重视研究生教育，1952—1966年曾招收13期3年制的研究生，共163人。1978年10月后，研究生培养有了更大发展。1981年6月，国务院学位委员会成立，吉林大学5位教授参加，唐敖庆是学位委员会委员，其他4位教授是学科组成员。学校开始招收攻读硕士学位研究生，全校共36个学科招收150名研究生。同年11月，国务院学位委员会首批批准吉林大学有权授予博士学位学科12个，博士生导师17人。1982年3月，经教育部批准，吉林大学成立学位评定委员会，唐敖庆任主任，下设5个学位评定分委员会。1984年1月，国务院学位委员会批准吉林大学第二批授予博士学位学科3个，博士导师5人。至此，学校已有15个专业、25名导师获博士学位授予权（其中唐敖庆兼任两个专业博士生导师）。1984年8月，教育部决定在部分重点高校试办研究生院，吉林大学是首批试办的22所院校之一。在成立大会上，唐敖庆校长在报告中指出，研究生院的成立是吉林大学发展史上的第四个里程碑，并向全校人员提出了更高的要求。②

由于唐敖庆的积极争取，吉林大学成为获世界银行贷款（大学发展项目）第一批受益学校之一。1981—1985年间，吉林大学共获贷款617万美元（约人民币2 000万元），其中购置设备528.3万美元，引进先进仪器设备385件，使受益学科的仪器设备达到80年代国内先进水平。吉林大学图书馆于1979年设立

① 校史编写组.吉林大学校史（1946—2006）[M].长春：吉林大学出版社，2006.
② 校史编写组.吉林大学校史（1946—2006）[M].长春：吉林大学出版社，2006.

在吉大研究生院成立大会上讲话（吉林大学理化所提供）

教育部外国教材中心图书室，80年代初，被确定为联合国教科文组织、联合国工业发展组织委托藏书馆；1986年，又被确定为世界银行委托图书馆。以上三个世界性组织，均定期无偿向图书馆提供各类有关图书资料。

组建吉林大学理论化学研究所

　　唐敖庆一贯重视学校中的科研工作，他在全国科学大会上的发言就提出，要把高校办成"两个中心"：既是教学中心，又是科研中心。根据这个思路，1978年唐敖庆抓紧校内科研机构的调整恢复和扩建、新建工作。而唐敖庆所在的物质结构专业属于理论化学范畴，与诞生了几百年的实验化学相比，它是一个新兴学科，许多人对它很陌生。在学科管理中，列为物理化学学科下面的三级学科。但在实际应用中，它必须应对无机化学、有机化学、分析化学与物理化学等所有二级学科提出的问题。因此，国外一些有先见的学校，近年开始单独成立理论化学系。

为外国专家颁发聘书（吉林大学理化所提供）

理论化学不同于理论物理。理论物理在物理学中居领导地位，早在牛顿三定律提出后，就有了理论物理。随着电磁理论、电动力学、量子力学等建立，理论物理就成为物理学的绝对领导了。理论化学却是随着物理学科的成熟而发展起来的。它主要由量子化学、统计力学（在化学中应用）和计算化学组成。

1963年，唐敖庆和他的研究集体承担了国家重点科研任务，建立了吉林大学物质结构研究基地（国家重点研究机构）。根据这一情况，唐敖庆向教育部申请、后获批准，吉林大学于1978年1月正式成立理论化学研究所。有单独的编制，独立于化学系之外，唐敖庆兼任第一任所长。理论化学研究所设有量子化学与结构化学两个研究室，分子光谱、X光晶体结构、核磁共振等实验室。

1989年，经国家计委批准，建立理论化学计算国家重点实验室；1990年，经国家教委批准，建立分子光谱与分子结构开放实验室。

刚改革开放时，我国国力还很弱，高校图书馆都无力采购外国图书，为了使国内理论化学界能及时看到国外的图书，唐敖庆极力推动国内出版部门与外国出版商洽谈，影印出版了一批大陆内部发行的理论化学图书，其中有一套八本的"现代理论化学丛书"：

Modern Theoretical Chemistry

Vol. 1, 2 *Dynamics of Molecular Collisions*，A，B《分子碰撞动力学》

Vol. 3 *Methods of Electronic Structure Theory*《电子结构理论方法》

Vol. 4 *Applications of Electronic Structure Theory*《电子结构理论的应用》

Vol. 5, 6 *Statistical Mechanics*《统计力学》（A：平衡技术；B：时间相关过程）

A: *Equilibrium Techniques*，B: *Time-Dependent Processes*

Vol. 7, 8 *Semi-empirical Methods of Electronic Structure Calculation*《电子结构计算的半经验方法》（A：技术；B：应用）

A: Techniques，B: Applications

还有 J. C. Slater 的 *Quantum Theory of Atomic Structure*（原子结构的量子理论），*The Organic Chemist' Book of Orbitals*（有机化学分子轨道图形）……

《高等学校化学学报》复刊

1978年全国科学大会后，科学与教育的春天已来临，学术氛围日趋浓厚，科学研究迅速开展，科研成果不断涌现。成果亟须在学术刊物上公开发表交流，但当时我国恢复出版的学术刊物很少。教育部根据唐敖庆等老一辈科学家的建议，决定将因"文革"而停刊的《高等学校自然科学学报》（化学化工版）恢复出版，并更名为《高等学校化学学报》，由吉林大学负责承办。唐敖庆先后任副主编、主编；2007年5月，编委会换届后，任名誉主编。

唐敖庆一向认为学术交流和学报的编辑出版是科研工作的重要组成部分，他在领导办刊的过程中，始终将办出高水平的学报作为高校教育和科研两个中心建设的一部分，将提高刊物的学术水平作为重中之重。他提出审稿、选稿要力求"三新"（新思想、新方法、新结果）的标准，要求辩证地处理"三新"之间的关系，首先要重视新思想，其次为新方法，最后为新结果。他还提出"依靠专家，择优录用，公正合理"的审稿、选稿原则，并制订了相关的选稿程序。他倡导以国内外著名科技期刊为榜样，认真学习他们的先进办刊经验，争取早日跻身国际先进科技期刊行列。唐敖庆经常挤出时间抓学报工作和主持召开学报编委会议，对学报工作不断提出新的要求。

《高等学校化学学报》复刊留影，前排居中是唐敖庆（吉林大学理化所提供）

在以唐敖庆教授为主编的编委会卓有成效的领导下，《高等学校化学学报》由1980年复刊时的季刊，到1983年改为双月刊。随着稿件的日益增多，1985年又改为月刊，并创办了英文版。与此同时，刊物的学术质量和办刊水平也在逐年提高，从1995年起就被国际著名检索系统 ISI 数据库和 SCIE 收录。《高等学校化学学报》从1999年起被 SCI 收录；2001年被国家评为"双高"（高知名度、高学术水平）科技期刊，并荣获第一届（2000年）、第二届（2003年）、第三届（2005年）"国家期刊奖"。上述一系列成绩记录着学报一步步成长的轨迹，标志着学报的水平已达到一个崭新的高度。《高等学校化学学报》的每一步成长、发展都浸透着唐敖庆的智慧和心血。

中国量子化学代表团访美

1980年3月，由国际量子化学基金会资助，受国际量子分子科学研究会主席 Löwdin 邀请，吉林大学孙家钟、北京师范大学刘若庄、四川大学鄢国森和吉林大学江元生四人，组成中国量子化学代表团赴美访问。途经日本，受到东京电气通讯大学教授的接待，和日本学术界接触后，感觉学术风气比较好。

从日本飞美国，先到美国西海岸，由劳伦斯实验室的李远哲负责接待（后来获诺贝尔化学奖）。他带大家参观了加州大学伯克利分校，又参观了斯坦福大学及硅谷，刘若庄的哥哥就在斯坦福任教，也受到他热情款待。然后飞往犹他州盐湖城，在犹他大学见到量子化学老前辈 Eyring 教授。每到一个学校，与理论化学教授联系后，校方都会安排代表团做一个讲座，由代表团成

加州大学伯克利分校

员中某一个人做报告。学术报告在国外很常见，对量子化学这样的"阳春白雪"，一般听众就一二十人，因为代表团来自中国，人们很好奇，来的人比往常多。孙家钟做了"介绍唐敖庆团队研究及中国理论化学情况"的报告。

之后来到芝加哥大学，代表团旁听了一堂"普通化学"课，印象深刻。美国教授在课堂上讲课，旁边一个实验员（研究生）在演示实验，效果很好。学生课堂上提问很踊跃，教学互动进行得很好。接下来由江元生做报告，他介绍了"分子轨道图形方法"，听众有100多人。在芝加哥大学还见到化学界老前辈 Mulliken 教授。Mulliken 一个人独居家中，他经常会来学校走走，如果两三天没见到他，他的学生 Roothann 就会去他家里探望他是否生病了，几位团员直接感受到了美国的养老问题。从芝加哥到俄亥俄大学，再到美国首都华盛顿特区，代表团受到全美华人协会主席波士顿学院潘毓刚教授的接待。代表团抽空游览了华盛顿，参观了各种博物馆以及白宫、林肯纪念堂等。

代表团接着向南方走，来到佛罗里达州，在一个海滨小城，参加了国际量子分子科学研究会的年会，见到许多量子化学大家。年会规模不大，每个

人做个报告，有兴趣的在听，有其他事的就去办事。接下来半个月，由 Löwdin 给代表团四人做讲座，每隔一天讲一次，讲他自己的工作。之后来到佛罗里达州立大学，刘若庄做了"化学动力学"的报告，在这里代表团成员见到了量子力学创始人之一的 Dirac 老教授，并有幸与他共进午餐。

芝加哥大学

接着代表团来到路易斯安那州新奥尔良，这是一个有法国风情的城市。在州立大学见到几位化学同行，与他们做了交流后，鄢国森在学校数学系一个教室做了"行列式图形展开"

佛罗里达州立大学

的报告。代表团从亚特兰大转机，先飞德克萨斯州奥斯汀，见到几位化学同行：Schaefer Ⅲ、Matsen 和 Boggs，开了一个小型的座谈会。代表团然后飞往洛杉矶，先到加州理工大学，后又到南加州大学。接待方带大家参观了他们的物理化学实验室，由于经费充足，无论是红外光谱仪，还是拉曼光谱仪，或是 X 光四圆衍射仪都十分先进。代表团与化学系教授进行了交流，美国学校不管各个系的事情，系里的工作由全系教授商量决定，系主任只管行政组织工作，在美国系主任是教授轮流当。代表团于5月初从旧金山乘机回国[1]。

---

① 鄢国森电话访谈，2015-03-02，成都—厦门．

代表团成员都是第一次去美国，在大约两个月的参观、访问中，对美国一流大学的运作模式有了一定的了解，也亲眼看见了美国的课堂教学、实验室管理。在美国接触了国际量子化学的一流专家，又听

路易斯安娜州立大学

了 Löwdin 半个月的讲座，对国际量子化学的进展有了基本了解。还见到了著名的量子力学家 Dirac，Mulliken 等人，感到十分荣幸。这一次出访，所到之处都受到热情接待，深感美国人民对中国人民的友好情谊，确实是满载而归。

选派学生到国外进修 ①

1980年春天，唐敖庆接到一封来自瑞士的信。写信者是巴塞尔大学物理化学所所长海尔布鲁诺，他是世界著名的理论化学家、国际量子分子科学研究会成员。他在信中写道："您和我在分子轨道理论方面的研究工作像孪生兄弟一样。如果您感兴趣的话，请您派一名助手，到我的研究所共同进行科学研究工作，科研费用和生活费用由我所承担。"这是一个很好的机会，派谁出去好呢？唐敖庆思考了一下，首先想到了杨忠志。

然而，出乎他意料的是，当告诉杨忠志这消息时，杨不仅没有露出兴奋的神情，反而直率地表示不感兴趣。他对唐敖庆说，海尔布鲁诺的专长是理论有机化学和光电子能谱学，我跟您搞了这么多年的量子化学理论，丢掉再换一个方向，太可惜了。唐敖庆开导杨忠志说："你与海尔布鲁诺教授的研究方向不一致，正好可以开拓一个新的科研领域。你现在从事的是理论方面的研究工作，海尔布鲁诺主要是从事实验方面的研究工作，你到那里去，可以

---

① 张玉来. 科学之树植根于祖国大地 [N]. 人民日报（海外版），1996-01-02.

使理论与实验结合起来，将来不是可以有更广阔的研究领域吗？"在唐敖庆的劝说下，杨忠志终于同意了，他表示："我现在就开始学习德语。"唐敖庆露出了满意的笑容。

顺道探望在巴塞尔大学留学的杨忠志，
左起：孙家钟、John Maier、唐敖庆、瑞士使馆文化参赞、杨忠志（吉林大学理化所提供）

1980年年底，杨忠志来到瑞士后，在海尔布鲁诺教授的指导下专攻光电子能谱学，取得了一系列出色的成果。仅两年时间，杨忠志就获得了理学博士学位。回国后不久，杨忠志就因其科研上的显著成就晋升为教授。他将这方面的知识整理成专著《紫外光电子能谱学》于1988年出版。由于他既有扎实的量子化学功底，又有光电子能谱的实验经验，因此研究领域大大拓宽，建立了新的分子力学和分子动态模拟方法（ABEEM/MM/MD）；创立了分子形貌（Molecular Face）理论等，进行了大分子体系的量子化学研究，并将研究成果整理成专著《大分子体系的量子化学》出版。之后又从吉林大学调到辽宁师范大学，开设了多门硕士、博士研究生课程，培养了大量研究生，2004年获得"全国优秀教师"荣誉称号。

之后唐敖庆又接到法国、美国等国际同行的来信，也是让他推荐学生共同培养的。唐敖庆知道当时国内科研水平比国外要落后三四十年，应尽量让年轻人出去学习，再回来带动国内的科研。他先后将在读研究生于恒泰、郑聪等送到国外培养。

李前树是1965年考取唐敖庆的研究生的，唐敖庆还记得他的物理化学考了98分。仅仅读了一年，李便被"文化大革命"的浪潮卷回故乡，在营口市塑料板材厂当一名工人。1978年，全国科学大会开过后，有人告诉唐敖庆关于李前树的情况。唐敖庆赶紧想法把李调回吉林大学，参加教学工作，使他的处境在十几天内发生了戏剧性的变化。教学之余，李前树跟随唐敖庆，一起开展了"具有重复单元的共轭分子能谱"的研究。唐敖庆让李前树给1979级研究生讲量子力学课，当时李心里很没底。唐敖庆鼓励他：只要认真努力，就能教好书。我们当老师的，一辈子一要教书，二要搞科研。不教书就没有专业知识的广度，不搞科研就没有专业知识的深度，只有二者结合，具备知识的深度和广度，才会做出高水平的科研、深入浅出和少而精地讲好课。于是李前树下定决心讲这门课，并写了讲稿请他审阅，唐敖庆一页页认真地看了的讲稿，甚至把错别字和不当的符号都一一改正，使他非常感动和惭愧。他还告诉李前树，讲课不要念讲稿，只有脱离讲稿，才能观察学生对讲课的反应，才能有的放矢地、深入浅出地给学生讲好课。并说，讲课最重要的是对课程的理解，只要真正懂了就能讲明白，至于教学方法可以慢慢地积累和提高，讲出自己的风格。①

① 李前树.永远的回忆（唐敖庆诞辰100周年纪念文章）[M].长春:吉林大学出版社，2015.

当选国际量子分子科学研究院院士 ①

1981年初夏，国际量子分子科学研究会在美国南部一座海滨城市举行例会。与会的28名成员，都是世界一流的量子化学家，其中有7位是诺贝尔奖获得者。例会临时加了一项议题，研究会主席、瑞典著名科学家 Löwdin 与诺贝尔奖获得者 Hoffmann，向与会者介绍一位中国量子化学家，他近三十年取得的一系列杰出成果：50年代研究分子内旋转，60年代研究高分子统计理论，60年代中期研究配位场理论，70年代研究分子轨道图形理论。听完介绍，许多会员表示十分惊讶：中国人在中国土地上竟可以做出这样的成果。于是，这个国际上有名的研究会一改常规，未经本人提出申请，便通过投票表决，接受中国科学家唐敖庆为研究会的第29名成员。唐敖庆是加入这个组织的第一位中国人。

Hoffmann 刚满44岁，还未与唐敖庆见过面，为什么会这样赞扬这位名叫唐敖庆的中国科学家？"是从《中国科学》——贵国一本很有影响的刊物上看到的。" Hoffmann 风趣地说，"从这本刊物上我看到了唐先生50年代初就在杂化轨道、多中心积分、分子内旋转等问题上取得了一系列很有影响力的成果。可是后来——大约20年吧，再也看不到了。最近我又看到了唐先生的工作。我确信，那20年，唐先生一定也有很好的工作，只是我没有看到。" Löwdin 年近七十，在国际量子化学界享有崇高的威望，从不肯随随便便地推崇一个人，然而他毕竟与唐敖庆还见过一次面。那是在1979年，Löwdin 第一次访问中国，特意赶到长春，会见了吉林大学校长唐敖庆。在一次充满友好情谊的会上，Löwdin 举杯走到唐敖庆面前，真诚地说："唐先生，您是中国量子化学的奠基者 ②。"然而，唐敖庆在科学研究上的成就只是他对国家做出的全部贡献之中的一部分。

著名科学家徐光宪曾说过，以唐敖庆的勇气、才智和勤奋，如果停留在一个固定的领域，坚持不懈地搞下去，将会取得比现在更大的成果、更高的

---

① 张玉来.科学大树植根于祖国大地 [N].人民日报（海外版），1996-01-02.
② 张玉来.科学大树植根于祖国大地 [N].人民日报（海外版），1996-01-02.

唐敖庆1982年率团赴瑞典参加"第四届国际量子化学会议"，前排左起：邓从豪、唐敖庆、瑞士使馆文化参赞、刘若庄；后排左起：孙家钟、张乾二、黎乐民、侯伯宇
（吉林大学理化所提供）

荣誉。但他总是想到祖国的需要，放弃个人扩大成果、著书立说的机会，把主要精力用于观察和把握国际学术发展的新动向。凡是他发现国内理论化学在某一领域落后于国际的发展，便带领一批人冲上前沿；而当在一个领域完成了铺路的工作，他又立即转入一个新的领域，让后来人在这个领域扩大成果。他把主要的精力、心血和智慧大量地花在了培养我国化学领域的教学、科研人才上，特别是高级理论化学人才方面。

Hoffmann 访问吉林大学

第八章 / 长春"量子化学研修班"（上）

研修班成员二百多名

继1977年恢复高考后，1978年全国恢复招收研究生。厦门大学也恢复招收第一批研究生。张乾二开始招收量子化学方向的研究生。他把这消息告诉唐敖庆。唐敖庆很高兴并告诉张，60年代在长春进修的几位老师都招研究生了。当时高校许多教师下放尚未归来，师资力量不足；多年无人搞科研、未出版图书，书籍资料极端缺乏。唐敖庆为了让学生受到最好的教育，决定把吉林大学、东北师范大学、山东大学、四川大学、云南大学和厦门大学六所学校，以及中科院两个研究所量子化学方向的研究生集中到长春吉林大学一起培养。主课"量子力学"与"量子化学"由唐敖庆自己上，专业课"群论""量子统计力学""分子振动""配位场理论""反应动力学"等则由唐敖庆的弟子们孙家钟、江元生、邓从豪、鄢国森、戴树珊等轮流上。两年后再回原校做研究论文。

　　于是，吉林大学唐敖庆、孙家钟、江元生联合招收15位研究生，其中有五六位是唐敖庆"文革"前招收的，读了一两年后"文革"开始，课程中断，1968年全部分配去工矿、农村，这次重新考回来再读的，他们是孙仁安、于恒泰、韩延德、郭纯孝、樊玉国等，都年近四十了。一些是吉林大学1966—1968届学生：张敬畅、曹维良夫妇、陈尔廷、杨家安。一些是外校考来的，有王晓川、赵文云，最年轻的是郭鸿、郑聪和孙卫国，才24岁。还有一位朝鲜族同学金光珠。此外还有东北师大赵成大的学生：宫宝安、吕天雄、张忠诚；山东大学邓从豪的学生：冯大诚、张瑞勤、王镇；四川大学鄢国森的学生谢尧明；上海有机所黄耀曾所长的学生冯星洪、田玉尧；上海药物所所长嵇如运的学生陈凯先；云南大学戴树珊的学生叶松和曹槐；厦门大学张乾二的学生林梦海、程文旦。一共是30名，组成跨校的研究生班。主要上课地点是吉林大学理化大楼。

　　来自全国几十个学校和科研单位的200多名进修教师。有清华大学的吴国是、廖沐真，四川大学的田安民、孙泽民、唐作华等四位，山东大学的刘成卜、刘传朴等，辽宁大学的宋士林，中科院上海冶金所的刘洪霖，复旦大学的范康年，南开大学的汪唯为、赖诚

吉林大学理化大楼

明，华东师大的周伟良，杭州大学的吴念慈，中国科技大学的黄复华、何天敬，南京理工大学的肖鹤鸣，厦门大学的赖善桃，福州大学的李俊钱，中科院福建物构所的王银桂、蔡欣荣，云南大学的杨宗珞、施南华，东北制药总厂的安静娴，兰州大学的李笃，兰州化学物理所的陈致文，华东石油学院的潘慧芳、王大喜等。200多名研修班成员陆续来到长春报到。

　　那年的十月上旬，长春已下了第二场雪，街道边堆着一些残雪。研究生与进修教师从全国四面八方来到长春。宽阔、笔直的斯大林大街（现改名"人民大道"）把大家引导到吉林大学，广场上"二战"苏联空军英雄纪念碑给人

长春人民广场苏联空军纪念碑

印象深刻。全体学员（不论研究生或进修生）均住在学生第八宿舍，宿舍是双面三层楼。房间很大，六米见方，可住十几个学生。吉林大学考虑到这些学员年龄偏大，大多是三四十岁，一间只安排6~8人，大部分住在三楼。因为是关外的建筑，楼房的玻璃窗都是双层的，既保暖又隔音。

1978年恢复招收研究生制度，也是我国研究生制度的一次改革，以前研究生是选送制，这次执行的是选拔制：个人报名、考试选拔、择优录取。与高考大学招生一样，也是停顿12年再重新开始。中央电视台接到重点报道的任务，他们采访了北大、清华等著名高校后，又听到教育部在吉林大学办了一个很大的量子化学研修班，就赶来长春采访了。他们到吉大的第二天正好是唐敖庆上"量子力学"课，记者们扛着"长枪短炮"来到理化楼的大阶梯教室，200人的大教室已坐得水泄不通，后面的过道上都已放上了板凳，摄像机放机子的机位都没有。不要说研究生班没见过这么多人的，就是本科生的大班课也没见过这样的阵势。记者不解地问接待人员："这些都是研究生？"接待者解释："只有中间一小块是研究生，其他是进修生。"记者只得把摄像机架在前门，对整个教室扫描拍摄，然后又转到前面，对着唐老师拍摄了几个镜头，再对研究生这一块拍了几个镜头。下课后，记者又采访了研究生中最年长和最年轻的。第二天这些镜头就在中央电视台《新闻联播》中出现了。

唐敖庆讲授"量子力学"[1]

唐敖庆要给这两百多名学员上"量子力学"课，可不简单（还包括吉林

---

[1]　"量子力学"笔记. 长春，吉林大学，1978.

大学及长春其他单位来旁听的人）。这些人的学习基础参差不齐。基础好的，十几年前毕业于物理系，后来工作时讲授过量子力学；基础差的，中学没毕业就上山下乡，后来当了工农兵学员，补了简单的数理基础，以后就学习化学知识，缺乏大学普通物理课程知识；还有些是大学才上一两年就赶上"文革"，也同样缺乏大学物理知识。因此，除了安排"量子力学"、"量子化学"及其他专业课外，唐敖庆还给这个班安排了大学物理中的"普通物理""电动

唐敖庆备课（吉林大学理化所提供）

力学"等课程，及数学基础课"数理方法""群论"等。

唐敖庆给大家上"量子力学"第一堂课时，他并没有直接上课，而是先介绍量子力学的实验基础。量子力学是物理学的研究对象从宏观进入微观后，发展起来的科学。学科创始人 Planck 提出，微观粒子的能量是量子化的，以后就把研究微观粒子的力学称为量子力学。唐敖庆接着讲述量子力学的表述方式，再介绍量子力学中很重要又难理解的"测不准关系"。最后就给大家介绍学习方法：一方面要勤奋学习量子力学的经典著作，如 Dirac 和 Weyl 的《量子力学》等；另一方面还要打下深厚的物理、数学基础，要学习数学的群

论、泛函分析等。

第二次上课，唐敖庆先介绍了量子力学的发展过程，并针对不同基础的学生，开了三个层次的参考书：对于第一次接触量子力学的，可以先看 Pauling, Wilson 的《量子力学导论》或周世勋的《量子力学》；对于有些基础的可读中级读物，如 Schiff 的《量子力学》或 Landau, Lifshitz 的《量子力学》；对于学过量子力学的，可读些高级读物，Dirac 的《量子力学原理》、Weyl 的《群论与量子力学》等是很好的选择。然后唐敖庆介绍了量子力学中最基本的概念：体系用波函数表达，状态用 Ψ 来描述，力学量算子用字母上加一帽表示，$\hat{H}$ 表示哈密顿算子……最后才开始第一章 Schrödinger 方程（薛定谔方程）的讲述。

对于微观粒子遵循的运动方程，唐敖庆用了一次课的时间慢慢介绍。第一部分先从一维波动方程说起，使绝大多数学员能听懂，然后从光的本性讨论，引入了波粒二象性，最后逐步推导出薛定谔方程。他要求大家能从一般力学体系写出薛定谔方程，又要大家能从微观回到宏观。接下来第二部分，他仔细讨论了波函数 Ψ 的意义——它代表力学体系的态，又要满足连续、平方可积及正交归一等条件，将 Ψ^2 再提高到概率密度的高度来理解。第三部分介绍平均值的概念，主要从坐标与动量两方面来推导演算，最后自然引出第四部分的测不准关系。一章讲授完毕，唐敖庆还给大家归纳本章要掌握的知识点。

唐敖庆上课（吉林大学理化所提供）

第二章讲述本征值和本征函数，唐敖庆先从 Dirac 引进的 δ 函数介绍、讨论它的性质。然后介绍能量有确定值的定态（其他力学量不显含时间），并以势箱中的自由粒子为例，介绍最简单体系的薛定谔方程处理。最后引出量子力学的几个基本假定及推论。下一次的课讨论能量和动量本征函数。

在没学"量子力学"课前，学员就在议论这门课。有些学过这门课的学员，把它说得玄而又玄，并断言不学第二遍就没法学好它，使一些学员十分担心。唐敖庆不仅学问好，也深谙教学法。由于学员基础参差不齐，这门课理论性又很强，他一开始讲课速度放得很慢，用一些浅显的例子使学员比较自然地进入这领域，然后慢慢提高难度，慢慢增加推导证明，让大部分学员能跟上讲课的进度。对于基础好的学员，在讲述完一般的推导后，还会将内容提升到一定高度，画龙点睛，使基础好的学员也豁然开朗，搞清了许多知识的内在联系。

第三章讲分立谱（束缚态），从质心运动到双原子分子，再解谐振子的薛定谔方程，然后应用到双原子分子振动。第二次课时，唐敖庆先介绍几个特殊函数，然后重点讲述角动量算符及其本征函数。最后一次是用薛定谔方程解氢原子体系。三章讲完后，唐敖庆又把这些基础知识进行了一次复习，使学员们能把量子力学的基础夯实，再继续往上搭架子。

第四章开始，唐敖庆采用了 Dirac 的《量子力学原理》高级教材，第四～六章，先后讲述表象理论、量子条件、运动方程等内容。讲完第六章，唐敖庆给大家梳理了前六章的内容，第一～三章是从薛定谔方程出发，讨论微观体系，第四～六章是从更高水平来看量子力学：状态用矢量表示，只与方向有关；力学量是自共轭算

唐敖庆上课（吉林大学理化所提供）

子；力学量测定在本征态有确定值，不是本征态会引起跃迁；量子化条件（对易条件）；叠加原理；运动方程。

从第七章开始，唐敖庆先讲授量子力学的一些应用，然后介绍微扰理论、碰撞问题、辐射理论等。"量子力学"这门课，唐敖庆讲了整整一个多学期，每周3次课，每次一个上午，共120学时，并安排杨忠志、李前树当辅导老师。上课的教室是可容纳200人的阶梯教室，实际听课人数远远超过200人，后面墙边站满了人，导致每次上课要抢位子。有些进修教师为了占座位，早上买个馒头，打一壶热水，就来教室等上课了。研究生大都晚上自习到十一二点，早上没法起得这么早，来迟了连位子也没有，站着听又没法记笔记。于是，研究生班将情况反映到理化所。理化所领导决定对教室排座位，正中间划出60个座位，30个给研究生，30个给进修生中需要照顾者。

除了量子力学主课是唐敖庆上，其余数学、物理等辅课由他的弟子们负责。第一学期孙家钟上"群论"、江元生上"数理方法"。

孙家钟讲授"群论"

孙家钟上"群论"课，板书的标题是用英文的，一些专业名词，他也用英语讲。在大家的英语水平很差的当时（许多人以前是学俄语的），这是一个提高英语水平的好办法，方便学生掌握这些词汇，将来查文献、写文章都好办。

第一部分，孙家钟先给大家讲述群的概念、群的元素、子群、共轭类、群的同构、同态、相似变换。接着介绍了各种群，有阿贝尔群、循环群、置换群、旋转群、李群……

第二部分就介绍与分子关系最密切的对称群——点群，首先是对称元素：对称面、旋转轴、对称心和像转轴，然后构成纯旋转群 C_n 群，加上垂面为 C_{nv} 群，或水平面 C_{nh} 群；若 C_n 群有一个垂直于主轴的2次轴，则成为 D_n 群，再加水平面成 D_{nh} 群，或增加平分面成 D_{nd} 群。最后是高对称群 T、T_d、T_h、O、O_h 和 I、I_h。讲述完各种点群，孙家钟开始介绍群的不可约表示、特征标表、广义正交定理、可约表示向不可约表示约化、投影算符等。

第三部分是旋转群（它是连续群，也是无限群）。孙家钟先介绍三维旋转群，及其连续的单值表示，再介绍旋转群的双值表示。最后介绍 Racah 系数，两组或多组不可约表示偶合，产生的偶合系数。两组不同的偶合系数可相互

唐敖庆与孙家钟、江元生讨论教学（吉林大学理化所提供）

变换，变换系数即 Racah 系数，并介绍了 Racah 系数的正交性等，及3j，6j
符号和它们的高对称性。

"群论"课最后一部分讲述置换群，孙家钟先分别介绍 Permutations（置
换）、Cycle（循环）、Similarity transformation（相似变换）、Transposition（对
换）等概念的含义及其运算方法等。然后讨论什么是奇置换、什么是偶置换，
置换的分类、分割。接着开始讲述形象很分明的 Young 图，Young 图的不可
约表示、共轭关系；Young 表的填写方式，不可约表示的分类等。

对称群中很重要的特征标，一种称简约特征标（不可约），一种是复合特
征标（可约），然后讨论可约表示向不可约表示的约化，Young 图与简约特征
标。之后学习"内积"（群内两不可约表示的直积）和"外积"（不在一个群内）
复合特征标的约化。最后讲述 Young 算符及它的对称性[1]。

这门课的最后，孙家钟给大家梳理了点群、旋转群和置换群三种群的关

---

① "群论"笔记 . 长春 , 1978.

系：点群中所有对称元素相交于一点，它是置换群的一部分。点群中的纯旋转群是旋转群 R_3 的子群；置换群仅有单值表示，点群与 R_3 群有双值表示。它们在量子力学、量子化学中有广泛的应用。

孙家钟对"群论"这门课程十分熟悉，他的科研方向就是用群论来研究量子化学问题。在讲课中，他用通俗易懂的语言介绍各种群，使学生很轻松地掌握了"群论"这门数学课。对于量子化学研究中经常使用的群的表示理论，可约表示向不可约表示约化等内容，他都有安排课后习题，使学生在以后的量子化学学习中运用自如。

"数理方法"和物理课程 [①]

江元生给学员讲"数理方法"。这是一门数学课，好在江元生数学基础很好，讲起来得心应手，张明喻负责答疑。第一部分为复变函数，他先介绍解析函数中柯西 – 里曼条件，再讨论多值函数中的里曼面，然后讲述了柯西积分。后几次课介绍了泰勒展开和勒朗德展开。之后介绍单值函数的孤立奇点，给大家留下了较深的印象，因为后面介绍约当引理及用残数理论计算定积分，必须绕过奇点。

江元生还给大家介绍了量子化学中常用到的 Γ 函数和 B 函数，并练习了它们的递推公式，之后讲述拉普拉斯变换，这是解氢原子必需的工具，还有 δ 函数。这部分最后是线性常微分方程的解法，特别讨论了方程奇点邻域内的解和正则解、正则奇点。然后用贝塞尔方程作为正则解的例子。

第二部分是数理方程。江元生首先讲述正交曲面坐标系中方程的变数分离。然后介绍特殊函数——勒让德函数，勒让德多项式的递推公式、微分表示，正交归一性及生成函数；以及另一个特殊函数——贝塞尔函数，及其递推关系、生成函数及积分表示式。江元生上的数理方法为后面的"量子化学"课打下了很好的基础。

---

① "数理方法""电子相对论方程""普通物理"笔记．长春，吉林大学，1978—1979．

此外，唐敖庆还请物理系的老师为研修班开设了"普通物理"与"电子相对论方程"两门物理课。

"电子相对论方程"包括：（1）张量分析，先介绍协变矢量与反变矢量，接着介绍坐标变换，再介绍标量积，最后是四维空间；（2）电子相对论方程，先讨论自由电子，再讨论磁场中的电子；（3）洛伦兹变换，先介绍微小变换，接着介绍两个重要公式，然后讨论洛伦兹的不变性，再讨论几率和几率流密度，最后介绍守恒方程；（4）自由电子运动，先推导自旋的存在，然后讨论磁矩和角动量；（5）中心力场的哈密顿，先讨论几个算子，然后讨论这些算子与物理量的对易性；（6）氢原子的能级。

"普通物理"第一部分为电学，介绍库仑定律、电场、高斯定律、电位、电容、电流、电阻、电动势和电路；第二部分为磁学，包括磁场、安培定律、法拉第定律、电感、物质的磁性和电磁振荡；第三部分是光学，介绍了光的本质和传播、光的反射与折射、光的干涉与衍射。这些物理基础知识对没上过大学"普通物理"或工作多年已忘了这些知识的学员来说，是很好的学习复习机会，也为后面进一步学习打下了一定基础。

研究生刻苦学习，争先恐后

这一届的研究生大多是大学毕业后工作了几年到十几年，因此是带薪来读书的，但这些人上有老、下有小，一人来读研究生，另一人就得挑起全家的重担。有的孩子已经上中学了，写信来说要与爸爸来个学习竞赛。年轻的则是应届毕业生，家庭还得负担他们的生活费。"文革"中大学毕业生，大多分配在面向农村的"五小"工厂，或是在大西北、大西南的三线工厂，一些人是在一线当操作工，科技知识都遗忘了不少。这次有机会再到学校学习，大家都十分珍惜这个机会，基本上把所有的时间都花在学习上。

研究生在八舍有3个男生宿舍，女生只有3人，和进修生合一个宿舍。在二楼还有一个自习室。研究生课程安排得很满，周一到周六，一般早上是安排主课，下午是副课或外语课。周六下午是政治学习，那段时间正在讨论"实践是检验真理的唯一标准"。晚上吃完饭、稍作休息后，大家都来自习室学习。

有的整理笔记，有的做习题，有的读外语，直到晚上10点多，一些同学开始回宿舍了，还有些同学一直学习到12点。来考研究生的，大多是对自己学习有点自信的。但是在这个全国性的研究生班，俗话说"山外有山，天外有天"，以前在一个学校、一个系可以考第一的人，在这里未必是第一，所以最用功的是一些学习最好的人，他们要保持领先位置，就要付出更多。

研究生就在八舍的地下室学生食堂就餐。每个月发一摞餐券，每餐撕一张，供应什么就吃什么。1978年，东北大部分供应粗粮，只有10%的细粮是大米。早餐主食不是玉米碴窝头就是玉米面糊糊，中午主食是两个窝头或高粱米饭，或者二两米饭。菜是白菜、萝卜或土豆，三者必居其一，被同学们戏称为"老三样"。如果今天是大米饭，同学们会在楼道里奔走相告。晚餐与中午一样，也是一张餐券打两个窝头和一盘菜。到了星期天，食堂只供应

研究生班送于恒泰赴法留学，前排左起：张忠诚、申主任、刘凯、唐敖庆、孙家钟、丁德增、江元生、郑聪、于恒泰；中间排左起：宫宝安、樊玉国、曹槐、谢尧明、冯星洪、田玉尧、郭鸿、杨忠志、吕天雄、程文旦、张敬畅、王晓川、林梦海、郭纯孝；后排左起：孙仁安、韩延德、杨家安、陈尔廷、曹维良、李前树、叶松、孙卫国、金光珠、王镇、冯大诚
（厦门大学林梦海提供）

两顿。早上要到9点才有第一餐，下午4点就开第二餐，同学们晚上自习到10点，经常饿得前胸贴后背。进修生灵活一些，除了在教工食堂进餐，有时可到街边小饭馆"加加油"。但那个时代，东北还没有种大棚菜，就是饭店也是靠地下菜窖里储存一冬的蔬菜，至多是有一点肉和蛋。对于习惯一日三餐的南方学生来说，冬天还是很难熬的。

唐敖庆与部分女生合影（厦门大学林梦海提供）

进修班老当益壮，团结奋进

　　进修生人多，200多人来自全国几十个高校和中科院几十个研究所。所教专业、所从事的研究领域也各不相同。有的教师原来就是讲授量子化学或从事理论化学研究的，他们有较好的基础，听课对他们来说没有问题，他们只是想在原有基础上更上一层楼。他们听完课后比较轻松，还可帮助其他有困难的进修生。有些进修生来自化工、石油等专业院校，平时从事应用化学的教学或科研，从没接触过量子力学这样抽象的学科，数理基础薄弱，并且又都四十多岁了，听课中困难重重，但他们从不退却。每天上完课，先把没记全的笔记补完整，然后还要搞清楚唐老师当天讲的内容，每一步推导都要搞清楚，因此每天晚上要学习到深夜。还有些年轻教师，是前几年工农兵学员毕业后留在高校的，基础比较薄弱，学习也非常刻苦，而基础好的进修生理所当然就是辅导老师。

　　进修生中有10位女士，按年龄大小排列。大姐是来自东北制药总厂的安静娴总工程师，大家尊称她"安大姐"。大姐剪发，穿着蓝色棉袄，脚穿胶底棉鞋，十分朴素。她在磺胺等药品的研制、生产工艺方面很有成就，但每天

133

仍然很认真地坐在教室里，聆听老师的讲课，做着笔记。大家猜想她工作很忙，估计第二学期就不一定会来了，没想到她坚持听到第三学期结束。二姐是东北药学院的化学老师，三姐是南开大学的汪老师，最小的十妹则大学刚毕业。

进修班组建后不久，就选出了班委会。班长是来自辽宁大学的宋士林，很有工作经验。学习委员是李笃等，生活委员是来自北京化工学院的潘老师和来自石油学院的潘惠芳，还设有文体委员。东北的副食品供应很差，食堂里基本只有蔬菜供应，而每天学习的高强度脑力劳动，使一些进修生患上浮肿。宋班长与班干部商量后，写了副食品补助供应申请，并从学校获得证明，然后再到省、市两级政府获得批准，每人供应两斤鸡蛋一斤白糖。进修班的大哥大姐们，看研究生班学员学习辛苦、还要考试，就给研究生们也一人发了一份。文体委员除了组织日常的体育锻炼外，期末还组织进修班学员到吉林市小丰满水电站参观。

进修班成员到吉林市参观（厦门大学林梦海提供）

第九章 / 长春"量子化学研修班"（下）

唐敖庆讲授"量子化学"[①]

"量子化学"是第三学期的主干课程，同样是唐敖庆亲自上课。他开列的参考书虽然很多，但当时许多图书馆藏书失散很多，"文革"中又没购书，基本借不到：

J. C. Slater, *Quantum Theory of Molecules and Solids* Vol.1，MeGraw-Hill Book Company，Inc.1963; Vol.2，1971.

R. McWeeny and B. T. Sutcliffe, *Methods of Molecular Quantum Mechanics*，Academic Press，1969.

E. R. Davidson, *Reduced Density Matrices in Quantum Chemistry*，Academic Press，New York，1976.

---

① "量子化学"笔记 . 长春，吉林大学，1979.

I. N. Levine，*Quantum Chemistry*，Allyn and Bacon，Inc. Boston，London，1974.

H. F. Schaefer Ⅲ，*Methods of Electronic Structure Theory*，*Plenum Press*，New York and London，1977.

H. F. Schaefer Ⅲ，*Applications of Electronic Structure Theory*，Plenum Press，New York and London，1977.

化学是一门研究原子如何形成分子，及分子间如何发生变化的学科。量子化学是深入微观原子、分子中，研究原子核外电子如何运动，形成分子的一门学科。在上一学期的"量子力学"课中，唐敖庆已介绍了仅1个电子的氢原子的薛定谔方程，它的求解就要通过变数分离、特殊函数等，步骤十分烦琐。最简单的氢原

唐敖庆上课（吉林大学理化所提供）

子都如此，其他多电子的原子如何解？分子体系的价电子，少则几十个，一般几百个，又怎么办？量子化学面对这些体系，只能寻找近似方法。

唐敖庆在第一章先介绍了 Born-Oppenheimer 近似（即核运动与电子运动的分离）；又用 Hellmann-Feynman 定理告诉学员，不必用平均值方法求解作用在每个核上的力，只要计算出总能量 $E(r)$，通过求梯度就可得到这种力；还介绍根据维利定理，可得到体系动能与势能的关系。第二章唐敖庆介绍了变分原理，这是一种数学近似方法，将其应用于氦原子，即用变分法来解氦原子的薛定谔方程；然后讨论了

变分法与微扰法这些近似方法之间的关系。

第三章介绍用薛定谔方程求解氢分子离子的精确解和近似解。精确解要用椭球坐标处理体系，二阶微商可变数分离，薛定谔方程分离为三个方程解。近似解则用线性变分法，也不简单。第四章介绍氢分子的量子化学处理。对于化学体系来说，氢分子是一个最小的分子体系。但就是这样的体系，也得不到精确解。首先，要将电子相互作用能的$1/r_{12}$项展开，然后计算库仑积分与交换积分，最后利用历史上著名的 Heitler-London 的处理和变分法处理进行求解。

唐敖庆上课（吉林大学理化所提供）

前四章是量子化学理论基础，第五章到第八章唐敖庆用密度矩阵方法来处理化学体系。他先介绍用 Slater 行列式表达轨道波函数，再讲述密度矩阵与约化密度矩阵，及波函数用约化密度矩阵的展开。然后介绍化学键理论之一的分子轨道理论（MO），并用它处理闭壳层体系和开壳层体系的 Hartree-Fock-Roothaan 方程，以及体系的激发态等。最后介绍化学键理论之二的价键理论（VB），介绍了单组态的矩阵元和多组态的矩阵元的计算。这样，唐敖庆已把量子化学的基本理论介绍完毕。

70年代随着计算机的迅速发展，国际上开始兴起从头算方法，唐敖庆用了一章的篇幅介绍。从头算就是从定态薛定谔方程出发，将原子核与电子运动分离，电子用单粒子函数表示。除此不作任何近似、不使用任何经验参数，计算全部电子积分。这样计算的工作量当然大，对于70年代的计算机还是一个很大的挑战。国内也只有北大、清华这样的学校才拥有少量计算机。当时（1979年）徐光宪给大家做报告时，介绍他用从头算方法，成功地计算了甲烷小分子。科技进步飞速，三十几年后的今天，任意一个微型计算机都可以轻松地从头计算一个中型分子。第十章唐敖庆介绍了当时化学界较少关注、主要是固体物理人士使用的密度泛函方法（DFT），或称 $X\alpha$ 方法。该方法是 Slater 在1951年提出的，用于处理原子体系，后来经 Kohn 等改进，广泛用于晶体材料等。1998年诺贝尔化学奖就奖给了从头算 Gaussian 程序的主要设计者 Pople 和 DFT 原理改进者 Kohn。20年前唐敖庆就将这两种计算方法介绍给学员，由此可见唐敖庆的科学敏锐性。讲课结束后不久，跟着唐敖庆辅导的杨忠志和李前树就把讲稿整理成《量子化学》[1]一书，1982年在科学出版社出版，1990年该书获"国家优秀图书"一等奖。

唐敖庆对学生非常和蔼，但学业要求非常严格。他认为要培养高水平的人才，必须把基础打扎实。学习班规定进修教师不需进行期终考试，而研究生必须参加期终考试。在量子化学期终考试之前，研究生们对复杂的数理公式心存畏惧，纷纷提出希望考试能采取开卷考的方式。唐敖庆了解情况后，特意在百忙中抽出时间和研究生见面，非常恳切地教育大家要趁年轻的时候多学一些、多记一些，把基础打得更扎实一些，不然的话将来就会后悔。他还以自己求学的经历来说明这个道理。同学们听了都深受感动，逐步体会到他对人才培养的要求和理念，愉快地参加了考试。

为了拓宽学生的知识面，唐敖庆还安排他的弟子，每人用30~50学时，在自己擅长的领域，为研修班学员上一门专业课。

① 唐敖庆等. 量子化学 [M]. 北京：科学出版社，1980.

戴树珊讲授"配位场理论"[①]

1979年10月，戴树珊从云南昆明，千里迢迢托运来了上百本"配位场理论"的讲义，在那缺书少资料的年代，这些讲义真是雪中送炭。学员在一年多的学习中，基本没有教科书，没有参考书，所有的学习材料，全靠自己抄笔记，能拥有一本讲义，真是太好了。

戴树珊第一章讲授原子和离子结构。他从多电子原子谱项开始，接着介绍角动量、谱项波函数与能量。讲课中，他以 d^2 组态为例，先写出它的谱项，然后用升或降算符写出谱项具体的波函数，最后再求解它的能量。有了量子化学的基础，戴树珊不紧不慢地一一讲述，学员都能听懂，下课前他又布置几道习题。课后学员们参考讲义复习听课内容，再做习题，基本能掌握所学内容。第二次是讲述矩阵元的计算（以 p^2 为例）、d^n 组态的势能计算及旋轨偶合作用（空间轨道与自旋轨道相互作用）。

第三次讲课就进入该课程的中心内容：第二章"配位场理论"。戴树珊分别以八面体、四面体络合物为例，讨论轨道能级的分裂。先介绍 d^n 组态的弱场偶合方案，要将旋转群不可约表示分解为点群不可约表示，以此为基函数，电子排斥能可沿用原子结构结果，再计算配位场作用能。戴树珊再介绍随着配位场逐渐增强，成为中间场的处理方法。最后是强场方案，用点群不可约表示直积，先进行配位场作用能计算，然后各个谱项一一计算电子排斥能。这一章是这门课的核心内容。学会这一章，学员们就能看懂唐敖庆与弟子们写的专著《配位场理论方法》了。

戴树珊讲课时，在写完一个章节的题目后，会把这部分内容的要点知识先点出来，免得学生听得糊里糊涂。第三章讲授络合物的分子轨道理论。先介绍配体的群轨道组合，再介绍中心金属离子在配体中的能级分裂，最后计算能量。列举了八面体、平面四边形等情况。第四章讨论旋轨偶合，当电子为奇数时，要考虑双值群。分别讨论了有无磁场情况中的旋轨偶合能的分裂。

课程讲完后，戴树珊还开了一批参考书：

H. L. Schläfer, G. Gileman: *Basic Principles of Ligand Field Theory*；

[①] "配位场理论"笔记，长春，吉林大学，1979.

与赴长春讲课的弟子合影，左起：刘若庄、唐敖庆、邓从豪、鄢国森；
后排左起：江元生、孙家钟、戴树珊

C. J. Ballhausen：*Introduction to Ligand Field Theory*，

Molecular Orbital Theory；

格里菲斯：《过渡金属离子理论》；

欧格尔：《过渡金属化学导论》；

Sugano et al.：*Multiples of Transition Metal in Crystals*；

唐敖庆等：《配位场理论方法》；

林慰桢：《配位场理论》。

但在那个书籍极其缺乏的年代，这些参考书几乎无处可寻，只能是画饼充饥了。离开长春几年后，学员们才有可能补看了那些参考书。

鄢国森讲授"分子振动理论"[①]

化学中分子结构数据大致来自两个方面：一方面是固态的晶体结构，另一方面是气态的分子光谱。来自四川大学的鄢国森，为研究生和进修生讲授"分子振动理论"，是为学生将来解分子光谱做准备。讲课前，鄢国森先介绍说这门课程基本运用经典力学，属于一门应用课程，更接近"结构化学"，然后讲了预备知识——张量、曲坐标系、张量的微分与微分算符的张量表达式，并开了两本参考书：

E. B. Wilson：*Molecular Vibration*（1955）；

Califano：*Vibrational States*（1976）。

第二次上课就开始讲引论，介绍分子振动就是讨论分子中的原子在平衡位置的简谐振动。若将坐标系定于分子质心，只需考虑转动与振动。鄢国森介绍了正则振动及振动模式，振转分子的量子力学哈密顿，及振转运动的可分性。

鄢国森上课时衣着整洁，人显得十分精神。讲课时思路清晰，条理分明，特别是板书，字迹秀丽流畅，布局合理，足见他的书法功底。可能是唐敖庆要求的，鄢国森上课也不带讲稿。在座听讲的许多学员多是上过课的老师，对鄢国森在推导振转动能的作用项、动能表达式等，这么多的符号，这么烦琐的过程，都不用讲稿，直接背出来，感到十分佩服。

分子振动运用分子内坐标及 GF 矩阵方法，鄢国森先进行线性三原子分子振动的分析，再介绍非线性三原子分子振动。然后介绍各种图形分子（线形、三角锥、非平面、立体等）内坐标，接着介绍 **G** 矩阵的求法，最后倒推求力常数 **F** 矩阵。

在讲第三章时，鄢国森首先讲授分子振动与对称性的关系。分子振动不是以等价原子为基函数，而是以等价原子位移向量为基。然后讨论振动所属点群表示的特征标及其分解。学员上学期刚学了"群论"，现在分子振动中，可将可约表示向不可约表示分解，得到振动所属的不可约表示。学以致用，大家学得很有兴趣。鄢国森接着再介绍分子对称坐标的选择与约化。

---

① "分子振动理论"笔记，长春，吉林大学，1979.

在讲授力常数问题时，鄢国森以三氯甲烷为例，其分子属 C_{3v} 点群，振动可分属为 A_1 和 E 两种不可约表示，在红外光谱中有的信号很弱，有的中等，有的较强，共可观察到20个谱带，有的指认为和频，有的指认为倍频……接着介绍了力常数的修正、同位素规则等。最后讨论了各种力场，包括一般力场、中心力场、简化价力场及 Urey-Bradlay 力场。

最后鄢国森介绍红外吸收光谱的定性分析。由于学员绝大多数没有接触过红外光谱，所以鄢国森就在课堂里给大家讲红外光谱实验。介绍了红外光谱测定的流程、仪器设备，然后分析拉伸振动有对称与非对称，变形振动分为剪式、摇转、摇摆和扭摆四种形式。他介绍基团振动的独立性，何谓倍频、差频、合频，什么是费米共振……使学员了解特征基团的红外频率，以及它们在光谱中的分布位置，以便将来运用光谱数据时不至于无从下手。

邓从豪讲授"微观反应动力学"[1]

邓从豪是唐敖庆的大弟子，他讲的这门课涉及量子化学的动态研究。一开始他就介绍：一方面，量子力学三体问题的理论研究很难解决（后来我们才知道邓从豪为了攻克这一难题，付出了毕生的精力），直到最近国际上用大型计算机计算势能面，才研究了简单反应的动力学；另一方面是实验取得的进展，如激光、红外等光谱，可以原位测定分子的转动、振动。总之，我们以前学习的一些内容，大多是讨论静态的过程，而反应动力学是讨论连续的动态的过程。邓从豪还开了两本参考书：

R. D. Levine：*Quantum Mechanics of Molecular Rate Process*；

M. S. Child：*Theory of Molecules Collisions*。

邓从豪介绍了量子力学的一些基本概念后，第二章就讲述弹性碰撞。分子碰撞可分为弹性碰撞、激发碰撞和反应碰撞。然后告诉大家，如何用散射实验来观察碰撞，并介绍弹性碰撞的方程。接着邓从豪讲解碰撞截面，要先计算散射截面，再考虑反应速率等。虽然笔记拼命记，但大家还是听得似懂非懂，毕竟这门课在理论化学中是"阳春白雪"，学习的人很少，研究的人更少。

---

[1]　"微观反应动力学"笔记，长春，吉林大学，1979.

第三章介绍激发碰撞。由于分子有内部结构，所以一般是非弹性碰撞，但弹性散射一些情况可沿用于非弹性碰撞。首先讨论弹性散射方程与散射幅的关系，然后假设分子内振动量子数不变时，转动激发及散射波的计算。接着再讨论激发散射的散射幅。最后用波恩近似讨论激发散射。第四章讲授观测量的变化速率，先介绍 Ehrenfest 定理，讨论观测量如何随时间变化，然后计算碰撞截面中的变化速率，再讨论系综的碰撞速率及介绍弛豫过程的方程。

第五章内容是波算符及双势场散射。先定义波算符、跃迁算符，然后介绍散射矩阵以及双势场散射。第六章是反应碰撞。反应碰撞的特点是相对坐标不一样，动能不一样，相对运动、约化质量也不一样。先讨论反应速率的计算，再介绍绝对反应速率理论，其中涉及 Schrödinger 表象与 Heisenberg 表象的转换。对于一个 A+BC→AB+C 的反应，邓从豪在黑板上画了一个势能面，以 AB 间距 R_{AB} 为纵坐标，BC 间距 R_{BC} 为横坐标，反应途径就沿着

邓从豪给研究生答疑（厦门大学化学系提供，杨阳腾摄）

势能面的峡谷前进。

邓从豪年纪比唐敖庆其他弟子略大，上课时，他总是面带微笑，用略带南方口音的普通话讲课。可能讲课内容与他的科研方向结合得很紧密，因此有时上课讲到某个内容时，他会略有所思，然后继续讲。这门课没布置作业，因为课堂上没全听懂，下课大家忙着对笔记、抄笔记，能把讲课内容消化就很不错了。

江元生讲授"分子轨道图形理论"

江元生第一学期给研修班讲了"数理方法"，第三学期讲"分子轨道图形理论"。这些内容是他自己的科研方向。本来分子轨道理论（MO）是用 H-F-R 方程求解轨道能量，再求解轨道系数的。图形理论要借助分子结构图形先求轨道系数。

第一次课江元生先给大家复习了 HMO（休克尔）方法及三角矩阵等基础知识，然后重点介绍图论的基本知识，包括定义、矩阵表示、子图、走步、途径及图的本征多项式。第二次课介绍规则图与巡回图，规则图是指顶点度（价）相等的图，而巡回图是邻近矩阵具有巡回

江元生讲课（江元生提供）

形式，图的本征向量由矩阵方程来决定。课后还布置了习题。

第三次课讲本征多项式。江元生先介绍 Harary-Sachs 方法，接着介绍 Sachs 图（多组分图）及图与矩阵的关系。之后又定义了简单图 G 的本征多项式：

$$P_G(x) = x^N + a_1 x^{N-1} + \cdots + a_1 x^{N-j} + \cdots + a_N$$

$$a_j = \sum_s (-1)^{c(s)} 2^{r(s)} \quad S \in S_j \text{（由 } j \text{ 个顶点组成的 Sachs 图）}$$

然后以邻二甲基环丁烯为例，说明如何从图形得到本征多项式。第四次课介绍本征多项式的递推公式，生成函数。

第五次课才介绍分子轨道，能级为 x 的分子轨道系数 c 可分为两种情况：

（1）单根，$c_i = P_G - v_i(x)$，G 是分子图，v_i 是顶点；

（2）重根：一根是 $c_i = P_G - v_i(x) = 0$，$c_k = P_G - v_i - v_k(x)$，另一根是 $c'_i = P_G - v'_i(x) = 0$，$c_k = P_G - v'_i - v_k(x)$，两根间线性无关[①]。然后举了直链多烯烃与轮烯一个链和一个环的例子，说明如何得到多项式，再如何求轨道系数。

第六次课江元生讲解本征多项式的约化，分两种情况。一种情况是分子图形具有对称面，分子图 G 可分解成对称 S 和反对称 A 两个半图，并以奇数碳原子的直链与偶数碳原子的直链加以说明。之后还举了环链的情况与多并环的情况。另一种情况是分子图形具有 C_n 对称性，本征多项式等于 n 个因子的乘积。

孙家钟备课（孙家钟提供）

接下来的课，江元生讨论了共轭分子的 π 电子总能量。他从走步规则介绍，分全部交替烃与偶非交替烃（成键数 = 反键数）、奇非交替烃（成键数 ≠ 反键数），到如何求它们的总能量。这些内容可能是江元生要他的研究生以后继续做的工作，因此介绍得很详细。最后是本征多项式系数 a_n 的计算，介绍了 Harary-Sachs 方法、Herndon 方法，及他提出的图形收速方法。

---

① "分子轨道图形理论"笔记. 长春, 吉林大学, 1979.

邀请各位专家来长春讲学

唐敖庆还请东北师范大学的赵成大为研究生进修生开设"量子统计力学"。这是一门很重要的专业课，只是学员们基础比较差，学了几个月，学懂的人不多，只好以后自己再补课。

除了一些专业课，唐敖庆还邀请一些外地的专家，或是由本校的教师给研究生班开讲座，以扩大知识面。

孙家钟为学员做的讲座是"Green 函数双中心展开式"。北京师范大学刘若庄做

刘若庄作讲座（刘若庄提供）

的讲座是"络合物概论"。徐光宪的侄女在美国也是从事理论化学研究的，她回中国探亲时唐敖庆就邀请她来长春，给研修班作讲座。徐博士的报告题目是"理论化学的现状与前景"。首先，她介绍了什么是理论化学，接着回顾了20世纪20年代量子力学的发展史，又介绍了五六十年代配位场理论研究、化学键研究的情况。然后介绍了当前美国量子化学计算的情况、计算机的价位、在一些高校的使用情况等等。

世界著名量子化学家瑞典籍 Löwdin 教授来长春访问，唐敖庆邀请他给研修班作个讲座，光研究生与进修生已200多人，加上化学系的教师和慕名来听的高年级学生（当时国际交流少，来一位外国专家比较轰动），在吉大礼堂，大约有五六百人。理论化学在国外是少数人研究的高深学问，Löwdin 见到这么多听众，十分高兴。他做了一场学术报告后，得知听众大都是唐敖庆的学生时，马上称唐敖庆为"中国量子化学之父"。

美国波士顿学院的教授潘毓刚的讲座给人印象深刻。他做的报告题目是"量子化学基本原理及其应用"。虽然报告内容一般，但报告结束时，潘毓刚

研究生班合影，前排左起：丁愫僧、刘凯、李培森，往右均为校领导，包括唐敖庆，直到右三孙家钟，右二江元生，右一张明喻；

中间排左起：曹楼、金光珠、孙卫国、赵文运、冯星洪、杨家安、陈尔安、郭纯孝、程文旦、吕天雄、林梦鸿、张敏畅；

后排左起：谢尧明、樊玉国、张瑞勤、韩廷德、张忠诚、宫宝安、王镇、冯大诚、田玉尧、郑聪、叶松、王晓川

（厦门大学系林梦海提供）

把衬衫一脱，大家吃了一惊。他笑着对大家说："几年后你们会忘记我今天报告的内容，但是你们一定不会忘记我背后的这个公式。"说着，潘毓刚转过身来，只见他T恤衫背后，用彩色纸剪出、贴上的大字公式"$H\Psi=E\Psi$"，教室里顿时响起一片笑声和热烈的掌声。果然，30多年过去了，当年听课的学生还记得教室里那精彩的一幕。

研究生的课余生活

研究生班第一年的班长是樊玉国，第二年的班长是王晓川，支部书记是张敬畅。那时还是每周六天工作制，五天半业务学习，周六下午是政治学习。大家展开"实践是检验真理的唯一标准"的讨论。研究生来自不同的家庭、单位，"文革"中的经历也很不相同，所以联系"文革"中的种种问题，大家讨论得十分激烈。特别是联系当前形势，安徽农村有些地方开始分田到户了，有些同学说生产队劳动效率很低，分田可提高劳动积极性；有些同学则担心这样是不是走回头路；提到刚刚开放的自由市场，更有各种不同的看法。

70年代末，东北的副食品供应还十分缺乏，学生食堂基本没有肉类蛋品供应，而每天的学习又消耗大量蛋白质。有些学生星期天就到长江路的自由市场，用粮票换鸡蛋或鹅蛋，吃个水煮蛋，补充点营养。每天晚上，许多宿舍熄灯后，大多还在进行精神会餐。有的同学来自江苏，就回忆起淮扬菜里的狮子头、油爆鳝糊；有的同学来自四川，就介绍起川菜中的回锅肉和宫保鸡丁；还有的同学来自上海，就说："什么时候到上海，我请你们吃油爆虾和红烧黄鱼。"想着这些美味佳肴，大家似乎肚子里有了点油水。

1979年的国庆节，东北的天气已经很冷了。一位同学到四方局寄信，刚好碰上副食店因国庆节免票供应猪肉。平时肉都要凭票供应，研究生是集体户，根本没有肉票。真是机会难得，这位同学挤进人群，排队买了一大块肉，还买了些蔬菜，放在书包里。回来的路上，发现菜叶都冻得像金属片，索索作响。回到宿舍，同学们都高兴极了，有人切肉，有人摘菜，有人打鸡蛋。不一会，一锅红烧肉就放在煤油炉上、搁在楼道里炖上了。慢慢地，三楼楼道里弥漫着红烧肉的香味。宿舍的同学美美地加了一顿餐。

唐敖庆、孙家钟、江元生与研究生在一起（左一李泽生）（吉林大学理化所提供）

硕士论文阶段

1980年寒假，研究生班里外校的研究生陆续回原校做硕士论文。吉林大学和两个研究所的研究生分成三组。第一组是王晓川、郭鸿、郭纯孝和冯星洪跟唐敖庆做论文。王晓川的论文题目是"约化哈密顿轨道方法的原理、数学模型及其应用"。唐敖庆指导郭鸿的论文发表在《国际量子化学杂志》（"Characteristic Operators and Unitarily Invariant Decomposition of Hermitian Operators"和"Approach to N Representability"）。冯星洪在唐敖庆与杨忠志指导下，先后进行了"具有重复单元的共轭分子的能谱问题"、"五元环和六元环夹心化合物的电子结构"和"夹心化合物的配位场理论"几个题目的研究，并很快将研究结果发表在《科学通报》与《化学学报》上。

后来，唐敖庆安排一名研究生开展"约化哈密顿方法"的研究。考虑到清华大学吴国是已经在量子化学计算程序方面开展了很好的工作，就安排吴国是协同那名同学编制约化哈密顿算法的计算程序。吴国是不负所望，很快协同那名同学编制了相应程序。但其中有一个问题始终没能解决，他们花了很多时间也找不出症结所在。吴国是只好带着疑惑向唐敖庆汇报。唐敖庆听完汇报后，仔细考虑了一下，指出吴国是可以往什么方面再去思考一下。吴国是按照唐先生所指的方向去努力，果然很快解决了问题，吴国是对此敬佩不已。

第二组跟着孙家钟做论文，有张敬畅、韩延德、孙仁安、孙卫国、田玉尧。

第三组跟着江元生做论文的是：杨家安、赵文运、陈尔廷、曹维良、金光珠。

外地研究生和进修生离校前，吉林大学唐敖庆校长、理化所领导和全体任课教师、辅导老师与学生欢聚一堂，饮酒、聚餐、话别。先是唐敖庆既代表学校又代表教师发言，学生代表发言，理化所领导发言，后来不知谁提议，学员们唱起了毕业歌：

"同学们，大家起来，担负起天下的兴亡！

......

我们今天是桃李芬芳，明天是社会的栋梁，

我们今天是弦歌在一堂，明天要掀起民族自救的巨浪。

巨浪，巨浪，不断地增涨！

同学们，同学们，快拿出力量，担负起天下的兴亡！"

伴随着歌声，学员们奔赴祖国各地，掀起理论化学学习和研究的巨浪。

离开长春后不久，清华大学的吴国是、廖沐真，冶金所的刘洪霖，药物所的陈凯先等合作编写了一个从头算程序 MQM81，并于1983年在杭州办了一个程序推广班，许多老同学来参加，唐敖庆听说此事很高兴。

后来，这个班出了2位院士：一位是科学院陈凯先院士，任中科院上海药物所所长，主要进行药物设计，后到上海中医药大学任校长；另一位是工程院安静娴院士，是东北制药总厂总工程师，进行药物合成生产。许多学员出国留学，其中郭鸿在哈佛大学获博士学位后（师从卡普拉斯），现在田纳西大学任生化系教授，主要从事酶催化研究，也是吉林大学理化所兼职教授。王晓川留学回国后，在上海浦东创业，成立圣克鲁斯公司，主要从事药物设计。还邀请杨家安回国，在公司任技术专家。于恒泰、郭纯孝、樊玉国留在吉林大学任教，孙仁安到辽宁师范大学任教，张敬畅、曹维良在北京化工大学任教，韩延德到原子能科学院工作。孙卫国留学回来后，出任四川大学副校长。还有许多学员成为国内各高校量子化学学科的学术带头人，真正掀起了全国量子化学学习的巨浪……

第十章 / 出任国家自然科学基金委主任

国家自然科学基金委员会成立

20世纪80年代初，为了发展中国的科学研究、推动科技体制改革，改变科研经费拨款方式，中国科学院89位学部委员致函党中央、国务院，建议设立面向全国的自然科学基金，得到党中央、国务院的首肯。随后，在邓小平同志的亲切关怀下，国务院于1986年2月批准成立国家自然科学基金委员会。唐敖庆出任基金委主任①。自然科学基金坚持支持基础研究，坚持自主创新。项目分"面上项目"（占60%以上）、"重点项目"和"重大项目"，后来又专设"青年基金"，向年轻人倾斜。

基金委突破了传统的计划拨款体制，为我国基础研究开辟了一条稳定持续的资助渠道，极大激发了科技人员爱国奉献、开拓创新的热情。唐敖庆把

---

① 吉林大学理化所. 唐敖庆科学论文选集 [C]. 长春：吉林大学出版社，1996.

国家基金委第一次会议上讲话（吉林大学理化所提供）

自己几十年科研经历中形成的对科学研究规律的认识和把握，凝结成对科学基金管理的先进理念。他上任后悉心组建领导班子，广泛征求国内外专家的意见和外籍华裔知名学者的意见，提出了"依靠专家，发扬民主，择优支持，公正合理"的十六字评审方针，使国家自然科学基金评审工作得到了科技界的广泛好评。在唐敖庆主持下，国家基金委建设了一个专家评审系统，充分发挥了科学家的集体智慧。截止到1990年，基金委已拥有1.5万名通讯评议专家和612名会议评审专家①。

在唐敖庆主持工作的5年内，国家自然科学基金委支持项目涉及数理、化学、生命科学、地球科学、材料与工程学、信息科学等基础性学科领域，覆盖了近50个一级学科。基金委资助了10 000多个基础研究项目，包括400多个高技术新构思的探索项目，200多个对国家、社会有重要意义的项目。基金支持了8万名科技工作者，其中2万名研究生参加了科学基金资助项目的科研工作，共下达4.26亿元资助经费。5年中先后与10多个国家的科学基金组织和学

---

① 吉林大学理化所编 . 纪念唐敖庆 [M]. 长春：吉林大学出版社，2009.

术机构建立了合作关系，资助了上千个国际合作项目①。基金委的成立及运转，极大地推动了基础科学研究的发展，培养了数以万计的青年科学家。1991年年初唐敖庆退居二线时，国家科委主任宋健评论说："国家自然科学基金委员

研究基金申请条例（吉林大学理化所提供）

会，已经为发展我国科学事业、提高科技水平、培养科技人才，开辟了一条新的广阔的道路，做出了历史性的贡献。"

唐敖庆离开吉林大学

唐敖庆从1952年院系调整时来到东北人民大学，与蔡镏生、关实之等一起进行东北人大化学系的组建。1956年，唐敖庆出任东北人民大学副校长，协助著名教育家匡亚明校长工作，使学校得到迅速发展。1958年，学校改名为吉林大学，于1960年跨入国家重点综合性大学行列，实现吉林大学发展史上一次重要跨越。1978

与校长伍卓群等规划吉林大学远景（吉林大学理化所提供）

① 国家基金委. 倾心科教 高谊可风 [J]. 中国科学基金, 2008, 5: 259.

年—1986年，唐敖庆出任吉林大学校长，主持和领导学校的全面工作，贯彻重点高等院校要办成"既是教育中心，又是科研中心"的精神，加快改革步伐，在教学质量和科研水平等方面取得重要突破，使吉林大学成为一所中外闻名的综合性大学，实现学校发展史上的第二次重要跨越。1978年，经国家科委批准，唐敖庆在吉林大学组建了国内第一个理论化学研究所，兼第一任所长。1986年10月，在吉林大学建校40周年庆典上，时任校长伍卓群向唐敖庆颁发了一块题有"功昭校史"的精致牌匾，以表彰其杰出的表现、卓越的贡献。

看着吉林大学的一座座大楼、校舍，望着学校的一草一木，唐敖庆有些依依不舍，但是国家需要他古稀之年出任基金委主任，为发展我国科技事业贡献更多才智。唐敖庆对教育部各大学、科学院各研究所比较熟悉，他不仅在化学界，在整个科学界也有相当高的威望，国家需要他来开展这项新的工作，他一定全力以赴，但吉林大学的一些工作还要承担。明天要去北京了，今天唐敖庆还抓紧时间给研究生上课。

唐敖庆要离开吉林大学了，他的老同事、老部下都赶到他家来送行。他的兼职秘书刘永新回忆[1]，唐敖庆对自己要求特别严格，公私界限十分分明。他在吉大任校长期间，没有配过专车，每天步行上下班。北方冬天下雪路滑，在他年逾古稀之后，秘书拟请校办安排他乘车上下班，他不同意。唐敖庆调到基金委任主任后，仍担任吉林大学名誉校长，人事、组织、工资等关系仍在吉林大学，还有承担的科研项目、指导的研究生仍在吉林大学。国家在北京为他与他夫人安排了一套临时住房，唐敖庆就把他住了30多年的住房交回学校。

唐敖庆经常教育自己的研究集体，要正确对待科研成果，注意加强科研道德修养。他认为，一项科研成果的取得往往是许多人合作的结果，导师与助手之间、同事与同事之间一定要相互尊重。有贡献的同志一定要尊重别人的劳动，年长的同志要注意培养年轻的同志，把自己的想法告诉他们，将自己考虑的课题交给他们，搞出了成果，我们年长的同志一定要尊重他们的劳动。在发表论文署名问题上，唐敖庆的原则是："是我的主要思想，并付出了劳动，我的名字可以放在前面；在我指导下完成的，我的名字放在后面；我只提了些意见，不能写我的名字。"

---

① 刘永新. 一代宗师，风范长存 [J]. 吉林大学校报, 2008, 8: 18.

"小心翼翼，如履薄冰"①

唐敖庆来到基金委任第一任主任，俗话说"万事开头难"。中国的基金制是一个全新的事物，它的运作模式、资金来源、评审制度等大量工作，都是从无到有，从零开始。1986年年底审批第一批基金项目时，唐敖庆提出，由于经费所限，当年批准项目数量不多，有少量优秀科学家的申请项目未被批准，意见比较强烈。申请人大部分是当时的学部委员或在学术界有影响的学者，项目质量都很好，只是差了一票，相关科学部建议增批，提请委务会讨论可否增批少量项目并相应增加经费。计划局长从计划角度感觉不妥，因经费已分完（当年只有8 000万元，实际已超批），特别是担心封不住顶，导致

讨论基金课题执行情况，左起：邓从豪、徐光宪、唐敖庆（厦门大学化学系提供，杨阳腾摄）

① 李克健.回忆基金委成立初期的唐敖庆主任（唐敖庆诞辰100周年纪念文章）[M].长春：吉林大学出版社，2015.
② 路宁.大写的"人"——忆唐老[J].中国科学基金，2008，5：266.

经费严重超支。唐老耐心说服他说："对科学家的支持是科学基金制发展的基础，对他们的困难要尽力帮助，所需经费不多，既然已经超支，就再多超点也没有太大问题。"讨论结果委领导们都同意增批这10来个项目，计划局长无话可说，只能安排"寅吃卯粮"。后来他体会到唐老和委务会的决策是正确的，虽然增加了"寅吃卯粮"的亏空，但随着经费增加可以逐步消化吸收。而当时解决一些知名学者的急需和困难，体现了基金委对科学家的关爱，对立足未稳的国家自然科学委员会的发展有利。

据唐敖庆的秘书回忆，他当主任后，来自方方面面的条子、电话纷至沓来。有人希望利用与他相熟的关系，得到特殊的关照，获得自然科学基金资助。在这种情况下，唐敖庆的态度十分明确：按"十六字方针"办。一次，唐敖庆外出开会，秘书接到一封信，是唐敖庆的一位老朋友写来的，希望项目审查时能给予关照。秘书将信转给有关部门，并强调"按'十六字方针'办"。有关部门有些犹豫，担心唐敖庆会有想法，秘书说"不会的"。有关部门按原则办事，这个项目落选了。唐敖庆回来后，秘书做了汇报，唐敖庆肯定说："做得对。公正是我们科学基金制的生命线，离开了这一点，就是对科学家的背叛。"唐敖庆还强调："我们要小心翼翼，如履薄冰。"

唐敖庆在担任基金委员会主任时，一次会上，一名同志只汇报当年按各学科资助重大基金和自由申请基金项目的数据，没合计出总数。当一名副主任问及资助总数时，才忙着去合计，但是唐敖庆早已脱口而出说出了总数，后来算出的结果和唐敖庆说的一样，大家大吃一惊，觉得简直不可思议。还有一次，一位局领导向唐敖庆汇报工作，唐敖庆问："你这回汇报的数据为什么和三天前你们局发的通报不一样？"这位局领导不相信，找来通报一查，果真有几个数据在个位上有差别。他们都说唐老师的脑子像计算机一样，有存储功能。

1987年经武衡同志提议、国家科委批准，"国家自然科学奖"评选工作由国家自然科学基金委员会负责。新一届奖励委员会由武衡为主任，唐敖庆任第一副主任，负责日常工作，师昌绪任秘书长。因"国家自然科学奖"评选在高层科学家群体中引发矛盾很多，唐老一度担心卷入矛盾，会影响基金委的社会形象，曾犹豫是否接此项工作，但在委务会决定接收之后，唐老对此项工作予以了高度重视。办公室制定的章程、评审程序、换届方案等重要文

听取课题汇报（厦门大学化学系提供，杨阳腾摄）

件，唐老要逐句推敲修改；遇到比较重要事项，唐老带着工作人员向武衡汇报，有一次还去中南海向科委主任宋健同志汇报。为做好奖励委员会换届工作，唐老和师昌绪亲自带领工作人员先后走访国家教委副主任朱开轩、黄辛白、中国科学院副院长孙洪烈，并多次向武衡主任汇报情况，使极易引发矛盾的换届工作顺利完成。在向各科学部布置评审工作时，唐老要求"慎之又慎"，对有争议的项目要多花时间调查，不可仓促定案，要求评审程序严格，不能粗心大意，评审结果要使科技界满意，申报人心悦诚服，尽可能不留争议问题。1988年上半年，有一项一等奖获奖人在公示期受到强烈非议，该单位党委书记等两位领导找唐老汇报，为被异议人说情，唐老要计划局长参加。唐老在耐心听取了客人的介绍后，说了一席高屋建瓴的话，倡导了民主作风，维护了评审原则，指出了存在的问题，给出了解决办法，热情洋溢又不失原则，使来人心悦诚服，又给工作人员留下充足的处理空间。"国家自然科学奖"从1987年起在基金委完成了四次评审，全委上下兢兢业业，一丝不苟，完成得很出色，受到科技界的好评。

基金大课题结题（1991年清华大学甲所前），前排右五起：蔡启瑞、唐敖庆、吴征铠、徐光宪、戴树珊；左一起：吴国是、
第二排右起：王甫钦、田安民、孙家钟、邓从豪、张乾二、鄢国森、江元生……（戴树珊提供）

基金委课题题启动会，前排右二起：吴浩青、徐光宪、张存浩、唐敖庆、彭少逸、田昭武；后排右五鄢国森；右六张乾二；第三排右三孙家钟（引自《中国科学院院士画册》）

一百〇四封信

1986年，唐敖庆被调任国家自然科学基金委员会首任主任，这期间，他还参与承担"高分子固化理论与标度研究"这一国家重大课题子课题。唐敖庆在攻克这一课题的5年间，从北京给他的科研合作者孙家钟和博士生李泽生写了104封亲笔信，讨论课题的进展、难题。唐敖庆在基金委每天繁忙的基金申请、评审原则制定、资金安排等工作之余，一直在思考高分子的固化理论。早在60年代，他就用动力学无规支化理论，得到了溶胶凝胶分配公式，并且扩大讨论了凝胶范围，现在他想在这基础上推导出高分子固化理论。

唐敖庆先推导了凝胶后溶胶的百分率表达式，又讨论了$n-$单元的平衡数分布及分布瞬间，以后又探索溶胶–凝胶的标度。高分子的聚合反应很复杂，要分不同的情况一一分别讨论。在处理内环化A_a交链问题时，唐敖庆在给孙家钟等人的信中写道："关于内环化A_a交链问题，我发现以往推导有错误。这个问题我在西德访问时已有所觉察，接读你们的来信，问题更明确了，我重新推导公式，附在后面，请泽生同志作些具体计算，加以验证，看是否正确。"从这些信的字里行间，可以看出唐敖庆一丝不苟的科学态度和严谨求实的治学精神。

20世纪80年代末，唐敖庆带领他的团队连续

与孙家钟、李泽生等研究高分子课题
（吉林大学理化所提供）

在《中国科学》上发表了系列文章：《一般A_aB_b缩聚反应的固化理论Ⅰ，溶胶分数和凝胶化条件》《一般A_aB_b缩聚反应的固化理论Ⅱ，高分子矩问题》

与沈家骢（右二）等讨论高分子问题（吉林大学理化所提供）

《一般 A_aB_b 缩聚反应的固化理论 III，标度研究》[①]。把凝胶化理论发展为溶胶凝胶分配理论，引入易测定的溶胶反应速度，使研究范围从凝胶点前扩展到全过程。课题组又做了"A_aB_b，C_cD_d 缩聚反应的固化理论""包含分子间成环的 $R_{Aa}+R_{Bb}$ 的缩聚反应"等研究。引入相应校正参数，删去了等活性与内环化的假定，形成了完整的高分子固化理论，在国内涂料与固体推进剂工业中得到了广泛应用。1989年在成都的高分子学术报告会上，唐敖庆做了"高分子固化理论与标度研究"的专题报告[②]。研究团队在加聚反应领域提出一种用概率论解动力学方程的新方法，在 Ricatt 方程求解上做出了贡献，归纳为图形分析的方法，发展成为反应机理与分子量分布关系的统一理论，并由此推

---

① 唐敖庆，李泽生，孙家钟等.
　一般 A_aB_b 缩聚反应的固化理论，I 溶胶分数和凝胶化条件 [J]. 中国科学（B辑），1989, 5: 449;
　一般 A_aB_b 缩聚反应的固化理论，II 高分子矩问题 [J]. 中国科学（B辑），1989, 5: 453;
　一般 A_aB_b 缩聚反应的固化理论，III 标度研究 [J]. 中国科学（B辑），1989, 5: 460.
② 唐敖庆，高分子固化理论与标度研究 [C]. 高分子学术论文报告会，1989: 26.

导出共聚物链段分布与分子量分布函数①。

　　唐敖庆与他的研究团队在高分子反应几个方面都做出了富有特色的工作，建立了高分子反应统计理论，在高分子结构与反应参数间建立定量关系，为设计产物，确定反应条件与生产工艺、配方提供了理论依据。从50年代到80年代，研究团队在高分子统计理论30多年的辛勤劳动、不懈努力，为中国高分子的相关产业，提供了重要的理论支持。主要研究成果"缩聚、加聚与交联反应统计理论"获得了1989年"国家自然科学奖"二等奖。

　　除了写信"遥控"吉林大学的科研进展，唐敖庆还坚持每年给研究生上课。基金委的工作十分繁忙，特别是每年年初的基金申请阶段、四五月份基金评审阶段、每年秋天课题结题阶段。他要秘书给他安排个时间表，秘书看唐敖庆已是古稀老人，每天要承担这么繁重的工作，不忍心再给他增加工作量，因此建议他是不是可以请吉林大学的老师代课。唐敖庆看着秘书，缓慢而坚定地说："不行，是教授就要上讲台，不然是什么教授？没有学生，哪来的教授？"于是，唐敖庆就选择炎热的夏天，大家都在歇暑假的时候，回到长春给研究生上课。其实长春比北京还要热，因为长春一般不装空调设备。常常回到吉林大学第二天，他就开始给研究生上课②。

　　唐敖庆在吉林大学为本科生先后开设过"无机化学""物理化学""物质结构"等课程，为研究生开设"量子力学""量子化学""统计力学""化学热力学""反应动力学""群论在量子化学中的应用""分子光谱学""李群李代数"等十几门难度很高的研究生课程。每门课他至少讲了七八遍，但辅导教师们都说，"听唐老师的课，时听时新"，因为他每次都会结合该学科最新的科研成果，补充新的内容。唐敖庆让研究生在学基础知识时，就接触到最新研究成果，以后可以很快进入科研前沿。

---

①　吉林大学理化所. 20 世纪中国知名科学家学术成就概览（化学卷 唐敖庆）[M].
　　北京：科学出版社，2001.
②　路宁. 大写的"人"——忆唐老 [J]. 中国科学基金，2008, 5: 266.

原子簇的结构规则

早在70年代，唐敖庆与卢嘉锡、蔡启瑞三人联袂研究"化学模拟生物固氮"时，就开始研究固氮酶活性中心，实质就是研究过渡金属原子团簇。1986—1990年国家"七五"重大课题子课题，也是围绕原子簇开展的工作。1992年，唐敖庆已从基金委主任的岗位退下来，他与李前树一起承担"八五"重大课题子课题"原子簇化合物结构规则和化学键理论"，有较多时间来思考原子簇的结构规则。1986年唐敖庆来北京基金委工作，李前树就跟着唐敖庆来北京，在北京理工大学化学系任教，做他的科研助手。

20世纪50年代以来，无机化学合成了大量原子簇化合物（原子数在几个至十几个），以后又合成出许多过渡金属原子簇，特别是80年代以来，碳富勒烯球的发现及碳纳米管的合成（原子数少则几十，多则成百上千），给理论化学提出了许多新课题。唐敖庆希望通过对原子簇结构规则的探索，来回答实验化学提出的众多问题。他选择了硼烷等化合物为突破口。硼烷可分为封闭型骨架的 $B_nH_n^{2-}$、网型及巢型的 B_nH_{n+m}，还有些稠合型骨架等不同结构。唐敖庆分析了硼烷的三中心键特点，以及 Lipscomb 提出的 styx 数分析法和 Wade 规则。Lipscomb 方法适用于网状、巢状硼烷，Wade 规则适用于封闭骨架型硼烷。唐敖庆、李前树提出的拓扑规则[1]可包含以上几种情况。硼烷分子的价成键轨道数为 VBO，只取决于骨架的成键轨道数或反键轨道数，与配体的性质无关，可以写为：

VBO=4n-F（n 为硼原子数，F 为反键轨道数），

F=f+3(s+1)，其中 f 为硼烷多面体三角面个数，s 是实际分子与完整多面体的偏差（完整多面体 s=0，多面体戴帽 s=1，2，多面体缺顶点 s=–1，–2）。

李前树对这一规则，进行了大量的量子化学计算验证。接下来唐敖庆又定性研究了主族杂硼烷和过渡金属杂硼烷体系，发现同样符合这一规则，李前树又做了定量计算、验证。

之后，唐敖庆等将注意力转移到过渡金属簇合物。过渡金属夹心化合物

① 唐敖庆，李前树.原子簇的结构规则和化学键 [M].济南：山东科学技术出版社，1999.

二苯铬、二茂铁，刚合成出来时引起很大轰动，对它们的化学键众说纷纭。过渡金属原子只有9个价轨道，如何与配体10个或12个 C 原子成键。后来经过量子化学计算及实验测定，证明配体是用共轭 π 轨道整体与中心离子成键。现在合成化学家不仅合成出两层夹心化合物，还合成出三层、四层夹心化合物。唐敖庆希望也能推导出拓扑规则。他们将 N 个过渡金属原子与 $N+1$ 层夹心环的化合物骨架，看作 $N-1$ 个封闭型多角双锥骨架来讨论（例如将 $Ni_2Cp_3^+$ 视作 Ni_2Cp），它的成键价轨道数为：

与李前树研究原子团簇规律（吉林大学理化所提供）

$$VBO = 9N + \sum_{i=1}^{N-1} 4n_i - \sum_{i=1}^{N-1} F_i$$

其中 N 是夹心化合物中过渡金属原子数，n 是双锥骨架配位环上主族原子数，对于每个封闭双锥的三角面数 $f=2n$，反键轨道数 $F=f+3=2n+3$。

再考虑成键轨道数，应减去每个配位环上 $2n$ 个 σ 键轨道数，最后成键价轨道数为：

$$VBO = 9N + \sum_{i=1}^{N-1} (2n_i - 3) - \sum_{i=1}^{N-1} 2n_i = 6N + 3$$

李前树等对这些化合物进行了 EHMO 计算，结果与拓扑规则符合很好[1]。

多面体碳烷与多面体硼烷在几何结构和化学键方面的差异，表明原子簇成键方式与结构规则具有两种截然不同的形式。他们对高碳原子簇做了

---

① 李前树,唐敖庆.过渡金属夹心化合物的电子结构[J].中国科学（B辑），1989, 1: 1.

正十二面体、正四面体、正二十面体团簇与碳管、碳葱等各种构型的研究工作。在正十二面体上总结出的规律，无论如何是不会改变的。如碳原子数是60的倍数，这种正十二面体高碳原子簇的成键分子轨道数一定是 $n/2$，稳定的时候，价电子正好填满。要是在三重轴上有原子的话，就是60的倍数加上20，一定是最稳定的，它的成键分子轨道数是 $n/3+2$。唐敖庆和李前树应用群论与拓扑学方法，计算了成百上千个碳原子组成的团簇，研究了它们的性质。这些工作，经总结后写成《原子簇的结构规则和化学键》一书，1998年在山东科学技术出版社出版[①]。"原子簇的结构、化学键和结构规则"获2000年"国家自然科学奖"二等奖。

慧眼识英才，吟诗赠友人

早在50年代，西北大学物理系侯伯宇向《物理》杂志投了一篇关于 $1/r_{12}$ 展开的研究论文。唐敖庆审稿时发现了这个人才，将这篇论文推荐给《中国科学》，并因此与他建立了长期的联系。

从少年时代起，侯伯宇就在父亲（黄埔一期、国民党上将）爱国思想的影响下，立志"科学救国，做出更好的武器"。新中国成立前夕，侯伯宇毅然放弃了在台湾学习和出国的机会，辗转回到北京。刚刚在清华大学安顿好，抗美援朝战争爆发了。他决定放弃学业，投笔从戎。他在班里第一个要求参加志愿军，并将父亲给他的四年大学学费、生活费1 000美元倾囊捐出。1953年，新中国工业建设迫切需要既懂外语又有数理基础的人才，侯伯宇毅然赴辽宁鞍山黑色冶金设计院翻译科当了一名俄语翻译。

1956年，国家提倡"向科学进军"，为实现科学报国的理想，他考取了西北大学物理系，并以优异的成绩提前毕业。50年代后期，侯伯宇致力于群论在物理学中应用的研究，解决了苏联专家未能证明的重要公理及量子化学权威未能得出的重要公式。60年代初，他参加层子模型工作中的对称性研究，

---

① 唐敖庆，李前树. 原子簇的结构规则和化学键 [M]. 济南：山东科学技术出版社，1998.

获得"国家自然科学奖"二等奖。

改革开放后，他与唐敖庆有许多学术交流，唐敖庆邀请他一起出席国际量子化学会议。1983年，他推导出一系列非定域守恒流的结果，运用对偶变换找到了给出所有守恒流生成元的办法。这一研究成果被国际学术界称为"侯氏理论"，在国际数学物理学界具有广泛影响。

对一些素昧平生的人来请教，唐敖庆都十分认真对待。50年代，唐敖庆接到一封无锡树脂厂寄来的信，写信人是工厂技术员任晨光。他告诉唐敖庆，他搞的一项技术革新，可使生产下脚料回收80%。唐敖庆兴奋之余，发现他革新成果的理论推导是错误的。唐敖庆急于纠正他的错误，又担心在一两封信中难以叙述清楚。于是趁一次出差机会，唐敖庆亲自赶到无锡，向任晨光仔细询问了革新情况，耐心向他讲解了一些理论问题。回到吉大后，唐敖庆又让实验室的同志做了多方面的验证，终于弄清了革新的理论问题。然后再写信告诉任晨光[1]。

对于年轻人才，唐敖庆思贤若渴。鄢国森在四川大学本科生中发现一个学生谢代前，其数理基础好，很适合培养为理论化学人才。鄢国森将谢推荐给吉林大学唐敖庆。唐敖庆一听，非常感兴趣，马上派了两位老师，不远千里到成都考察，合格后招为研究生。谢代前在唐敖庆处获得博士学位后，来到四川大学任教，之后又到南京大学工作。其间，谢代前曾先后到美国新墨西哥大学、杜克大学等处做客座教授。进入新世纪后获国家杰出青

抓紧时间进行交流，左起：徐光宪、卢嘉锡、唐敖庆、王大衍
（吉林大学理化所提供）

---

[1] 百度网络信息，2013.

与卢嘉锡谈笑风生（中科院福建物构所提供）

年基金资助[①]。

一些老朋友，如徐光宪，与唐敖庆一起留学美国哥大，先后回到北大任教。后来虽然唐敖庆到吉林大学工作，但两人在量子化学界，几十年来此唱彼和，配合十分默契。

在化学界有"南卢北唐"之称的唐敖庆与卢嘉锡，早年一起办"物质结构学术讨论班"，一起参加科学规划会，中年一起研究固氮酶。两人到晚年，一位是科学院院长，一位是国家基金委主任，身高、体重也十分相近，在一些重要的科学会议中，常同时出现，使一些年轻人辨认不出来。1990年，卢嘉锡创建的中科院物构所建所三十周年庆，唐敖庆特地做了一首诗，送给卢嘉锡："建所育人为中华，三十年间成大家。结成固氮网兜体，开出结晶宝石花。类芳香性构思巧，功能材料设计佳。庆贺更祝鹏飞远，遨游长空乐无涯。"并请鄢国森写成条幅。在物构所成立三十周年庆贺大会上，唐敖庆亲自到场，朗诵

与蔡启瑞促膝谈心
（厦门大学化学系提供，杨阳腾摄）

① 鄢国森口述访谈，2015-03-09，成都—厦门．

了他的贺诗。1995年，吉林大学为唐敖庆庆祝八十寿辰，卢嘉锡赶到长春，向唐敖庆表示祝贺。1993年，唐敖庆来厦门参加"第五届全国量子化学会议"，听闻蔡启瑞八十诞辰，马上写了一首诗"学如流水行云，德比松劲柏青，攀登跨越高岭，育才灿烂群星"，并请鄢国森写成大幅题词，送给蔡启瑞。

喜庆八十华诞

1995年是唐敖庆八十诞辰，吉林大学和理化所的领导早就忙开了。理化所领导与有关人员为唐敖庆收集、整理了一本科学论文选集，并请唐敖庆的同行好友徐光宪为选集写一个前言。徐光宪十分高兴地接受了这一光荣任务。

与学生座谈（吉林大学理化所提供）

徐光宪在前言中总结了唐敖庆50多年来在6个领域所做的出色工作：他在50年代研究化学键函数和分子内旋转理论，提出计算分子内旋转能量的势能公式，首次获得中国"国家自然科学奖"三等奖；60年代建立了一套从连续群到点群的不可约张量法，统一了配位场理论各种方案，1982年获"国家自然科学奖"一等奖；70年代从事分子轨道图形理论研究，提出三条定理，于1987年再次获"国家自然科学奖"一等奖；在高分子领域，提出反应固化的统计

金婚纪念
（吉林大学理化所提供）

唐敖庆子女，左起：唐宪、唐东、唐昆、唐敏、唐梅、唐群

理论，1989年获"国家自然科学奖"二等奖；80年代提出原子簇化学的结构规则；90年代，他开展高碳原子团簇的理论研究。

徐光宪特别指出，唐敖庆这些工作是在很困难的条件下完成的。他是行政、教学科研双肩挑的干部，长期献身于吉林大学的教学、科研，并担任副校长、校长职务长达30年，使吉林大学成为全国著名的重点大学之一。1986年又出任国家基金委第一任主任。徐光宪认为他的工作动力来源于对祖国和人民深沉的爱，对科教兴国强烈的责任感。当然，还有他夫人史光夏对他的全力支持与细心照顾。

学生欢迎唐敖庆（吉林大学理化所提供）

早在抗战时期（1943年），唐敖庆未婚妻史光夏不顾兵荒马乱，千里迢迢从江苏跨越大半个中国，来到昆明与唐敖庆完婚。之后唐敖庆出国留学，史光夏一个人拉扯两个孩子。回国后到北京安家，1952年又随唐敖庆到东北创业。史光夏共养育三男三女六个孩子，都已长大成人、学有所长。两年前，孩子们为他们庆祝金婚。

庆八十诞辰，吉林大学赠送"风雨耕耘"匾（吉林大学理化所提供）

卢嘉锡在庆典上讲话（吉林大学理化所提供）

唐敖庆一生的成就，离不开夫人全心全意的支持。他在晚年为表达对夫人的感激之情，口述并由夫人笔录《赠光夏》诗一首："年少逢君濡湖滨，正是江南好风景。日寇侵华，烽火漫天。千里相寻，来昆明结伴，备尝艰辛。祖国解放，人民欢腾。别离三载，海外归来，北京相聚，无比欢欣。定居不足三年，又北上长春。组建新校，教学科研行政集一身。无暇家顾，教育子女，操劳家务，费尽君心。重返京华，屈指卅四载，回忆平生事业，功绩半归君。"唐敖庆并赠送每位子女一份复印件，以示他对夫人的情义。

吉林大学编委会从唐敖庆260余篇高水平的学术论文中，精选了34篇有代表性的论文，集成《唐敖庆科学论文选集》，书后还在附录中刊登了全部论文目录及年表，以备查用。选集1995年在吉林大学出版社出版。

1995年夏天，唐敖庆来到长春吉林大学，受到学校领导和师生的热烈欢迎。

学校举办了盛大的庆祝大会，全校师生坐满了大礼堂。首先，学校对唐敖庆50年来对吉林大学的奉献表示感谢，赠送唐敖庆一块牌匾"风雨耕耘"。他的老朋友卢嘉锡赶来长春，既代表全国政协、又代表个人表示祝贺，并发表了热情洋溢的讲话。徐光宪在发言中，着重讲述了唐敖庆在量子化学领域，对人才的培养与教育。他的弟子孙家钟既代表他培养的学生，也代表理化所全体员工，庆贺唐敖庆八十华诞，并祝他健康长寿、心想事成。

一次党课①

1992年的春天，唐敖庆来到基金委办公室，不久接到党委打来的一个电话。他们希望唐敖庆给全体党员上一次党课。唐敖庆想，老党员给新党员上党课是义不容辞的任务，就答应下来，并说让他准备一下。一会儿，他的秘书路宁来了。他就对秘书说这件事和他的想法：现在新党员对党的历史不大了解，他想讲一下党史，并询问有什么新材料。秘书告诉他，最近有一本新出版的《中国共产党七十年》。唐敖庆就决定以此为基本教材。秘书路宁告诉唐，这是一本40万字的书，要全部准备吗？ 40万字，对眼睛正常的人，也要看一段时间，何况对一个近视近2 000度的老人，谈何容易。况且，一次党课也不用花这么多时间啊。于是秘书建议说："我们是不是找些辅导材料，可以节约一些时间。"唐敖庆说："不，备课就是一个学习的过程，还是趁这个机会，重新学习一下党的历史吧。我们就以这本书为教材。明天开始，每天上午你来读，我们一起来备党课。"

路宁在心里算了一下：每天2万字，不算周末，大概得30天。为了一次课，值吗？他不敢说。唐敖庆认真是出了名的，在吉林大学就是这样。因为眼睛不好，他的备课实际是背课，每次上课他都把教案背下来。他把这种做法也

---

① 路宁 . 大写的"人"——忆唐老 . 中国科学基金，2008，5：266.

一次党课（吉林大学理化所提供）

带到了基金委。在国家自然科学基金委第一次全委会上，两个小时的报告、大量的数据，他都不用稿子，全是用头脑背下来的。人们惊呼：唐敖庆有一个计算机式的头脑。这次党课，就意味着他要把这本书背下来，然后再讲出来。

从第二天开始，路宁每天朗读教材2万字。唐敖庆认真地听，全神贯注，一丝不苟，往心里记。一天又一天，一个月在读书中度过了。

到了上党课的时候，唐敖庆以他特有的讲课风度，给基金委全体党员上了一次生动的党课。那本书的基本内容都融入了讲课内容。材料经过他组织，纲举目张，重点突出，前后呼应，一气呵成。党员反映非常好，大家说，以前只知道唐敖庆量子化学课讲得非常好，不知道他党课也讲得这么好。可谁知道，为了一次党课，唐敖庆付出了多少心血与努力。他是用心在上党课，在他的党课里融入了一个共产党员的赤胆忠心。

第十一章 / 一马当先　万马奔腾

主办多种理论化学讨论班 [1]

从1959年开始，唐敖庆先后当选第二届、第三届（1964年）全国人民代表大会代表；1973年，唐敖庆当选中国共产党第十次代表大会代表，1977年、1982年分别当选第十一次、第十二次党代会代表；1988年，唐敖庆当选第七届全国政协委员，1993年当选第八届全国政协常委。唐敖庆时刻记住自己肩负着人民的重托，时刻把国家的教育、科学发展记在心中。

唐敖庆长期在教学、科研第一线，不仅为吉林大学培养了一批批人才，而且把人才培养扩展到全国。早在50年代，唐敖庆与卢嘉锡等先后在青岛、北京举办两次"物质结构"暑期进修班。1958—1960年，吉林大学与长春应

---

[1] 吉林大学理化所，纪念唐敖庆 [M]. 长春：吉林大学出版社，2009.
　　乌力吉，唐敖庆：中国理论化学学派的缔造者 [J]. 自然辩证法通讯，2011, 2: 107.

化所联合举办"高分子物理化学学术讨论班",唐敖庆、钱保功等授课,为我国紧急培养了一批高分子化学人才。

1963—1965年,高教部委托吉林大学举办的"物质结构学术讨论班",主要由唐敖庆负责,主干课程全部由他讲授。唐敖庆还带领讨论班成员进行"配位场理论"研究,教学相长,不仅获得了国际一流的科研成果,而且带出了一支能打硬仗的理论化学队伍,成为我国理论化学的学术带头人,其中5人成为院士,2人成为校长。

1978—1980年,唐敖庆联合吉林大学、山东大学、四川大学等六所高校,举办量子化学研究生、教师和科研人员进修班,来自全国6所高校的30名研究生和全国94所高校、科研单位的200多名中青年教师和科研人员参加了进修班。唐敖庆主讲"量子力学"和"量子化学",他60年代培养的弟子讲授"群论""数理方法"等数理基础和"配位场理论""分子光谱""反应动力学""量子统计"等专业课。这次进修班使中国的理论化学人才遍及全国,培养了一批理论化学方面的优秀人才和学术带头人。量子化学的星星之火,已经燎原在祖国大地。

1985年,唐敖庆到复旦大学主讲"微观反应动态学",推动我国理论化学中比较薄弱的动态研究。1986年、1987年,他先后在吉林大学和南京大学举办"量子化学教学研究班",培养了一批"量子化学"课程的教学人才。

唐敖庆将自己在反应动态学领域的教学与科研工作,总结为讲习班内容。分子反应动态学的理论基础是量子化学,实验基础是交叉分子束和激光技术,这些70年代以后发展起来实验技术,国内少有人涉足。唐敖庆希望通过办讲习班,带动一些人来研究微观反应动态学,1985

1985年在复旦主讲分子反应动态学(吉林大学理化所提供)

年在复旦办了这个班。主要讨论分子反应动态学，涉及三个问题。第一个问题是势能面，唐敖庆从最基本的 Born-Oppenheimer 近似出发，导出 London 公式，再介绍它的应用。接着介绍 Porter-Karplus 公式，计算能量、矩阵元，然后形成势能面。最后介绍福井谦一的内禀反应坐标（IRC）理论，该方法的独特之处在于，它并不需要寻找整个势能面，而只是寻找反应经过的轨迹（势能面峡谷），使计算简化了许多。

第二个问题是碰撞理论。唐敖庆先介绍经典碰撞理论、相对运动、势能函数、碰撞截面等，然后介绍量子理论，包括表示理论（状态的表示、力学量的表示、坐标表象与动量表象）、Green 算符。接下来讨论最简单的弹性碰撞、Lippmann-Schwinger 方程、积分方程、微分方程和碰撞截面。在弹性碰撞基础上，进一步讨论非弹性碰撞。

第三个问题是反应速率理论。先讨论一般物理量的改变速率，再讨论跃迁速率、反应速率与反应速率常数。最后，唐敖庆以单分子反应为例，说明如何用绝对反应速率理论计算平动能、反应速率常数、Laplace 逆变换、$\rho(E)$ 和 $W(E)$，以及 RRKM 理论。以上内容后来由李前树收集整理到《分子反应动态学》[a] 一书中，于1989年在吉林大学出版社出版。

80年代后期，唐敖庆与钱保功、沈家骢等在高分子固化理论研究领域有新的突破。1988年和1989年唐敖庆和他们一起，在吉林大学连续两年举办讲习班，第一年是"高分子标度理论讲习班"，第二年是"高分子标度理论高级研讨班"，唐敖庆希望及时用新的理论、新的进展，武装高分子化学从业人员。

1989年在长春主讲高分子标度理论（吉林大学理化所提供）

① 唐敖庆,李前树.分子反应动态学 [M].长春:吉林大学出版社,1989.

1994年9月，经吴征铠提议，由唐敖庆负责，在吉林大学举办"全国分子光谱学讲习班和谱学理论与技术高级研讨班"。年近耄耋的唐敖庆仍然心系中国理论化学发展和相关学科的应用。在讲习班上，唐敖庆亲自主讲"分子对称性与分子光谱"，第一讲他先介绍了20世纪30年代开始，群论在分子光谱中的应用，然后讲解分子点群、CNPI 群和 MS 群。第二讲讲解分子 Hamiltonian 群，介绍了它的表示与基函数，还以 H_2 和 D_2、NH_3 和 ND_3 为例说明。第三讲讲解 Hamiltonian 的子群 CNPI 群和 MS 群，第四讲是非刚性分子光谱举例

第二部分由唐敖庆的弟子——四川大学的鄢国森承担，讲述"多原子分子振转光谱的量子化学计算"。鄢国森先讲 Eckart 条件下分子振转动能算符的表达式，再讲多原子分子振转动能算符的量子力学表达式。第三讲是三原子分子振转

1994年在分子光谱班讲课（吉林大学理化所提供）

动能算符的表达式。后面几讲，是鄢国森对三原子分子高激发态的理论研究，包括三原子分子势能函数、确定高激发态的 SCF-CI 方法和求解振转问题的 SCF-CI 方法。第三部分由中国科技大学朱清时讲"李代数方法在分子振转光谱中的应用"。

前三部分为基础理论。第四部分红外光谱与 Raman 光谱，由中科院应化所席时权、南开大学薛奇等讲述，主要讨论这些光谱的理论和技术基础及其在化学中的应用。第五部分由吉林大学李铁津、北京大学赵新生等讲述，主要介绍关于纳米材料和二维薄膜体系的分子光谱。第六部分内容为辐射与原子分子体系相互作用，由吉林大学李伯符讲述。系列的

光谱介绍，使学员的分子谱学研究水平有了很大提高。这次研讨班的讲稿，经整理、补充后，成为一本分子光谱学方面的学术著作《分子光谱学专论》①，吴征铠还为该书写了导言。

进行国际学术交流

1982年6月，应国际量子分子科学研究会邀请，唐敖庆率领中国代表团（孙家钟、张乾二、刘若庄等）到瑞典斯德哥尔摩，参加"第四届国际量子化学会议"。瑞典是一个社会福利国家，人们从出生，到接受教育，以至医疗保险等，政府都要负责，因此税收很高，人民幸福感也很强。会议在乌普萨拉大学（Uppsala Universitet）召开，该校是瑞典最古老的大学，也是北欧国家

前排左起：邓从豪、刘若庄、唐敖庆、鄢国森、张乾二、刘春万；后排左起：江元生、汤定华、孙家钟、潘道恺……（1985）（吉林大学理化所提供）

① 吴征铠，唐敖庆主编. 分子光谱学专论 [M]. 济南：山东科学技术出版社，1999.

的第一所大学。它是世界著名大学之一，有两位物理学家、两位化学家分别获诺贝尔奖。世界著名量子化学家 Löwdin 为大会主席，唐敖庆做了题为"特征算符与厄米算符分解的酉不变性"[①] 的报告，孙家钟提交的报告是"混合组态自旋群链与自旋拉卡群链不可约基之间变换系数"[②]，张乾二提交了题为"对称性轨道与群重叠"[③] 的报告。

1985年夏天，"第五届国际量子化学学术研讨会"在加拿大蒙特利尔大学召开。该校是加拿大最大的研究型大学，也是世界上最大的用法语授课的学校。唐敖庆带领他的弟子们孙家钟、邓从豪、鄢国森、张乾二、刘若庄、江元生、刘春万等参会。唐敖庆任"分子间相互作用和分子动力学"专题会议主席，并做了"硼原子

与化学家 R. G. Parr 交谈（吉林大学理化所提供）

簇与杂硼原子簇多面体的结构规则"[④] 的报告，张乾二提交"双陪集与对称性轨道"的报告，鄢国森提交的报告是"应用定域分子轨道酉变换的大分子计算方法[⑤]，江元生的报告题目是"休克尔矩阵特征多项式的图形估值"[⑥]。

会后，唐敖庆等应邀访问了加拿大温莎大学（University of Windsor），美

---

① A. C. Tang, H. Guo. Characteristic Operators and Unitarily Invariant Decomposition of Hermitian Operators[J]. *Int. J. Quant. Chem.*, 1983, 23: 217.

② C. C. Sun, Y. D. Han, B. F. Li, etc. Lie-groups and Unitary Transformations in Ligand-Field Theory[J]. *Int. J. Quantum Chem.*, 1983, 23: 169.

③ Q. E. Zhang, Symmetry Determined Orbital and Group Overlap[J]. *Int. J. Quant. Chem.*, 1983, 23: 1479.

④ A. C. Tang, Q. S. Li. A Structural Rule of Polyhedral Boranes and Heteroboranes[J]. *Int. J. Quant. Chem.*, 1986, 29: 579.

⑤ H. Sun, A. M. Tian, G. S. Yan. Research in the Method of Large Molecular Calculations Utilizing Transferability of Localized Molecular Orbitals[J]. *Int. J. Quant.Chem.*, 1986, 29: 1303.

⑥ Y. S. Kiang, A. C. Tang, A Graphical Evaluation of Characteristic Polynomials of Hückel Trees[J]. *Int. J. Quant. Chem.*, 1986, 29: 229.

国康奈尔大学（Cornell University）、罗格斯大学（Rutgers University）。唐敖庆还被罗格斯大学授予名誉教授称号。

1988年8月，鄢国森受教育部委派，带队去以色列参加"第六届国际量子化学学术研讨会"，成员有黎乐民、孙家钟、张乾二、刘若庄、邓从豪等。当时中国没有直飞以色列的航班，代表团要经苏黎世转特拉维夫。入关时安检十分严格，前后转两个候机厅，行李都要开箱检查。以色列这个看似神秘的国家，虽然十分小，但他们的管理运作非常有条理。代表团乘汽车到耶路撒冷，住在希伯来大学附近的一个四星级旅馆。一路上望过去，以色列土地荒漠化很严重，但他们用滴灌技术解决缺水问题，生产的水果可以出口到欧洲各地；以色列并没有宝石矿藏，但它的钻石加工水平是世界一流的，世界最高档的钻石是南非生产、以色列加工的。这说明它的机械加工能力、农业生产水平都是世界一流的。没

以色列国家议事厅（厦门大学林梦海提供）

去以色列前，只知道犹太人很会做生意、很会赚钱。到了以色列才知道它的科学技术也是世界一流的。

希伯来大学（The Hebrew University of Jerusalem）占地比较少，但各种设备、设施很齐全。这次中国代表团到希伯来大学参加国际量子化学研讨会，张乾二提交了"多电子相关问题的键表酉群方法 [a]"的学术报告，邓从豪提交了"散射体系 He+H_2的李代数方法"[b]。在会上，张乾二遇到国际著名量子化学家、加拿大滑铁卢大学教授Paldus。Paldus谈起张乾二的学生李湘柱，夸赞他的

---

① X. Z. Li, Q. E. Zhang. Bonded Tableau Unitary Group Approach to the Many-Electron Correlation Problem[J]. *Int. J. Quant. Chem.*, 1989, 36: 599.

② S. L. Ding, X. Z. Yi, C. H. Deng, Lie Algebgaic Approach to the Scattering System He+H_2[J]. *Int. J. Quant. Chem.*, 1989, 36: 379.

基础理论扎实，逻辑思维能力敏捷，很有创新能力[1]。

　　以色列政府很重视这个会议，邀请全体代表到耶路撒冷新城，参观以色列国家议会厅及周围景观金灯台。以色列总统晚上还宴请了全体代表。

　　会议结束后，大家相约去世界几大宗教的"圣城"耶路撒冷老城参观。在一平方公里的土地上，布满了犹太教、基督教的教堂和伊斯兰教的清真寺。虽然巴以冲突经常发生，但世界各地的人们，不论是住在欧洲、北美，还是东亚、北非，不分肤色、民族，每天有成千上万的游客涌向耶路撒冷老城。

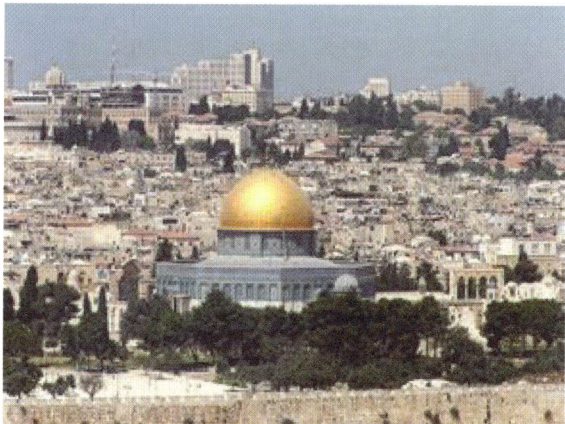

耶路撒冷老城（厦门大学林梦海提供）

鄢国森、张乾二、刘若庄和邓从豪四人结伴而行，邓从豪方向感较强，他手拿一张地图，带着大家沿着一条乡间小道，走向耶路撒冷老城。这是一座有2 000多年历史的老城，高大的城墙达十五六米，全用白色方块石头砌成，高大的城门天天开关。旧城依山而建，地势起起伏伏，街道很窄，石板铺成一条条巷道，小巷上面多有拱门相连，纵横交错。经过弯弯曲曲的小巷，大家向着金色大圆顶的目标前进，那是著名的圣石拱顶清真寺，一墙之隔就是犹太教圣殿的"哭墙"。一路上小巷弯弯曲曲，铺地的石板经过几千年的踩踏，变得光滑无比。当大家正为老城的历史久远而感叹时，突然人群一片骚乱，大家四散乱跑，张乾二等起先随着大群人流跑，越跑人越多，离骚乱越近。后来张乾二与鄢国森商量一下，决定逆着人流跑。有背着枪的民兵在指挥，虽说听不懂他说什么，但靠比手势，大概知道要往哪里跑，又跑了一段路才脱险[2]。大家惊魂未定，最后还是乘公交车回去，老

---

① 张乾二口述访谈，2014-02-26，厦门
② 鄢国森电话访谈，2015-03-25，成都—厦门.

城之旅也就戛然而止。

1990年6月，应德国国家科学基金委邀请，中国国家自然科学基金委化学部主任韩万书组织张乾二（厦门大学化学系主任兼中科院物构所所长）、鄢国森（四川大学校长）、孙家钟（吉林大学理化所所长）等赴德国高校进行学术交流。考察团从北京起飞，经停莫斯科，接着到德国东柏林机场降落。然后坐汽车到西柏林，参观柏林自由大学。该校始建于1948年，当时柏林大学划在东柏林区，部分师生不满苏联管辖下学术自由受限制，而出走到西柏林。该校为德国精英大学之一，在纽约、北京、莫斯科三处建立了国际交流办公室。访问团到访之时，正是东、西德统一之年，接待者带访问团参观了勃兰登堡与著名的国会大厦（希特勒曾在此搞"国会纵火案"），还有柏林墙拆除后的遗迹以及希特勒执政时修建的奥运会主会场。

然后代表团乘车经过

受德国基金委邀请，游览莱茵河（左起张乾二、鄢国森、孙家钟，右起韩万书、Peyerimhoff）（张乾二提供）

与德国同行交流（张乾二提供）

汉诺威，前往北莱茵－威斯特法伦州的锡根大学化学系，与著名量子化学家

Schwarz 教授交流。Schwarz 教授的研究领域很宽，已先后接待过多位中国访问学者。接着代表团前往科隆市，经过著名的科隆大教堂（"二战"中未被破坏的中世纪教堂）到波恩大学，波恩大学的300多座建筑散布在波恩市内。波恩大学是公立大学，历史上有4位科学家获诺贝尔奖，最著名的校友是音乐家贝多芬。校内有两个神学院（天主教与基督教）。考察团到数学与自然科学学院，与化学系同行 Peyerimhoff，也是德国科学基金委的官员（他们都是兼职），进行交流。不仅交流学术，也交流科学基金的管理、基金的申请等情况。考察团然后到图宾根，那里正在召开国际量子化学讨论会，在此遇到诺贝尔化学奖得主李远哲，并参加了交流会。代表团与量子化学同行交流后，前进路线就改为向南到慕尼黑[①]。

慕尼黑大学是德国数一数二的大学，国家投入很多，学校有许多著名教授，先后12位教授获诺贝尔物理奖，其中发现 X 光的伦琴、开创量子时代的普朗克、量子力学家海森堡等，获诺贝尔化学奖的也是12位，一位位著名科学家如雷贯耳。鄢国森等与慕尼黑大学化学系理论化学同行交流。交流不仅涉及化学研究，德国同行对中国的大学、科研机构的情况也很感兴趣。

考察团最后到法国巴黎，领队韩万书曾在此留学，他带大家到巴黎第八高等师范大学参观，并拜访了法国科学院院士，参观了居里夫人实验室。之后大家还顺道参观了卢浮宫、凯旋门和凡尔赛宫。然后从巴黎乘飞机回到北京。

中日双边理论化学研讨会

中国量子化学泰斗唐敖庆和日本诺贝尔化学奖获得者福井谦一同样有感于中日两国虽是近邻，但在近百年兵戎相见，是广大热爱和平的人民所不愿看到的，为了使年轻一代友好交往，周恩来总理倡导中日青年友好交往。两位老者也希望中日学术界有较多交往，所以倡办了"中日双边理论化学学术讨论会"。第一届1990年在中国举办，会议得到国家教委、自然科学基金委资助，由中方北京师范大学刘若庄、吉林大学孙家钟、四川大学鄢国森和西

---

① 鄢国森口述访谈，2013-12-20，厦门．

北大学文振翼及日方京都大学组织。还得到北大徐光宪、大连化物所所长张存浩和山东大学邓从豪、厦门大学张乾二等人支持。日方有东京大学、大阪大学、名古屋大学、京都工大等校的知名学者参加。唐敖庆是中方主席，福井谦一是日方主席。

第一届中日理论化学研讨会在西安召开 (1990)，前排左起：邓从豪、唐敖庆、刘若庄；后排左起：黎乐民、张乾二、孙家钟
（吉林大学理化所提供）

会议前半部分在北京进行，报告及讨论课题包括固体及高分子的超导性、导电性及磁性理论，化学反应（包括高分子化学反应）的微观理论，理论化学的某些基础课题，稀土多核络合物的化学键，振动光谱理论，图形酉群理论的改进及程序化。这些交流课题既有学术价值，又有应用前景，展现了中、日两国理论化学最新研究成果，同时促进了两国学术界的交流[①]。会议后半部则到西安进行。日本学者对西安的古城墙、大雁塔等古迹十分感兴趣，对秦始皇陵的兵马俑尤为赞叹。

第二届双边会议由日本承办，1992年9月在日本京都召开，由京都大学基础化学研究所承办。我国有来自11所重点大学、中科院2个研究所和国家基金委的24名代表参加，其中有国家基金委名誉主任唐敖庆、国家基金委主任张存浩和化学部主任徐光宪，及孙家钟、张乾二、黎乐民、朱清时共7名学部委员，与会人员多数为"八五"期间国家基金委重大项目"量子化学与非平衡统计理论及其在化学中的应用"的承担者，还有在量子化学研究方面颇有成就的中青年科学工作者。日方以福井谦一为首，有来自日本重要大学和研究

---

① 刘若庄．第一次中日双边理论化学学术讨论会在北京及西安举行 [J]．化学通报，1990, 11: 44.

第二届中日理论化学研讨会在日本京都召开（1992），前排左起：今村诠、邓从豪、西本吉助、张存浩、米泽贞次郎、唐敖庆、福井谦一、徐光宪、岩村秀、细矢治夫、山边时雄、刘若庄；第二排左起：赵成大、张乾二、曹阳、吴国是、孙家钟、傅孝愿、肖慎修；第三排左起：陈凯先、鄢国森、黎乐民

所的47名理论化学家参加会议。[①]

会议前后还有一些学术活动。会前，中国代表应邀参加了一天半的"日本全国分子结构会议"，与日本学者进行了广泛接触，结交了很多日本朋友，增加了对日本科学研究情况的了

唐敖庆在第三届中日理论化学研讨会上做报告（1994）
（厦门大学化学系提供，杨阳腾摄）

解。会后，部分中国学者应邀顺访了日本的一些著名大学和科研机构。唐敖庆、徐光宪、张存浩访问了日本冈崎分子科学研究所，又到东京访问了文部省、日本学术振兴会和日本化学会，他们应邀做了学术演讲，介绍了我国自然科学基础研究情况，并就两国的科学合作研究交换了意见；刘若庄、傅孝愿访问了东京大学、东京茶水女子大学、埼玉大学。孙家钟、赵成大参观访问了大阪大学；曹阳访问了筑波纤维和高分子材料研究所、化学

第四届中日理论化学研讨会上，右起：徐光宪、唐敖庆、福井谦一、山边时雄（吉林大学理化所提供）

---

① 韩万书.第二次中日双边理论化学学术讨论会取得丰硕成果 [J]. 中国科学基金，1993, 66.

技术研究所、东京理化研究所。他们参观了有关实验室，与日本同行进行了学术座谈，有的还做了学术报告。

第三届又由中国承办，考虑到气候、环境等因素，定于1994年秋天在厦门举办，张乾二的研究团队责无旁贷地承担会务组的工作。

10月8号代表报到。第二天学术研讨会正式开始，中方张乾二与日方的米泽贞次郎是会议主席。大会进行了3天。中方唐敖庆做了"具有 I_h 对称性的碳物种的休克尔方法处理"的报告，徐光宪以铍的化合物为例，提出一种化学价新概念，即决定化学价的非其价电子数，而是其价层空穴数。朱清时介绍了局域模型的选键化学。厦门大学年轻学者徐昕报告了金属态簇模型。日方东京大学山边时雄做了题为"高自旋分子的电子结构"的报告，报告从实验与理论两方面研究，理论方面报道了高自旋体系基态的确定、Jahn-Teller 效应及激发态性质。分子科学所的今村诠介绍了氢键体系电子结构的伸展法研究，年轻的教授西本吉助做了"染料分子电子光谱的分子轨道计算"的报告。

这次大会的一大特点是一些著名的化学家，如张存浩、孙家钟、张乾二、黎乐民等均将自己的论文安排在墙报展出，把口头报告的机会让给年轻学者。张存浩的墙报题目是"量子干涉的证据：碰撞引起的 CO 单 – 叁重混合态分子内能量转移"，张乾二的墙报题目是"一些来自价键方法从头算的新观点"，黎乐民的墙报题目是"高精度的密度泛函理论研究"……交流中，日方代表的英文带着很重的日本腔，不容易懂，倒是他们（特别是老年学者）对繁体中文都能看懂，所以交谈中大家干脆用中文写字交流。会后日方代表游览了鼓浪屿和武夷山等世界自然与文化遗产。

第四届中日理论化学研讨会1996年9月又在日本举行，先后在日本京都和冈崎两地召开。京都基础化学研究所和冈崎分子科学研究所是日本最有影响的两个理论化学教育机构，为了便于学术交流和组织参观，会议分在两地进行。这次参会共有52位正式代表，中方24人，日方28人，向会议提交了63篇论文。福井谦一（诺贝尔化学奖获得者）是会议主席。会议论文包括基础研究和应用研究两方面。

在理论方法方面，中方张乾二报告的题目是"置换群在价键结构中的计算应用"，江元生的报告是"计算中等大小分子的价键方法"，黎乐民提出"含稀土元素分子计算方法"，文振翼提出"处理多体相互作用的李代数方法"；

日方 S. Iwata 把量化计算与分子模拟结合起来，研究光谱和反应动力学问题，K. Hiaro 发展了多参考态微扰方法，用于处理较大反应体系。

在应用方面，中方李铁津报告关于超分子光电材料结构和谱学方面的工作，赵成大报告"铁磁体中自旋相互作用研究"，徐昕用原子簇模型研究金属氧化物表面特性，范康年报告"甲醇在银表面吸附和解离过程"；日方 H. Hosoya 研究富勒烯异构体的拓扑特性，K. Nishimoto 提出研究核黄素蛋白酶的化学模型，S. Sakaki 研究"烯烃与硅甲基反应的铂催化机理"，H. Nakatsuji 报告"银在丙烯氧化过程的催化作用"。

中方傅孝愿、谢代前、叶松、蒋华良等，日方 T. Yamabe、I. Nakamura、H. Kobayashi 和 K. Takatsuka 等都进行了 IRC 反应途径的研究，做了许多出色的工作。会上，中方朱清时报告"局域模理论研究新进展"，刘成卜报告"电子转移反应中电子发射系数研究"；日方 Y. Fujimura 报告"化学反应中相干控制的理论研究"[1]。

回忆这些交流，张乾二认为："实际上这种学术交流很重要，对中日来讲是建立两国人民之间的友情，所以那时候我们这两个国家在理论化学上的友谊是相当深的。那时候不但是学术交流，同时人的交流更重要。反正各有各的优点，像我们这边的报告，我们认为数理基础还是比他们好；可惜日本有两个数理基础很好的学者没有来参会。"[2]

全国量子化学学术讨论会

唐敖庆不仅重视国际学术交流，他对国内三年一度的全国量子化学会议也十分重视，每次必定出席，还带领大会主席团讨论量子化学研究的发展趋势与薄弱环节的加强。

从 1977 年"第一届全国量子化学会议"至今，共召开了 12 次会议，从第一次 200 人的规模发展到现在 1 200 人的规模，从 110 篇的论文，发展到 15 场大

① 刘成卜. 第四届中日理论化学讨论会述评 [J]. 国际学术动态, 1997, 06: 45-46, 68.
② 张乾二口述访谈, 2014-03-15, 厦门.

会报告、80场邀请报告、44场口头报告，有440篇论文进行墙报交流，700余篇论文被收录会议论文集。一次次量化会议见证了中国理论化学成长的道路，由小到大、由弱到强。从几个领路人，发展为"中国学派"，再成长为理论化学的"中国军团"。

1977年12月9—20日，由中科院发起、科学院上海分院承办的"第一届全国量子化学会议"召开了。来自全国二十几个省区的208名代表聚集一堂，共提交了110篇论文报告。大会主席是唐有祺，上海冶金所陈念贻主持会议。唐敖庆报告了"本征值的图形理论"，西北大学杨频报告了"群论在分子轨道与配位场中的应用"，有的工作是用量子场论讨论反应速率常数，有的报告是探讨电子相关、隧道效应、分子散射等理论。陈念贻报告了建立各种计算方法（HMO、EHMO、CNDO 和 $X\alpha$ 等），以及运用这些方法于无机、有机等领域，引起大家的关注。会上还有一些报告是围绕量子化学的应用，如量子化学在晶体材料中的应用、在电化学中的应用、在石油化工催化中的应用……报告

"第三届全国量子化学会议"后，前左二起：田安民、唐敖庆、刘若庄；
后左二起：李前树、孙家钟、何福成（1987）
（吉林大学理化所提供）

中有相当一部分工作是运用键参数讨论材料的物理性能,用计算机处理化学信息及探讨电负性等经验规律。还有几篇理论有机和药物化学的报告,总结出"同系线性规律",概括了大量实验事实,有较高理论水平。与会代表本着"百花齐放、百家争鸣"的精神,展开了热烈的讨论。会议还对全国自然科学规划会议上制定的理论化学发展规划,提出了修改意见。

从"第二届全国量子化学会议"开始,会议由中国化学会召集、某个高校承办。1983年8月,第二届量化会议在长春召开,由吉林大学承办。中国化学会理事长、吉林大学校长唐敖庆主持,并致开幕辞。会议共收到200多篇学术论文,分大会和小会,共报告了150多篇。论文数量与质量比6年前有明显提高,说明这几年量子化学取得了长足的进步。

论文在以下几个方面正赶上国际量子化学发展水平:(1)原子簇的电子结构、成键规则和金属原子化合价;(2)建立从头计算和各种近似计算的程序;(3)密度矩阵、量子化学多体理论等基本理论方面;(4)量子生物化学、量子药物化学及相关的边缘学科。会议对量子化学与计算化学今后发展提出以下建议:(1)继续开展量子化学各种计算方法的研究,建议在吉林大学成立全国量子化学计算程序交换中心,建立量子化学计算程序库;(2)开展量子化学多体理论、格林函数、约化密度矩阵、电子相关能的研究,化学反应过渡态理论、分子光谱、能谱、波谱等基础理论研究;(3)在应用量子化学方面,开展量子生物化学、量子药物化学、量子有机化学、量子电化学、量子稀土化学、络合物电子结构与配位场理论、固体量子化学、表面量子化学等研究。北京大学徐光宪做了总结报告。

1987年5月,"第三届全国量子化学会议"在四川成都召开,由四川大学承办[①],以后三年召开一次会议。与会代表370多人,交流论文260多篇。国家自然科学基金委主任唐敖庆主持会议。大会报告有唐敖庆的"多层夹心化合物的电子结构",鄢国森的"分子振动力常数的计算",邓从豪的"电子相关问题的研究",孙家钟的"化学反应内禀反应坐标法",江元生的"矩阵和分子轨道的直观化",张乾二的"多电子体系的键表示法",戴树珊的"非经验参数化相对论(EHT)方法及其应用",刘若庄的"光化学反应的理论研究

---

① 第三届全国量子化学会议 [J],化学通报,1987,8.

简介"，还有张存浩的"双共振与多光子电离光谱的新进展"，赵成大的"聚乙炔掺杂导电机理的量化研究"，黎乐民的"分子环境中的原子和它们之间的相互作用"

听取代表报告（厦门大学化学系提供，杨阳腾摄）

等，16位专家做了大会报告。

　　除了大会报告、墙报展示外，大会还进行了科研工作会议。讨论了今后要着重发展的研究方向：（1）继续重视量子化学基础理论和计算方法研究（前者已取得较好成绩，后者较薄弱）；（2）注重量子化学与结构化学的结合。量子化学是理论基础，结构化学是实验基础；（3）注重分子动态学的发展，该领域是国际上十分活跃的研究领域；（4）量子化学在催化科学中的应用；（5）量子化学在材料方面的应用；（6）量子化学在生命科学中的应用；（7）注意微观结构与宏观

与代表交流（厦门大学化学系提供，杨阳腾摄）

性质之间的关系。加强谱学结合量子化学、统计力学的研究。

　　"第四届全国量子化学会议"1990年10月在济南召开，由山东大学承

办[①]。会议同时也庆贺唐敖庆从教50周年。中国化学会执行理事长徐光宪致开幕词，他代表中国化学会向唐敖庆表示祝贺，对他为我国量子化学事业发展与人才培养做出的杰出贡献表示感谢。邓从豪介绍了唐敖庆对中国量子化学事业的重要贡献，指出唐敖庆先后从事化学键理论、配位场理论研究、分子轨道图形理论研究、原子簇化合物结构研究，还开展高分子统计理论研究。唐敖庆还非常重视人才培养，多次举办全国性进修班和研讨班，使我国量子化学水平有较大提高，并为我国培养了一大批高级量子化学人才。

参加会议代表共250人，论文256篇，专题报告23个。唐敖庆、吴征铠、徐光宪分别介绍他们在原子簇化合物方面的研究、稀土化合物的预报和合成研究工作，受到与会者的好评。曹阳、王南钦、沙国河分别介绍了超导材料等新型材料理论研究、量子化学在催化中应用及激发态光谱的量化研究等三方面国内外的新进展，引起与会人员的兴趣。这次会议表现的特点之一是理论研究更深入了；第二个特点是应用量子化学的论文比过去有所增加；第三个特点是量子化学与其他学科的联系越来越密切。

会后，与会代表攀登了"五岳之尊"——泰山。大家一面欣赏泰山沿途的石刻、碑文，一面惊叹泰山的青松奇峰，言谈间，很快就来到半山腰。泰山是前半段平缓，后半段陡峭，特别到了十八盘，有"紧十八、慢十八，不紧不慢再十八"之称。快到南天门了，山势很陡。邓从豪和鄢国森结伴攀爬，邓从豪以古稀高龄，鄢国森以花甲之年，与年轻人一起爬上了泰山最高峰，"会当凌绝顶，一览众山小"。

让我们举杯（厦门大学化学系提供，杨阳腾摄）

---

① 第四届全国量子化学会议 [J]，化学通报，1991，4.

　　"第五届全国量子化学会议"于1993年由福建厦门大学承办[①]。筹备组首先向全国各高校、中科院相关研究所发出会议邀请函，从量子化学理论，量子化学计算方法，原子和分子的电子结构，微观化学反应的量子理论，分子光谱与谱学理论，固体与表面的量子化学，高聚物、药物及生物量子化学等七个方向，向理论化学工作者征集会议论文。

　　1993年12月，大会代表陆续来到厦门，这次会议唐敖庆与他的几个大弟子孙家钟、江元生、刘若庄、邓从豪、鄢国森、戴树珊都来了。还有一位泰斗——徐光宪也来了。来自全国20几个省、市、自治区的几十所学校的近300名老师、研究生济济一堂，讨论量子化学的过去、现在和未来。张乾二是大会主席，唐敖庆、徐光宪是名誉主席。大会进行3天，每天上午是大会报告，下午是分会场报告。张乾二与研究生共有十几篇会议论文，其中理论方面论文"双粒子作用能矩阵元"由学生钟世均报告，"价键理论近似方法的基础研究"由学生莫亦荣报告。

　　唐敖庆饶有兴趣地在"原子和分子电子结构"分会场听报告，这个分会场比较大，有56篇论文要报告。唐敖庆与助手李前树的论文"硼笼烯与硼笼烷的量子化学计算"也在这个分会场报告。唐敖庆后来又到"药物与生物量子化学"分会场听报告。他很高兴，当年在长春读量子化学研究生班与进修生班的学生们都成为国内量子化学教学与科研的主力了。老同学聚在一起，还有当年讲课、辅导的老师，大家特地单独聚会一次。第4天安排游览鼓浪屿。许多代表来自天寒地冻的北国，没想到12月的厦门是如此温暖如春，遍地绿树红花，清风徐徐，海浪拍岸。大家对鼓浪屿印象特别好。

　　"第六届全国量子化学会议"于1996年在北京召开。由北京理工大学承办。

　　"第七届全国量子化学会议"1999年10月在福州召开，由中国化学会主办、福州大学和中科院物构所承办。来自全国（含香港地区）一些高校和中科院研究所共100多位代表出席，并提供了近200篇论文。内容涉及"量子化学理论与计算方法""原子、分子结构、性能与谱学理论""微观化学反应与催化理论""固体结构与表面化学""原子簇与团簇量子化学""生物与药物量子

---

① 徐昕等. 第五届全国量子化学会议与近三次国际量子化学会议 [J]. 化学进展，1996，1.

化学和复杂体系的理论模拟"。代表们围绕学术论文进行了大会和分组会议交流。卢嘉锡、徐光宪、张乾二、黎乐民出席了这次学术讨论会。

2002年8月，时隔20年，"第八届全国量子化学会议"再次在长春召开，由吉林大学与东北师范大学承办。国家自然科学基金委名誉主任张存浩及徐光宪、张乾二、江元生、黎乐民、孙家钟和来自国内外的340余名代表参加了会议。

2005年10月，"第九届全国量子化学会议"在桂林召开，由广西师范大学承办。中国科学院徐光宪、张存浩等9位院士及来自全国各高校、科研机构的500多位专家学者参加。量子化学自诞生以来，尤其是20世纪的50年代以后，得到了快速的发展。初期，量子化学仅能研究一些非常小的分子，随着计算机性能的提高，在大批量子化学家的艰苦努力下，量子化学计算的对象已成功地延伸到了大分子体系，在材料科学、生物分子反应机理、药物设计及合成等方面的研究中，正显示出其独特的优势。1998年诺贝尔化学奖授予两位理论化学家，进一步标志着化学已不再是一门纯实验科学，理论化学已成为了化学的两大支柱之一。

会议同时祝贺徐光宪执教60周年。张存浩在开幕式发言中说："徐教授与著名的化学家唐敖庆教授是我国量子化学的奠基人，他的专著《物质结构》对现代量子化学起奠基作用。徐教授培养了博士、硕士生97人，他们是我国核原子研究、开发、教育等部门的中坚力量，为我国理论化学的发展作出了卓越贡献"。

2008年6月，南京大学承办的"第十届全国量子化学会议"召开，它是参会人数多、规模大、影响广的一次全国性学术会议，来自全国各高等院校、科研机构的理论化学界专家学者648人参加了会议。在为期3天的会议中，举行了16场大会报告、61场分会报告，有400余篇论文进行墙报交流，近600篇论文被收录到会议论文集[①]。

本次会议涌现出一批高水平学术报告。在理论化学的基础理论方面，在DFT方法、相对论量子化学、可极化分子力场、量子反应动力学方法和纳米电子学等领域的研究取得了一些激动人心的新进展；在应用理论化学方法解决重要的科学问题方面，计算模拟在新材料研究、蛋白质动力学行为、酶催

---

① 南京大学化学化工学院网站,2008,南京.

化和表面催化反应等领域正在发挥着前所未有的预测性作用；在光化学反应机理、镧系、锕系元素化合物的结构和成键等小分子研究方面也取得了可喜成果。这些具有国际水准的学术报告是会议成功的基础和关键。

本次会议的与会代表中约60%是研究生，是我国理论化学事业的希望所在，正是由于他们广泛而深入地参与和配合，会议才得以顺利进行，这充分表明一支活跃在科学前沿的青年理论化学队伍正在不断地发展壮大，我国的理论化学研究事业后继有人、蓬勃发展。

"第十一届全国量子化学会议"2011年在合肥召开[①]，由中国科技大学承办。它是历届全国量子化学会议参会人数最多、规模最大、影响最广的一次全国性学术会议，与会的院士包括江元生、何国钟、黎乐民、朱清时、吴云东以及台湾"中央"研究院院士林圣贤等，来自全国各高等院校及科研机构的理论化学界专家学者约1 200人参加了会议，参加此次会议的海内外高校和研究机构多达200余所。

本次会议全面展示我国在量子化学领域取得的最新成果，会议主题涵盖量子化学理论和计算方法，分子、团簇、固体等的电子结构和谱学计算，催化反应机理、分子激发态和光化学反应机理的理论研究，各种材料的结构与性能关系及理论设计，反应动力学理论和应用，量子化学和分子模拟在生物、环境和能源等领域的应用和其他理论与计算化学研究等七个方面。据悉，在为期3天的会议中，共举行15场大会报告、80场邀请报告、44场口头报告，有440篇论文进行墙报交流，700余篇论文被收录到会议论文集。此外，受国家自然科学基金委员会化学部的委托，会议期间还邀请了部分专家学者举行"国际化学年在中国——理论化学的发展趋势与前景展望研讨会"。

2011年是由第63届联合国大会确定的"国际化学年"，也是国际纯粹与应用化学联合会的前身——国际化学会议联盟成立和女科学家居里夫人获得诺贝尔化学奖的100周年。作为化学大国，中国积极响应，组织推出以"化学——我们的生活，我们的未来"为主题的"国际化学年在中国"系列活动。此次大会即作为"国际化学年在中国"系列活动的重要组成部分之一。

---

① 中国科技大学网站，2011，合肥．

展望新世纪的理论化学 [1]

唐敖庆1997年年底在吉大理论化学计算国家重点实验室的讲话，既是对过去的回顾，更是对未来的期望（唐敖庆生前最后一次公开讲话，内容如下）：

在吉大国重室上报告（吉林大学理化所提供）

化学学科总的发展是两个世纪以来，主要是从19世纪发展起来的。现在正是由20世纪迈向21世纪之际，回顾一下化学学科的发展，对我们今后怎么做工作是会有帮助的。

在19世纪化学学科主要有三大成就，或者说有三个里程碑。

第一个里程碑是经典原子分子学说。原子学说就是道尔顿原子学说。分子学说就是价键理论（包括碳四价、凯库勒的工作），推动化学特别是有机合成化学有很大的发展，在经典价键理论的推动下无机化学也得到了很好的发展。

第二个里程碑是化学元素周期表。在1899年门捷列夫从很多反应里面总结出的一个很重要的规律，就是元素周期律，现在已越来越清楚。当时还不知道原子结构，分子内部真正结构的时候，提出周期律是非常重要的，是第二个里程碑，是第二个大成就。

第三个里程碑是质量作用定律和过渡态理论。在19世纪末，提出质量作用定律和过渡态理论，使得宏观动力学方程可以列出来，可以研究宏观反应。反应速度提出来了，还有过渡态，过渡态也是一种学说。阿仑尼乌斯过渡态理论认为反应要经过一个过渡态，奠定了宏观动力学的基础。

---

[1] 吉林大学理化所编. 纪念唐敖庆 [M]. 长春：吉林大学出版社，2009.

20世纪也有三个大成就。

第一大成就是化学热力学。化学热力学可以判断反应方向，确定反应平衡态方向，相平衡理论出来了。

第二大成就是在量子力学——原子核理论基础上发展起来的现代原子分子结构理论，是真正建筑在实验的基础上的。分子由原子组成（道尔顿已提出），怎么组成的？原子的结构又如何？真正到20世纪初量子力学出来了，连核物理、核结构清楚了，原子结构也就清楚了。有关量子力学微粒子运动规律也就掌握了，在这样的情况下，现代原子分子结构理论发展起来了。这个发展借助于20世纪中叶以来计算机科学的发展，使得真正可以按照理论来进行精确或比较精确的计算。

第三大成就是60年代以来出现的分子反应动态学。宏观反应动力学到了分子水平的态－态反应，从基态到激发态，激光得到充分的应用。要特别注意20世纪50年代以来一个最大的动向，就是化学的用武之地大大扩展了，有些与化学有关系的邻近的学科都要逐步建立到分子水平上来研究。首先是分子生物学，生物学原来是细胞水平，到了分子水平，就有很多化学家、物理学家结合分子生物学的发展大大发挥了作用，还有一些形成分子药物学。如何使药物学也建立在分子水平上，就到了分子设计，比如陈凯先现在搞的分子药物学。现在分子材料学还没有真正建立起一门学科来，不过现在材料也要从分子水平来研究。下面看看材料问题。

我从高碳化学研究体会到一点，分子材料学这个问题又有了很大的发展。实际一根单层碳管就是一个分子，它可能有几万个碳原子，实际就是一个分子。它也包含着12个五元环，其他都是六元环这样一个骨架，电子就在这个骨架上运动。像这样一种碳管，有12个五元环，这12个五元环的位置，与碳管的性质有关。12个五元环出现在什么地方，当然我们现在知道最常见的是两头封口的，这一头有6个五元环，那一头有6个五元环，这个五元环出现的位置，就确定了各碳管的截面应该会有多大。然后是长度的因素。这样，真正的分子材料就出来了。将来的纳米材料，看起来很有发展前途。这是举例，如纳米碳管，当然现在有一些纳米材料有很多人在合成。今年六、七月*Nature*上又发现了新的高碳原子簇，有一种轮胎状结构的高碳原子簇，就是"托罗也多"这样一个"Fullerene"，它本身也是一个分子，也是有12个五元环，其他都是六元环，像这样一种结构来讲，它的电磁性能很有特殊性。所以看起来，分子材料学总会逐步形成的，甚至将来的分子器件，一个分子就是一个器件，一个分子本身就是一个材料，不是分子的集合体。现在看起来，化学同这些结合起来就大有用武之地了——现在通常说的什么分子设计啦，分子工程啦。

现在讲分子动态学，20世纪三大成就中的分子动态学，应该说它刚刚开始，将来到21世纪的情况还不能预料。现在是从宏观来生产，将来工业上是否可能从微观反应上来生产？如现在合成手性化合物已经解决了。所以动态研究十分重要，孙老师（孙家钟）谈到，封继康老师写的材料也谈到这个动态研究。记得我们在1956年搞十二年规划，1962年搞十年规划，我和卢嘉锡同志都参加了，规划的化学部分，前面有一段序言，是卢嘉锡同志起草的，我帮着他。我们说现在是从宏观到微观、静态到动态，20世纪后半个世纪化学的发展的确是由静态到动态。当然静态也还在不断发展，由宏观发展到微观，由平衡发展到非平衡。的确是这个情况，当时卢嘉锡文笔很好，写得像八股式一样，讲究对仗性，我是总设计师。现在回想起来，五六十年代写的确实就是后来的发展，21世纪将向更高更深的层次发展。

我们的理论化学如何结合着这些方面很重要，徐先生（徐光宪）提出来的关于结合生命化学，我看是很重要的。实际上分子生物学发展了差不多有半个世纪，本世纪是远远不够的，里面还有很多很多问题。当然现在这半个世纪，生命科学的发展应该是很了不起的，然而要真正地再深入地发展下去，还要做很多工作，如蛋白质的螺旋结构、DNA 螺旋结构、遗传基因。刚才徐先生谈到遗传基因某一个环节出现问题，流泪的疾病就产生了。实际上鲍林很早就考虑到了，大约在40年代鲍林就已经考虑到，有些是属于生理上的某些结构或微观上出现问题就发生了毛病。现在看起来，如何搞得更清楚，远远还没有搞清楚……所以我觉得结合生命科学有很多工作，结合分子生物有很多工作可以做，我是有这个感觉的。

我们理论化学，中国的理论化学，我觉得有几个方面还是弱点，与其他学科结合得不够。

一是结合分子生物学来发展理论化学，这方面做得不够；另外结合动态、激发态化学、结合控制态－态反应也是不够的，国际上当然也是刚刚开始。

不过结合分子生物学搞理论研究，国际上已做了不少工作，我们在这方面做得还是太少了。结合控制激发态，就是激发态中有量子效应，或者考虑到在反应中如何控制态－态反应。当然，国际在理论上提出来也不过才有十年的历史，国内有几位同志做这方面的工作，如赵新生同志、沙国河同志在做这方面的工作。他们原来都不是搞理论化学工作，沙国河同志是搞实验的，赵新生同志主要也是搞实验的，也搞一些理论。我们这些原来搞理论化学的人，在这方面对动态如何来搞，就是含时薛定谔方程，这些解的问题，不好解。

我们知道表象有海森堡表象、薛定谔表象，再上面还有狄拉克统一的表象理论，还有一种 Interaction 表象，也就是相互作用的表象。相互作用的表象还可以包含时间的。这里面得到的一个重要的结果就是 Born 的一级近似，后来就发展为 Born 的更高级的近似。这些从理论方法上来讲，应该还是可以发展的，Interaction 表象是戴森（Dyson）在这方面搞的工作。Interaction 表象是很重要的表象，是很有发展前途的，是应该可以充分发挥作用的表象。

我想，我提到的几个方面，像徐先生（徐光宪）提到的价键方向是很好的方向，能够结合生命科学来搞一些工作的，实际是有很多工作可以做的，当然很难。如生物大分子的电子结构，我们最初设想用重复单元的手法来考虑这个问题，当然它也不是存在重复单元，不像普通的高分子。20种氨基酸不同组合可以得到很多种的蛋白质，DNA 也是几个单元可以组成很多的DNA。它们的电子结构怎么样？还有酶催化，我们搞了十年固氮的问题，蔡启瑞老师在这方面做了很多工作，也只是讨论了其中一个固氮酶的催化作用，当然也还没有搞清楚，酶催化里面有很多工作可做。酶催化中电子是如何传递的？李老师（李俊篯）的电子传递酶催化就涉及电子是如何传递的。正如徐先生讲的左旋和右旋，有生命的好像都有 L3（徐光宪插话：葡萄糖是 D）这些 D-，L- 旋光异构体，结合生命科学具体的就是分子生物学，是有很多研究工作可做的。另外徐老师提到，鄢老师（鄢国森）、刘老师（刘若庄）也提到的，像弱相互作用就是分子以上层次。不仅是分子以上层次，实际上大分子间的作用，有许多是属于弱相互作用。超分子当然比分子范围更大的一级，有分子间的作用力。一个分子只要是大分子，分子除化学键作用外一定还有弱相互作用。高分子理论中的一个很重要的理论，就是讲高分子的机械性能、物理性能。高分子物理性能有玻璃态，有这些态的转变，很重要的问题就是一个高分子之内它的弱相互作用怎样，以及一个高分子和另一个高分子之间的弱相互作用又是怎样，这个问题是不清楚的。现在的一般说法是"缠结"，"缠结"是引进来的一个物理概念。"缠结"是什么意思呢，就是有弱相互作用在这个地方，好比一根绳打了个结。打结是什么东西，实际就是弱相互作用，这种弱相互作用容易开，且弱相互作用是移动的。这个弱相互作用的结点是移动的，使问题更复杂了。弱相互作用是值得认真研究的。

所以我看，从新中国成立以来，我们好多同志很早就是搞理论研究的，在理论研究方面做出很好成就的，我们在跨世纪的时候，到21世纪还有很大的作用可以发挥的。

从计算来讲，现在对小分子方面要讲计算精确，越精确越好，像结合星际分子、结合一些设想中的分子，如 B_{13}，最稳定的结构是什么，我的一个研究生顾凤龙是做这个工作的，他比 Morokuma 的工作做得好。Morokuma 找到一种能量低的结构，而顾凤龙找到了能量低得多的另外一种结构。顾刚到德国的时候，又有另外的人做出了比顾凤龙更稳定的结构。这就告诉我们要靠计算工作的精确，用计算机在德国用 Super-computer 超级计算机，当然比国内要强了。对小分子计算要讲精确，对大分子计算能讲精确吗？要讲计算方法的普遍性，这种计算能总结出规律来，这个规律将来用最精确的计算也就是这种规律。现在是两头，对小分子计算是一头，对大分子计算有另一头。大分子计算要建立一些方法，然而它得到的规律是不会改变的。比如，我们在高碳原子簇做了正十二面体、正四面体、正二十面体、碳管、碳葱等工作。在正十二面体上我们总结出的规律，无论如何是不会改变的，如60的倍数，这种正十二面体高碳原子簇，它的成键分子轨道数一定是 $n/2$，稳定的时候，价电子正好填满，它是稳定的。要是在三重轴上有原子的话，就是60的倍数加上20，一定是最稳定的，它的成键分子轨道数是 $n/3+2$。+3这点它最高，就是前线轨道，或者它的 HOMO 是四重简并的，四重简并共有4个轨道，比 $n/2$ 多出3个轨道，要填电子的话一定要在四重简并轨道里面填两个电子。填两个电子就不稳定了，Jahn-Teller 效应就出来了，就不会稳定。像这种规律，再用什么精确的方法来计算，它都是不会改变这种规律的。所以我们在计算方法上还是很有发展余地的，在座很多同志的数学都是很好的。我看在一个小分子上如何能在精确上做工作，精确度很高，在大分子上不能讲精确，但在得到的规律上是动摇不得的，将来后人是没有办法动摇它的规律，要做到这个程度。现在从方法来讲，最精确的方法还是从头计算，再下来就是密度泛函法，黎乐民老师正在搞的。密度泛函法还是很好的。从头计算以外的计算方法，还是密度泛函方法比较好。当然算分子中的轨道数也只能算到一定值，算不大也算不到高，对高碳原子簇能算到 C_{960}，已不容易，从头计算只能算到 C_{540}。

以上就方向的问题谈这些意见。

理论化学的研究属于基础理论研究，具有探索性、长期性、持续性与系统性等特点。我们是唯一从事理论化学基础研究的国家重点实验室，在完成近期研究目标的同时，应该放眼于理论化学的未来发展：

（1）将实验室建设成为国际水平的理论化学研究基地；

（2）领先国际前沿，建立自己独特的理论化学研究体系；

（3）完成实验室学术带头人的新老交替；

（4）为中国的相关科学技术发展提供理论支撑。

我们要时刻牢记"面向国家需要，发展中国的理论化学"的宗旨，以"团结协作、开拓创新、自强进取、严谨求实"的精神，为国家的科学教育事业做出应有的贡献。

（江福康、封继康根据录音整理）

最后的日子

1998年的春节很快就要过去了。唐敖庆平时服用的一些药用完了。他想等春节过完后再去拿药。可是过了一天，他觉得有些头痛，就到周围的社区医院看病，医生误以为他是感冒，给了点感冒药。唐敖庆服了药不仅没有好转，而且感觉脑袋里血管有堵塞似的。他再去看病，基金委的保健医生觉得情况不好，要他赶快上大医院。唐敖庆来到北京医院，那天已是元宵节，又是周日，医院里大多是值班医生，他们把唐敖庆安排住院，并没有做检查。等到第二天早上，唐敖庆就昏迷了，医院诊断为主动脉血管栓塞。过了两天，宋健听说了，赶到医院去看，马上成立了医疗小组，要求他们每天要将唐的病情向上汇报。再过两天，老朋友吴阶平听说了，也赶到医院去看，他想查一下，到底是什么血管栓塞，能不能进行一些积极的治疗。仪器检查结果表明确实是心脏到脑的主血管栓塞，以当时的医学水平已无能为力了。他的大弟子孙家钟、鄢国森去看唐敖庆，他没有反应

唐敖庆的奖章、奖状（吉林大学理化所提供）

；张乾二从厦门赶到北京，值班护士拍着巴掌对唐说："你的老朋友来看你了。"张感觉唐敖庆的眼球似乎动了动……就这样，唐敖庆辗转卧床十年。

2008年7月15日，唐敖庆因病医治无效，在北京医院逝世。消息传来，吉林大学师生为失去了一位好老师、好校长，十分悲痛。消息通过网络，传到全国各地，传到世界各地。学生们纷纷发来唁电、唁函，许多学生不禁想起与唐敖庆在一起的时光，不少人写了回忆文章。7月21日在八宝山举行遗体告

追悼会上（吉林大学理化所提供）

学生敬献花圈（吉林大学理化所提供）

唐敖庆部分著作（厦门大学化学系提供）

别，唐敖庆的老朋友徐光宪来了、张存浩来了，唐敖庆的弟子们孙家钟、沈家骢、鄢国森、刘若庄都赶来了。唐敖庆的学生杨忠志、李前树来了，研究生代表韩延德、张敬畅来了，吉林大学领导与师生代表都来了。

青松肃穆，白花含泪，哀乐低回，人心欲碎。我们为国家失去一位好干部、共产党失去一位好党员而悲痛，更为我们失去一位真诚的朋友和优秀的导师而无比沉痛。生命的长度是有限的，但精神的影响范围是无限的。我们要化悲痛为力量，要学习唐敖庆爱党、爱国、爱教育、爱科学的一生，学习唐敖庆奋力拼搏、无私奉献的一生，更要使唐敖庆带出的理论化学"中国学派""中国军团"，永远屹立在世界的东方。

百岁寿辰 世界纪念

2015年，"第十五届国际量子化学会议"在北京召开，该会由国际量子分子科学院（International Academy of Quantum Molecular Science，IAQMS）主

办。IAQMS 是在量子物理学家德布罗意倡导下，由法国科学家 Daudel、瑞典科学家 Löwdin、美国科学家 Pople 和 Parr，以及法国科学家 Pullman 于1967年创立的，总部设在法国芒顿（Menton）市，并于1973年在芒顿组织召开了"第一届国际量子化学大会"，该大会每三年召开一次，已经成为国际理论化学界的顶级会议。

国际量子分子研究会组织者考虑，2015年是中国量子化学奠基人唐敖庆的百岁寿辰，因此他们把这届量子化学大会的地点定在中国北京，大会特意设置了半天的纪念报告活动，大会的承办单位中国化学会和清华大学帅志刚等人感觉责任重大。

6月8—13日，"第十五届国际量子化学会议"（The 15th International Congress of Quantum Chemistry，ICQC 2015）如期在北京召开，共吸引了来自全球41个国家和地区的1 000多位理论化学研究人员参会，包括两位诺贝尔奖获得者和50位国际量子分子科学院院士，会议规模和参会人数创历届大会之最。

6月8日下午，会议在新清华学堂开幕。国际量子分子科学院院长、美国科罗拉多大学教授 Josef Michl 致开幕辞，并颁发了2012—2014年度的"国际量子分子科学院年度奖"（IAQMS Medal）。大会主席帅志刚做了开幕报告，介绍了中国古代化学对中华文明的贡献、中国现代化学化工成就，以及早期中国量子化学家的代表性贡献。

6月9日上午，大会邀请了康奈尔大学教授 Roald Hoffmann、吉林大学、明尼苏达大学教授高加力和京都大学教授 Keiji Morokuma 做唐敖庆纪念学术报告。Hoffmann 与唐敖庆生前相识相知，为了这个纪念报告，他做了详细的准备。为了介绍唐敖庆的生平，他还特地发函给唐敖庆的弟子张乾二、鄢国森，询问有关细节。报告会上，Hoffmann 先介绍了唐敖庆的生平，接着着重介绍唐敖庆的科研工作，从20世纪50年代的化学键、分子内旋转，60年代的配位场理论方法，到70年代的分子轨道图形理论，80年代到90年代的高分子固化理论、原子团簇化学键，纪念报告整整讲述了半个小时。

高加力则在报告中称唐敖庆为"中国量子化学之父"，他用一张中国地图表达唐敖庆带出来的第二代量子化学家、第三代量子化学家，他们逐渐遍布了中国地图的各个方向。高加力又称唐敖庆是天生的领导者，他从50年代到

"第十五届国际量子化学会议"上 Hoffmann 发言，纪念唐敖庆（厦门大学提供）

80年代，出任吉林大学副校长、校长，80年代出任国家基金委第一任主任。在不同的岗位上，做出了出色的贡献。而 Morokuma 教授则回顾了从第一届1973年到2015年历届量子化学会，他与唐敖庆从第三届会议相识，以及在第四、第五届会上的交往。国际大师详细的介绍、温情的回忆，深深打动了1 000多名与会代表。中国基金委的领导在思考，中青年学术带头人在思考：如何接过唐敖庆高举的大旗，带领中国量子化学军团奋勇向前！

随后，来自美国、德国、日本、韩国、法国、加拿大、澳大利亚、丹麦、芬兰、荷兰、意大利、以色列、斯洛伐克、捷克、中国、中国台湾等国家和地区的39位国内外杰出化学家在大会上呈现了多场精彩的大会学术报告，其中包括诺贝尔奖获得者 Rudy Marcus 教授和 Roald Hoffmann 教授。本届大会共安排了39场大会报告和656个墙报，许多著名学者都积极通过墙报的方式参会。经过严格评审，66个墙报脱颖而出，获得本届大会"优秀墙报奖"。

本届大会主席由清华大学化学系教授帅志刚担任，北京师范大学院士方维海、北京大学教授刘文剑、美国杜克大学教授杨伟涛担任大会的共同主席。

该大会还包括会前、会后的9个卫星会议，分别在北京、上海、长春、大连、合肥、南京、厦门、日本神户等地举办，涵盖了理论化学的重要分支，包括电子结构的新进展、分子反应动力学理论、复杂体系与凝聚相动力学、计算催化、生物大分子的模拟、化学键理论、相对论量子化学以及纳米体系的计算模拟等。

唐敖庆在天之灵可以欣慰了，他播下的量子化学种子，经发芽、长大，已遍布祖国大地，屹立在世界科技之林。

第 二 部 分

THE SECOND PART

第十二章 / 孜孜不倦 一心向学

——记山东大学邓从豪教授（1920.10—1998.01）

贫苦少年发愤读书

邓从豪原名邓浪泉，后改名邓从豪，1920年10月3日出生于江西省临川县崇岗乡上邓村一个贫苦农民家庭。父亲邓天裕虽然目不识丁，但勤劳能干，心灵手巧，是"全村近300户农民中最出名的种田能手，他种的田单产最高"[①]，为乡亲们所称赞。邓从豪是邓家的长子，从小就体会到父亲的辛苦，养成了孝顺父母、勤劳俭朴的农家子弟好品行，主动帮助父亲从事力所能及的农业劳动。

江西临川是一个以农业为主的文化之乡，历史上曾出现过不少享誉全国

---

① 邓从豪.中国科学院院士自述[M].上海：上海教育出版社，1996.

邓从豪（山东大学邓从豪提供）

的名人。如北宋时代著名的政治家、文学家王安石，明代著名戏曲家、文学家汤显祖等。生长在这种有着深厚文化底蕴的环境之中，自然就有重视文化、知书明理的良好传统。邓天裕这位普通农民，深知不识字、无文化之苦，他要让孩子有出息，就决心节衣缩食，供孩子上学读书。长子取名泷泉，既有让孩子不断成长、进步如水涨船高之意，也希望孩子学业有成，为家庭摆脱贫穷，开发财源。于是，他让9岁的大儿子到县城临川第一小学读书。学校里教算术的徐老师是毕业于清华大学的高才生，因为战乱滞留乡村小学任教。他发现邓泷泉聪明好学，思维敏捷，便对他说："你念书的方法很像我，我给你改个名字吧。"于是，徐老师便取自己名字中的一个"豪"字，将"泷泉"改为"从豪"，"从"字是师从徐老师之意，"豪"指才智出众，也蕴含见贤思齐、青出于蓝。正由于老师的精心培育和自己的刻苦好学，邓从豪在小学阶段就是一名品学兼优的学生，同时在算术老师的影响下，他从小就格外喜欢数学。

1935年，邓从豪小学毕业后，以全校第一名考入江西省名校——南昌第一中学初中部。在校时，他发愤读书，各门功课尤其数理化等科都取得好成绩，成为学校的尖子生。除学好功课外，邓从豪十分爱好课外阅读，中外科学家的传记无不涉猎，对科学家的发明创造和过人天赋无比崇敬。他说自己"特别敬仰牛顿和居里夫人，钦佩他们造福人类的丰功伟绩，希望同他们一样在科学的海滩上拾取贝壳",并为此写下了"奋发向上""做一个有益于人类的人",作为勉励自己的座右铭,要向科学先驱们看齐,将来做一个像他们那样智慧过人、造诣高超,并对国家、对人类做出杰出贡献的人。

1938年,邓从豪因初中成绩优异,被免试保送到南昌一中高中部。南昌一中是一所具有优良的教育传统、教学名师荟萃的中学。近现代中国科学界一些名人,如中央研究院院士胡先骕、吴有训,中国科学院院士盛彤笙、黄家驷等,都在这所学校工作过。邓从豪进入高中后,受优良学风影响和名师教育,更加发愤读书,立志报国。一位与邓从豪同届的南昌一中台湾校友,在回忆当时在校读书的情景时说:"有一位叫邓从豪的校友很会念书,名字广为人知。"[1]

少年时代(山东大学邓从豪提供)

漫漫大学路

1941年7月,邓从豪完成高中学业,准备报考大学。上大学,首先是大学和志愿的选择。当时,中国正处于抗日战争的艰难岁月,战事频繁,交通破败。平津早已沦陷,北京大学、清华大学和南开大学等一流名校已内迁云南昆明,组建西南联合大学,浙江大学则内迁贵州。按照邓从豪的学业成绩和人生抱

---

① 蔡政亭,冯大诚,刘成卜. 20世纪中国知名科学家学术成就概览(化学卷 邓从豪)[M]. 北京:科学出版社,2011.

负，考上名校是不成问题的。但是因为战乱、交通阻隔，加之家庭经济拮据，唯一可选择的是在江西省内或邻省福建的大学。受中学化学老师邹时琪的影响和鼓励，邓从豪毅然报考了战时内迁山城长汀的厦门大学化学系和南昌中正大学化工系。最终选择了厦门大学化学系，长途跋涉到长汀参加升学考试。

因为家境贫困，而搭长途汽车要付高额费用，为了节省盘缠，邓从豪于"赤日炎炎似火烧"的夏天，徒步由临川出发。八百里的崎岖山路，一路风餐露宿、日晒雨淋，夜宿时还遭受蚊虫叮咬，整整走了7天，终于赶到了长汀赴考。由于劳累过度，邓从豪到长汀时终于病倒了。但他还是坚持参加了考试。最终在1 000多名考生中，邓从豪名列第40名，被厦门大学化学系录取。虽然他同时收到了南昌中正大学的录取通知书，但经过权衡，还是选择了厦门大学。

当年考上厦门大学理工学院的江西籍学生共20名，其中同邓从豪一起来自江西临川的学生有3名。化学系录取的学生仅7名，邓从豪是其中唯一的江西籍学生。在《国立厦门大学学生姓名录（三十年度上学期）》中[1]，邓从豪学籍编号为"901"，与他同系同级的同学还有：现已94岁高龄的厦大化学系教授周绍民，曾任香港立法局议员、香港机场管理局主席、荣获特区政府授予"大紫荆勋章"的黄保欣等。

收到录取通知书，令邓从豪全家人欣喜之至，但是怎样为他筹集路费和学费，却让父母亲忧愁烦恼。自从邓从豪上中学，家里人就经常为了筹集学费而东借西凑或典当物什。这次为了儿子上大学，父亲邓天裕毅然把全家人赖以生存的田地典出，自己及家人以佃农身份租佃土地耕种，以微薄的收入养家糊口。对此，邓从豪心中万分感动，发誓将来学业有成、自谋生计之时，要报答父母养育之恩，照顾好弟妹。在父亲的全力支持下，邓从豪终于如愿以偿，按时于

青年时代（山东大学邓从豪提供）

---

[1] 国立厦门大学学生姓名录，厦门大学档案馆.

当年秋季进入被誉为"南方之强"的国立厦门大学学习。

当时，厦门大学由厦门内迁到闽西山城已经4年多，时任校长的物理学家萨本栋博士，在烽火连天的抗日战争时期，面对山区长汀物质匮乏的情况，硬是带领师生员工，战胜千难万险，苦心经营，办好学校。萨校长在任之时，一直把提高教学质量放在第一位。虽然学校改国立后，政府核拨经费不多，但为了抓好教学，萨校长仍然竭力延聘优秀教师，充实师资队伍。至1940年度，在校的教授、副教授达到40名，且都是在学科专业上有所成就的名师，如理工学院院长化学家蔡镏生和教务长傅鹰，化学系主任刘椽以及张怀朴、方锡畴、王兆和等。这一年，学校规模也得到扩大，已由私立时期的三院九系扩展为文、理工、法、商4个学院，中文、历史、数理、化学、生物、土木工程、机电以及法律、经济等13个系。

在邓从豪入学的当年（1941年）和前一年（1940年）8月，国民政府教育部举行了全国大专以上学生学业竞赛，厦门大学在全国高校中连续两年获得第一名。学校声誉日隆，也吸引了众多学子慕名投考厦门大学。这对刚入学的邓从豪来说，无疑是一个极大的鼓舞和鞭策。优秀的教师、优良的学风、淳朴的闽西民风，为邓从豪发愤努力、见贤思齐、立志成才提供了优良环境和力量源泉。许多名师的为人处世和治学精神也对他产生了深刻的影响。

时任学校教务长兼化学系教授的傅鹰，讲授"普通化学"基础课和"胶体化学"选修课，他的治学精神和为师之道，给了邓从豪深刻影响和教益。邓回忆起当时在校学习情况时说："傅鹰先生的言行指导了我一生的志趣。1941年秋，我进入厦门大学化学系学习。那时他是化学系教授和厦大教务长。除校长萨本栋外，傅先生是最受学生尊敬的老师，我的心目中都以他的言行为自己行动的指导。他说学好物理化学需要学好数学和物理作基础。因此，除了主修化学系课程外，我还选修了数理系的几乎全部课程[①]。"

傅鹰上课时带着讲稿，但讲课时却从不看稿，只偶尔看一下标题。他也从不讲与课程无关的话，只偶尔讲一两句幽默的比喻。他编写的《普通化学》讲义，内容非常丰富。在"原子结构"一章中，他写了许多原子结构的知识和公式，对每个公式他都指出，可由量子力学推导得出。这让邓从豪感受到

---

① 邓从豪，中国科学院院士自述 [M]. 上海：上海教育出版社，1996.

量子力学的神奇和奥妙，并由此萌生了学习量子力学理论并应用于化学研究的想法。除课堂教学外，傅鹰对科学研究的执着和勤奋精神，也深深地感动了每一位青年学生。每当晚上自习课结束后，在回宿舍的路上，看到傅鹰和他夫人还在灯火通明的实验室工作的情景，邓从豪感到了心灵的震撼。他说："每天晚上他都同夫人张锦教授在研究室工作到深夜，这使我懂得，即使学术地位和水平高如傅先生，也还需要勤奋进行科学研究。进行科学研究是科学工作者的职责和爱好。"

榜样的力量是无穷的。受战时厦门大学优良学风的熏陶，和众多名师道德风范的感染，邓从豪一心一意投入学习，不论是上课还是做实验，都极为专注，心无旁骛、努力求索。功夫不负有心人，在校期间，他因为考试成绩优秀（达到学校规定的标准 A 级）而获得过学校最高奖——嘉庚奖学金。与他同班的周绍民在回忆当年同窗共砚的情景时，很钦佩邓从豪的刻苦精神和学习韧劲。在厦大求学的四年中，邓从豪竟未曾回过一次家，寒、暑假也留在学校，埋头于自己的学业。此外，为了有一个健康的身体以应付繁重的学业，他注意锻炼身体，还坚持洗冷水澡，不论酷暑寒冬都不例外。因此他总是精力充沛，极少因伤风感冒而影响学习。这种冷水洗浴的习惯，一直坚持到他毕业以后从事教育工作和科学研究，五十余年未曾改变。

第一份工资赎回田地

1945年夏天，邓从豪完成了大学本科四年的学业，以优异成绩毕业于厦大化学系。毕业时，摆在他面前的第一件事就是找工作，挣钱养家。四年前父亲为他入学筹集路费和学费，把家里的田地典当出去，现在他要替父母分忧，把家里的田地赎回来，这就需要钱。他不敢想出国留学，唯一希望找一份工作，争取经济收入。那一年，集美中学战时内迁南安诗山，高中部正缺数学教师。经人举荐，邓从豪奔赴集美中学，担任高中数学和化学教师。拿到薪酬后，邓从豪首先赎回了父亲典当出去的田地，以后又购入了几亩地，改善了家庭的经济情况。

这一年秋季，后来与邓从豪成为"亦师亦友"关系的张乾二，正好在集美中学高中部复学，就读高一下学期。邓从豪刚当上中学老师时，就与小他8岁的学生张乾二结缘，成为师生关系。邓从豪因为大学时辅修了数理系课程，加上从中学开始就喜欢数学，学问扎实，基础深厚，让他从事教学工作得心应手。在集美中学任教又让他感到特别亲切，因为这所学校与厦门大学都是著名爱国华侨领袖陈嘉庚创办的。

任职期间，邓从豪教学非常认真，对学生循循善诱，深受欢迎。他上课时，善于用通俗易懂的例子来阐述数学概念和推导公式，讲解时侧重推理，逻辑性强，演算清晰精准，很吸引学生的注意力和提高学习兴趣。张乾二对新来的老师特别敬重，上课时专心致志，认真听讲。这很得邓从豪的喜欢和关注。张乾二本来就对数学特别感兴趣，当然也就主动去亲近老师，获取新知。他后来回忆当年上中学时的学习情景时说："数学老师邓从豪讲课有一个好处，就是很理论同时又很抽象，而我又偏偏喜欢比较抽象理论的东西，不喜欢解难题什么的[1]。"

在集美中学任教一年之后，为就近照顾父母，邓从豪回到老家江西，应聘母校南昌一中，担任了一个学期的教学工作。1946年11月，应南昌中正大学教务处长郭庆棻之邀，到该校化学系担任助教。1948年夏天，国民党统治区掀起"反内战、反饥饿、反迫害"的民主运动。南昌中正大学的学生奋起响应，举行罢课和示威游行，遭到国民党江西省政府的镇压，一些学生被抓捕。邓从豪因公开发表抨击国民党政府和支持爱国学生革命行动的言论，结果遭受中正大学当局的解聘。其间，虽经郭庆棻从中斡旋，学校最终收回成命，但邓从豪决意离去。

来到山东大学

1948年，邓从豪准备另谋职业。他联系到大学时的系主任刘椽，刘椽当时正在山东大学任化学系主任，就邀请邓到山东大学任教。1948年正是国共两党、两军决战的关键时刻，到处战火纷飞，兵荒马乱。邓从豪从江西南昌

[1] 张乾二口述访谈，2012-11-26，厦门．

到青岛，汽车倒火车、火车倒轮船，辗转多日才来到青岛。行程途中还有一个收获，买到了刚出版的 Kimball 著的《量子化学》，这是一门刚诞生的学科。到了青岛安顿下来后，邓从豪请人做了个小黑板，挂在办公室里。他在教学之余，就认真阅读这本《量子化学》，在小黑板上反复推导量子力学公式，又演算了许多习题，以加深对量子化学知识的理解。

新中国成立后，党中央、教育部都十分重视青年教师的培养工作。唐敖庆也给了邓从豪特别的帮助。邓从豪回忆说："1952年，我在《化学学报》上读到唐老师的两篇论文'分子内旋转'和'橡胶的弹性'，很感兴趣，就试着给唐老师写信求教，并向他索要两篇论文的油印本，以便详细研读。唐老师很快寄来油印本，还在附信中给予了热情的鼓励，使我内心充满了感激。"[1]1952年和1953年连续两个夏天，教育部邀请唐敖庆、卢嘉锡、徐光宪和吴征铠，先后在青岛与北京举办"物质结构进修班"。邓从豪有幸两次都参加了，有机会向唐敖庆当面请教。1953年11月又到长春吉林大学半年，进修量子化学基础理论。回来后，邓从豪开始了自己的研究课题：化学键的量子理论。经过两三年的潜心钻研，他先后发表了两篇有水平的学术论文：《键函数》和《双原子分子的一个势能函数》。

1955年，邓从豪与姜爱琴女士结婚，组建了小家庭。1956年，他晋升为副教授，并出任山东大学化学系

唐敖庆与他的弟子们，前排左起：邓从豪、唐敖庆、刘若庄、鄢国森；后排左起：江元生、孙家钟、张乾二、戴树珊

（山东大学邓从豪提供）

① 蔡政亭,冯大诚,刘成卜.20世纪中国知名科学家学术成就概览（化学卷 邓从豪）[M].北京:科学出版社,2001.

副主任。1956年10月，邓从豪加入了中国共产党。1958年，山东大学大部分迁到济南，小部分留在青岛，成立山东海洋学院。邓从豪全家随学校迁到济南。之后他接受国家研究 TNT 炸药爆炸因子的科研任务，由于保密原因，这部分工作没有公开发表。60年代初，邓从豪研究"化学键与反应性"的问题。1963年，他开始招收研究生。从1963—1965年，他参加教育部委托唐敖庆在吉林大学举办的"物质结构学术讨论班"，结识了一批志同道合的研究伙伴，在唐敖庆带领下，开始向理论化学研究高峰攀登。

苦练基本功，推出"邓势"函数

邓从豪是我国最早在分子反应动力学领域开展研究的科学家之一。在分子光谱与分子反应动力学研究中，必须使用势函数。而 Morse 函数是最常用的势函数之一：$U(r) = D[1 - e^{-a(r-re)}]^2$，它最大的优点是具有简单的解析表达式，而且在用于求解振动方程时，可得到振动的本征函数。作为双原子分子的势函数，当核间距趋于无穷或趋于平衡态，Morse 函数与光谱数据相符；但核间距趋于零时，Morse 函数不是趋于无穷，而是趋于一个有限值。这种错误的边界条件，限制了光谱计算的精度。上个世纪50年代，邓从豪等经过反复研究，提出了可从薛定谔方程严格求解的势函数（文献中称其为"邓势"）：

$$U(r) = D\left[1 - \frac{b}{e^{ar} - 1}\right]^2$$

其中 $b = e^{are} - 1$ 这个势函数与 Morse 函数一样，只包含两个参数，简单易算，并有以下优点：当 $r \to 0$ 时，势函数与实验结果一致，趋于 ∞；当它代入薛定谔的振动方程时，能严格精确求解，谱项公式与实验结果完全一致。邓从豪也指出了它的不足之处：从光谱常数来推算分子解离能 D_e 及 ωy_e，与实验数据有差距。他意识到函数中应加入一项微扰项校正[a]。

60年代，邓从豪参加唐敖庆主持的"物质结构学术讨论"，研究配位场

① 邓从豪, 樊悦朋. 配位场理论的研究Ⅰ [J]. 山东大学学报, 1957, 1: 162.

理论。他提出连续群——点群的偶合系数，主笔撰写了第一篇论文《配位场理论的研究 I 正八面体场中 d^n 组态的理论分析》[1]，作为研究集体的主要成员，合作发表了配位场理论研究的系列文章。从这时候开始，邓从豪养成了早起推导公式的习惯。一次开会，鄢国森[2] 与邓从豪同住一个房间。早上天蒙蒙亮，鄢国森就看见邓从豪坐在窗前的桌子边。起床后鄢问邓在做什么，邓从豪回答说："这是我的晨练功课。常言说'拳不离手、曲不离口'，戏剧演员早起要吊嗓子、练压腿，钢琴家一天不练琴，自己知道，三天不练琴，观众都听得出来。我们搞科研、做理论研究就要练推公式。每天早起，我就把最近科研课题里的公式推导一遍。早上精神最好的时候，有时能发现公式推导的其他途径。要是最近没有什么课题公式推导，我就推导数学公式。"听到这里，鄢国森就想起在长春时，他和张乾二晚上推导出旋转群分解到点群的偶合系数计算公式，早上拿给邓从豪，邓很快再推导一

推导公式（山东大学邓从豪提供）

遍，觉得不够完美，于是对公式的推导做了修改，使其更加规范化，抄正后送唐敖庆审阅，后来的计算就是用的这个公式。

微观反应动力学研究

"文化大革命"中，邓从豪受到错误的批判，并被下放到济南黄磷厂当工人、到"五七干校"劳动。1971年"林彪事件"后，回到山东大学。1971年，邓从豪出任光学系副系主任，之后升任系主任。1972年，美国总统尼克松访华之后，中美关系"解冻"。1974年，中国派出了第一个科学家代表团访美，这次的任务是考察激光研究。作为山东大学光学系主任的邓从豪，是这

[1] 物质结构学术讨论班.配位势场理论的研究（I）——正八面体场中 d^n 组态的理论分析 [J].吉林大学学报,1964,3: 79.
[2] 鄢国森电话访谈,2015-03-18,成都—厦门.

个代表团成员之一，代表团访问了美国、加拿大。美国在激光和交叉分子束技术方面的研究蓬勃发展，令邓从豪印象深刻，而中国在这方面完全是空白。回国后，邓从豪执笔撰写考察报告，后又应邀到北京、上海等各大城市的

赴美访问麻省理工学院（山东大学邓从豪提供）

高校和研究机构做报告，介绍国外激光研究发展情况。为了尽快赶上国际激光研究的前进步伐，山东省激光学会成立。邓从豪出任理事长，组织一批人马，集中物力、财力，较快出了一批成果。他在《物理学报》上发表的《自发辐射的线宽与原子能级移位》[1] 就是这一时期的工作。

邓从豪预见，分子反应动力学将发展为化学动力学的一个新兴分支学科，相关的理论研究必将会有很大发展。邓从豪潜心研究了5年，分析了 Eyring 绝对反应速率理论的假设基础，指出反应物与过渡态总处于化学平衡的假设是不成立的。他由薛定谔的非定态方程，推导了反应的微观速率常数，并由假定始态分子处于统计平衡，推导了化学反应的宏观速率常数的表达式。该公式表明，化学反应进行的速率不仅依赖于反应活化能大小，还依赖于过渡态到产物态的矩阵元绝对值大小，后者决定反应速率常数。同时，公式中"过渡态到产物态矩阵元"的表达，证明了 Woodward-Hoffmann（伍德沃尔 – 霍夫曼）对称性守恒原理。这些内容，概括成论文《化学反应速率的量子理论》[2] 发表在《中国科学》上。

---

① 邓从豪 . 自发辐射的线宽与原子能级移位 [J]. 物理学报 , 1978, 28: 382.
② 邓从豪 . 化学反应速率的量子理论 [J]. 中国科学 , 1980, 6: 542.

邓从豪之后又对 Eyring 的过渡态理论进行了全面系统的研究，证明了宏观化学动力学的稳态假设在微观化学反应动力学中也能成立，并由此严格推导、证明了 Eyring 过渡态理论公式。邓从豪建立了化学反应宏观速率常数与微观速率常数之间的关系，给出了 Eyring 公式中穿透系数的计算方法。他的这些公式与计算方法，在催化反应机理的研究中得到广泛应用，取得了很好的结果。这些研究结果被选入1982年出版的《近代化学基础研究丛书》(唐敖庆主编)，同时也是中国化学会编写的《中国化学五十年》的内容[①]。

重点攻关量子碰撞理论

1992年，邓从豪承担国家自然科学基金重大项目子课题"分子反应的量子碰撞理论研究"。他在开始研究前，反复查阅前人在这方面的工作，并且一一推导公式，比较各种方法的优劣。态－态分子反应动力学的实验研究，是用交叉分子束和激光技术直接测量单次碰撞条件下产物的信号，即态－态反应截面。从严格意义上来说，理论的验证或预测，需要用量子反应散射理论进行计算。20世纪80年代流行的方法是求解封闭的偶合微分方程。这种方法的步骤是，先在势能面上沿着反应途径和非反应途径，切割出若干微格子，在上面逐步积分，

查阅文献 (山东大学邓从豪提供)

① 蔡政亭,冯大诚,刘成卜. 20世纪中国知名科学家学术成就概览(化学卷 邓从豪)[M].北京:科学出版社,2011.

然后在势能面过渡区域的边界上进行分配。这种方法费时费力，十分繁难，对于多原子反应系统的多自由度问题，几乎是无法完成的任务。

后来，米勒（W. H. Miller）借助原子碰撞物理学上的变分法，提出了计算化学反应几率的 S 矩阵变分法。这方法不用求解封闭的偶合微分方程，而是采用简单的代数方程组。米勒在应用变分法导出 S 矩阵时，必须使用 Green 函数，但是为了保持分母不为零，不得不放弃"左矢是右矢的复共轭"这一数学基本约定，因而削弱了 S 矩阵变分法在理论上的严格性。邓从豪分析了 S 矩阵变分法的优缺点，他看出该方法若能找到一个可替代 Green 函数的基函数，将会更好。邓从豪比较了量子化学计算中常用的原子轨道线性组合为分子轨道函数（LCAO-MO），与描述化学反应过程所需要的散射波函数之间的异同，提出了"排列通道线性组合 - 散射波函数"（LCAC-SW），用以计算反应概率的新方法[①]。

LCAC-SW 方法保持了米勒 S 矩阵变分法的优点，求解的是代数方程组而不是微分方程组，又能自然满足边界条件；而且 LCAC-SW 方法不需要变分过程，因此更为简捷，理论上也更为严格。对于原子 A 与双原子 BC 碰撞，可能发生的反应为：

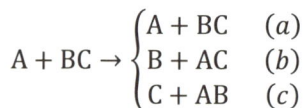

$$A + BC \rightarrow \begin{cases} A + BC & (a) \\ B + AC & (b) \\ C + AB & (c) \end{cases}$$

反应散射体系存在三种可能排列通道 a，b，c。散射体系性质与 LCAO-MO 相似，但二者不同处为：散射体系总能量由输入态给定，而分子轨道能量由极值决定；二者边界条件不同，分子轨道边界值为零，而散射波函数边界为入射波函数，因此 LCAO-MO 与 LCAC-WC 的组合系数是不同的。根据散射波组合系数，可求出反应几率与反应截面，然后再分为一维反应散射和三维反应散射讨论。邓从豪课题组的蔡政亭等已经将这方法应用在 H+H$_2$，I+H$_2$，M+H$_2$（M=Na，K，Cs）等几个三原子反应体系的研究中，并将其推广到离子对生成的两态非绝热反应，取得了满意的计算结果。邓从豪在分子

① 邓从豪, 冯大诚, 蔡政亭. 反应散射的 LCAC-SW 方法 [J]. 中国科学（B 辑），
　 1994, 24(5): 462.

反应动力学研究方面获得多项成果，曾获得1992年"国家教委科技进步二等奖"。1993年邓从豪当选中科院院士，1994年"五一"节荣获"全国先进工作者"称号。

用超球坐标研究多电子体系

从1986年起，邓从豪承担国家自然科学基金重大课题子课题"电子相关理论研究"。电子相关是量子化学计算中必然遇到的问题，在多电子体系也是很困难的问题之一。它的解决，将极大地提高电子能谱、化学反应势能面等问题的计算精度。虽然它引起许多量子化学家的兴趣，但研究一段时间后，它的难度使许多人望而却步。

邓从豪知难而进。他先从"选择波函数的条件"入手，探索电子相关。在用超球坐标表示多电子体系前，先研究用超球坐标表示原子波函数。前人用 Fock 建议的超球径 r 和 $\ln r$ 的正幂多项式表示 He 原子的基态波函数，Whitten 建议用超球径 r 的广义 Laguerre 多项式表示 He 的径坐标函数，但没有具体计算。邓从豪先试探用广义 Laguerre 的完备集合表示 He 的超球径坐标函数，然后推导出超球坐标的动能算符、势能算符和薛定谔方程的表达式。最后用广义角动量算符，推导出超球径向函数的偶合微分方程。接着，邓从豪等又提出一种解偶合微分方程的方法，并对 He 原子基态能量进行了计算，结果良好。该工作发表在《原子分子物理学报》[①] 上。

邓从豪并不满足以上结果，他带领张瑞勤、冯大诚等研究团队，从另一个角度"修正的 Hartree-Fock 方程"来探索电子相关。邓从豪等先推导得到角动量阶梯算符的本征函数和本征值，经过推导得到最简偶合二阶微分方程，因为偶合项仅对超球径 r 有反演性。他们将函数表达为关于 r 和 $\ln r$ 的系列，推导出相关系数精确的关系式，并解久期行列式获得本征能量。然后用超球径偶合微分方程，处理氦原子和氢负离子。结果显示，基态本征值的

---

① 邓从豪，张瑞勤，冯大诚．用超球坐标表示原子的波函数 [J]．原子分子物理学报，1992, 9(2): 2286.

收敛要比上一方法快得多。这一工作发表在《国际量子化学杂志》[①]上。邓从豪还带领刘成卜等尝试从"二阶约化密度矩阵的 N 可约表示"等来研究电子相关[②]。

研究团队应用超球坐标表示氦原子和氢负离子的薛定谔方程，将双电子原子在三维空间中的运动，转化为单电子原子在六维空间受广义库仑力作用的运动。他们得到了六维空间广义角动量算符的本征值和本征函数。然后用这本征函数为基构造超球波函数，得到超球径微分方程。他们以广义 Laguerre 多项式表示超球径波函数，运用密度矩阵和线性变分法得到非正交基下超球径波函数满足的久期方程，最后求得氦原子和氢负离子的能量和波函数，当本征函数足够多，计算值将趋近于精确值[③]。邓从豪还提出减少变分参数以构造相关函数的条件，并引入了一些算子用以构造相关函数。这种方法既保留了化学家熟知的轨道概念，又得到了比 Hartree-Fock 自

指导学生分析计算数据（山东大学邓从豪提供）

① C. H. Deng, R. Q. Zhang, D. C. Feng, Solution of Atomic and Molecular Schrödinger Equation Described by Hyperspherical Coordinates[J]. *Int. J. Quant. Chem.*, 1993, 45: 385.

② C. B. Liu, C. H. Deng. N-Represetability and Method of Linear Variation of Second-Order Reduced Density Marticex[J]. *J. Mol. Sci.*, 1985, 3: 151.
C. B. Liu, C. H. Deng. N-Representability of Reduced Density Matrices with Perimage Wave Function Speicified by Racah Scheme[J]. *J. Mol. Sci.* 1987, 5: 145.

③ 邓从豪，张瑞勤，冯大诚. 超球坐标下原子分子体系的变分计算——氦原子和氢负离子基态 [J]. 高等学校化学学报, 1993, 11(2): 228.

基金课题汇报（山东大学邓从豪提供）

洽场方法更精确的计算结果。

邓从豪在电子相关研究中所经历的艰难曲折，不是一般人能体会到的。每年，国家自然科学基金委召开重大课题汇报会，邓从豪虽然进行了许多探索，经常"闭关求索，废寝忘食"，但一直没得到理想的结果，难以汇报。有些研究同伴就劝邓从豪说，"你可以说，得到一些阶段性的成果"，但邓不愿意这样说。唐敖庆老师也参加年度基金汇报，他特别理解邓从豪。唐敖庆深知，真有难度的课题，即使研究了十年八年，也不一定有成果，所以从不催他。

山东大学的老教师、邓从豪的老邻居都清晰地记得，不论寒冬或是酷暑，在深夜都能看见邓从豪家书房的灯光。他们也知道发生过几次这样的事情：邓从豪在图书馆里查阅资料，由于太过专注，到了下班时间仍浑然不觉，也没有听到管理人员的询问声，以至被反锁在图书馆里，直到家人来找，然后再找图书馆管理人员来开门。有时，邓从豪为了寻求清净的学习环境，他请管理人员将自己反锁在资料室内。新年春节他也孜孜不倦地工作，从不休息[1]。

经过十几年的艰苦探索，邓从豪终于获得了最后成果：用超球坐标表示多电子体系的薛定谔方程，将体系的波函数向超球谐函数和广义 Lagueree 函数两个完备集合展开，实现了多电子体系薛定谔方程的直接

授丁肇中山大名誉教授称号（山东大学邓从豪提供）

求解，使本征函数和本征值都分别有了严格的解析表达式。研究团队对 He，H_2^+，Li 等几个实际体系进行了数值计算，都获得了满意的结果。这一成果在学术界获得了很高评价："开创了严格求解多体体系的新途径，为深入分析与电子相关的化学、物理等问题，提供了可能性。"此项成果1997年获"国家教委科技进步一等奖"，1998年获"国家自然科学奖"三等奖。

要做海瑞那样的清官

除了繁重的教学、科研之外，邓从豪还长期在不同工作岗位上担任领导职务。他1956年加入中国共产党，同年开始担任山东大学化学系副主任，后任系主任；1971年出任光学系副主任，后任系主任；1980年出任山东大学副校长，1984年出任校长，担任校系领导职务长达40余年。邓从豪生活朴素，作风踏实，具有执着的事业心和奉献精神；他对自己要求严格，团结同志，关心下级；他思路开阔，能很好地理解与执行党的教育方针与各项政策。

担任校长期间，他重视学风、校风建设。邓从豪提出了"勤奋学习、刻

---

① 蔡政亭，冯大诚，刘成卜. 20世纪中国知名科学家学术成就概览（化学卷 邓从豪）[M]. 北京：科学出版社，2011.

苦钻研、实事求是、锐意创新"十六字办学方针。他始终把科学研究放在突出位置，强调："大学不是中学，大学老师不能定位于单纯的'教书匠'，必须教学与科研并重，以科研带教学。"他以身作则，创建了理论化学研究

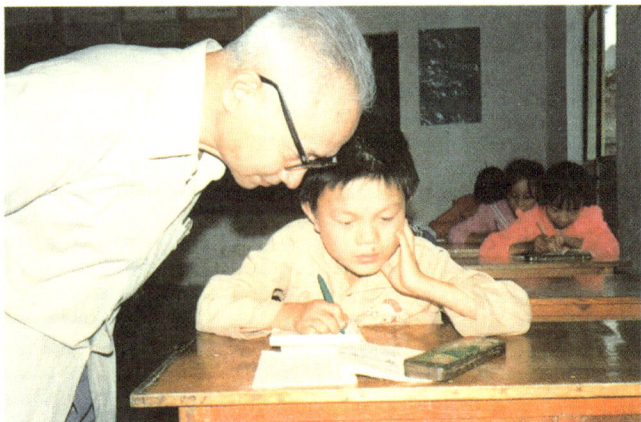

关心贫苦地区儿童（山东大学邓从豪提供）

室并任主任，先后主持了国家"七五""八五"自然科学基金重大课题子课题，科研成果先后多次获"国家自然科学奖"。以他为学术带头人的物理化学专业，是我国首批博士点专业，后又成为"211工程"重点建设学科。化学系毕业生中已经涌现5位中国科学院或工程院院士，他们都曾受教于邓从豪，并不同程度受到他学术思想影响。例如：20世纪60年代钱逸泰教授在山东大学读书时，是大讲阶级斗争的年代。钱逸泰爱对时事发表看法，又爱出头露面，有时难免说错话，就被辅导员抓了典型。那个时代一点错误就上纲上线，提高到路线的高度来认识，化学系想开批判会整钱逸泰。邓从豪时任副系主任，得知情况后，亲自找钱谈话，了解情况。他发现这个学生有独立思考的习惯，在科研上执着追求，将来会有成就。邓从豪就出面把钱逸泰保了下来。钱逸泰没有辜负邓从豪的期望，他在结构化学、晶体合成等方面做出了成果，现已是中科院院士[①]。

邓从豪担任校长期间，重视国际学术交流。1980年，他作为山东大学代表团成员，先后访问了英国剑桥大学（University of Cambridge）、美国匹兹堡大学（University of Pittsburgh）、华盛顿大学（University of Washington）、亚利桑那州立大学（Anizona State University）、印第安纳州立大学（Indiana State University）及其分校普顿大学、纽约市立学院（The City College of New

---

① 张乾二口述访谈,2015-03-09,厦门.

York）等7所高校，并与部分高校建立了校际交流与合作关系。1985年，他率山东大学代表团访问日本，并建立了校际交流；1986年率团访问澳大利亚阿德雷德（The University of Adelaide）大学，正式签订两校学术交流协议。邓从豪多次参加国际量子化学学术会议、中日双边理论化学交流会。1988年，他应邀赴美国、加拿大6所大学讲学。还应邀到香港、台湾等地区高校、研究院讲学[①]。邓从豪先后10余次邀请国际著名学者来山东大学讲学，促进了山东大学的教学科研与国际尽快接轨，并为山东大学理论化学研究保持国际前沿水平发挥了十分重要的作用。他邀请来讲学的学者，不唯名气，却重水平。例如1992年，时任美国纽约大学助理教授的张增辉尚未成名，但邓从豪注意到他在 S 矩阵变分法方面的出色研究，不仅撰文在《化学物理学报》上介绍，还邀请他来山东大学讲学。后来获得"美国总统奖"的张增辉回忆当年的情况："邓先生是我尊敬的长辈，他成就非凡、享誉中外。我比邓先生小40多岁，但他平等待我，还邀我去他家促膝长谈。"

邓从豪长期担任领导职务，他兢兢业业为党的教育事业工作，不结党营私，与同事的交往坚持"君子之交淡如水"的原则。他也从不利用他的领导地位，为自己和科研团队多分额外的科研资金或基金资助。邓从豪曾与他的同学、也是学生的张乾二议论

温馨家庭（山东大学邓从豪提供）

---

① 《邓从豪科学论文选集》编委会编，邓从豪科学论文选集（邓从豪年谱）[C]. 济南：山东大学出版社，1999.

过海瑞。"文革"前夕，全国大批"海瑞罢官"。但邓从豪就以自己的接触、经历，坚信有清官存在。他自己就力争做一个清官。邓从豪一身正气，两袖清风，他把科研资金完全用到了科学研究上。无论是培养学术带头人，还是选拔院系党政负责人，他坚持"能者上、庸者下"的原则，并甘为人梯，积极为青年人成才创造条件，保证各项事业不断向前发展。邓从豪对家人要求很严格，他当校长多年，不允许家人到学校食堂吃饭、打菜，生怕食堂多给，产生不好影响。

1979年，邓从豪接任化学系主任，在全系教职工大会上，他讲了在厦门大学求学时的一件事：1944年冬季的一天，几位教授在校门口聊天晒太阳，看到几只羔羊围住一只母羊"咩咩"地叫，瑟瑟地抖。一位教授十分感慨地说："这只母羊是位不称职的母亲，不能为子女觅食以果腹，避风以挡寒，这些羔羊真不幸也。"站在旁边的傅鹰接过话茬说："那些不学无术的教授是误人子弟，在他名下的学生无异于眼前的羔羊，真不幸也。"讲完这则故事，邓从豪话锋一转说："听说一些家长不愿意送子女到化学系来上学，值得我们深思。大学 university 而非中学 school，要搞科学研究、提高学术水平，不能把自己定位于单纯的教书匠，我愿意与大家共勉。"

邓从豪立场坚定、旗帜鲜明，勇于坚持原则，决不随风倒。因此他命运多舛、历尽磨难：1959年的"反右倾、拔白旗"运动中，他曾被扣上"走白专道路"的帽子，受到错误的批判并被剥夺了化学系副主任职务；在"文革"动乱中，他又被扣上了"反动学术权威"的帽子，下放到"五七干校"，身心备受摧残。但是他始终对未来充满信心，在极其困难的情形下进行科学研究，顶着压力为青年教师开设系统的基础理论课程。当加在他头上的不实之词被推倒后，他神态平静，心胸宽阔，既不怨天尤人，也不搞打击报复[1]。

邓从豪是一位平易近人、和蔼可亲的长者。他生活简朴，严谨自律，平等待人，从不以校长或学术界名人自居。无论对下级还是学术界晚辈，总是宽厚仁慈，不因下级顶撞或错误意见而心存芥蒂，并尽自己所能帮助和照顾有困难的同志。80年代初，学生小武因家庭贫穷，无法赴北京参加留美学生

---

① 《邓从豪科学论文选集》编委会编，邓从豪科学论文选集（事业长青、风范永存）[M]. 济南：山东大学出版社，1999.

选拔考试。邓从豪得知此事后，将50元钱托带队老师奚正楷转交小武，叫小武千万不要错过这个机会，并嘱咐奚正楷不要声张。直到邓从豪逝世一周年纪念会上，时任济南大学校长的奚正楷才说出此事。邓从豪长期刻苦钻研、超负荷付出，积劳成疾，患上肝癌绝症。在病重住院期间，邓从豪仍在病榻上推演公式，试图用超球坐标直接解出分子的本征值问题。

邓从豪于1998年1月17日逝世。听到他逝世的消息，许多同事、学生伤心流泪，依依惋惜。鄢国森从千里之外飞赴济南，代表"物质结构学术讨论班"诸学弟，为敬爱的学长邓从豪送别。一位离休干部说出了大家的心里话："邓校长是一位真正的共产党人。"故人已乘黄鹤去，英名长随青史留。

第十三章 / 执着探索群链奥秘

——记吉林大学孙家钟教授（1929.12—2013.02）

燕京大学时期 ①

1948年，孙家钟离开天津来到燕京大学。这所司徒雷登当第一任校长的大学，它位于北京西郊，校园是司徒校长请美国建筑师设计的，将美国的建筑技术与中国的建筑装饰相结合，成为当时中国最美的大学校园。未名湖与博雅塔是它的标志建筑，男生宿舍就在未名湖以北。孙家钟进校后不久，北京就和平解放了。

燕京大学化学系主任原是蔡镏生，抗战胜利后负责理学院的恢复工作。

---

① 张玮瑛，王百强，钱辛波．燕京大学史稿 [M]．北京：人民中国出版社，2000．
陈远．燕京大学 [M]．杭州：浙江人民出版社，2013．

蔡镏生擅长物理化学教学与科研，吹制专用玻璃仪器在各大学中闻名。这时刚去美国学术交流，后辗转多处才返回中国大陆。化学系外籍教师有威尔㫬（S. D. Wilson，有机化学）、窦唯廉（W. H. Adolph，生物化学）等，但不久后返美。同时有一些留学生回国，张滂（有机化学）从

燕园未名湖博雅塔（厦门大学化学系提供）

英国剑桥学成归来，孙令衍（化工原理）、顾振军（工业化学）、杨绯（无机化学）、朱起鹤（物理化学）先后从美国回来，到化学系任教。系里教师还有于世胄（工业化学，代系主任）、佟明达、伊葆芳、师树简、李玲颖等，可谓师资力量雄厚。学校教学基本采用英文教材。

化学系有一栋三层的化学楼，内有百人大教室，也有几十人小教室，有基础课的大实验室，也有教师、研究生用的小实验室。还有图书阅览室，世界化学期刊、工具书，一应俱全。孙家钟在燕京学习一段时间后，就立下志愿，以后要考研究生，一辈子研究化学。

化学系办学坚持"四个并重"。（1）教学与科研并重。即使在解放战争期间，教学工作始终坚持不懈，同时不忘开展科学研究。系里招本科生、也招研究生。（2）必修课与选修课并重。学校规定化学系学生要修满140学分才能毕业，其中必修与选修学分之比为3∶1。必修课有全校统一的"国文"和"英语"，理科生必修的"微积分""微分方程""普通物理和实验""普通化学和实验"，化学系必修的"定性、定量分析化学和实验""有机化学和实验""物理化学和实验"等。选修课可选人文科学，也可选理科"光谱学""电磁学""近代物理"等，化学系的选修课有"化学热力学""高等无机""有机分析""生物化学""工业化学""化工原理"等。可选内容相当丰富。孙家钟在燕京大学打下了扎实的数理、化学基础。（3）在科研方面，理论与实际并重。从化学研究部记载的研究方向和研究生论文题目看，大多数课题与陶瓷、制革、

营养、食品有关，也有应用基础性的理论研究，如溶液中的吸附作用、盐类的还原电位测定和光谱分析等。（4）化学系关注国际动向与中国实际并重。系里有外籍教师，许多毕业生出国留学、教师出国进修，图书馆内世界期刊可及时了解国际上化学新动向。由此可见燕京大学确实是精英教育。

燕京大学内社团活动很多，师生关系融洽。蔡镏生与一些外籍教师住在燕南园，孙家钟高年级时经常去蔡老家请教物理化学问题。1952年，孙家钟大学毕业，正值高等院校调整，他是燕京最后一届毕业生。以后燕京大学化学系并入北京大学，北京大学迁到燕园内。

到东北人民大学

孙家钟毕业后分配到鞍山钢铁公司。不久，蔡镏生带领一批人到长春，组建东北人民大学化学系。建系初期，人才特别缺乏，蔡镏生想到刚毕业的孙家钟，就把他调来东北人大化学系，又分配他跟着唐敖庆当助教。孙家钟从此走上了理论化学的道路。

东北人民大学的前身是1946年建立的东北行政学院，1950年改名为东北人民大学；1952年全国院校调整后，成为东北第一所文理综合大学；1958年改名为吉林大学，1960年成为全国重点大学。孙家钟来到东北人民大学化学系，就跟着唐敖庆做"物质结构"课程的助教，两年后唐敖庆就培养他上讲台、讲大课。一方面是唐敖庆精心培养，一方面是孙家钟基础较好又勤奋刻苦，孙家钟讲"物质结构"获得师生好评，称他获得了唐老师的"真传"。

在与唐敖庆接触过程中，孙家钟发现老师物理化学、统计力学、量子化学等许多学科的知识都十分渊博，他要向唐敖庆看齐。因此除了备课、上课外，孙家钟夜以继日地攻读学术专著。大部头的经典专著啃了一部又一部，人明显消瘦了，布满血丝的两眼也深深陷了进去。唐敖庆见了，肯定了他的刻苦精神，却郑重地对他说："对待读书有两种态度：一种人是躺在书上读书，作者怎么说，他就怎么听，完全听凭作者牵着鼻子走；另一种人是'站在'书上读，经常同作者进行争论，作者讲得对就听，讲得不够清楚就想办法替作者讲清楚。前一种人即使读一辈子书，充其量也不过是当'书架子'；

后一种人不仅汲取了前人的成果，还看到了一片片未被开垦的荒原，从而去开拓，去耕耘。"孙家钟听后觉得，老师对读书的理解太深刻了，自己不就是老师讲的前一种人吗？ 从此，孙家钟在看书时，有意识锻炼自己独立思考的能力。他果然发现，即使最享盛名的科学家的著作，也是瑕瑜并存的，也总有一些留待后人探求、加以完善的地方，也就是我们科研要突破的地方[1]。

孙家钟渴望读更多的书，用以充实自己的头脑。他询问唐敖庆应该读什么书，唐敖庆对孙家钟的学习热情并未表示赞同，而是提醒他说："学无止境，打基础是一辈子的事。你现在最要紧的是马上开展科研工作。教学与科研是互相促进的，只教学不搞科研，就会失掉动力与方向；只搞科研不搞教学，就没有根基，也就做不出来高水平的工作。你现在这样年轻，应该尽早开展科研工作，得到锻炼，把这两者结合起来。从课题出发，去书中寻找方向，才会有更大的收获！"孙家钟不住地点头，他对老师在自己治学道路的关键时刻给出中肯的指教，表示由衷的感谢。唐敖庆已经想好了一个课题，"这是我最近想做的一项科研课题，你拿去练兵吧！"唐敖庆把一个讨论有机分子同系物链长的科研课题交给孙家钟，并与他讨论了研究的方法。 孙家钟是第一次开展科研工作，由于这项题目有了老师提供的"模式"，研究工作进展得很顺利。孙家钟查阅了相关文献，对比了不同的有机物基团，然后把同系列化合物的键长与它们的键能、振动力常数等分析、比较，总结出特点与规律。当他把第一篇学术论文《分子的平均链长》送给唐敖庆审阅时，得到了肯定。他心中充满了成功的喜悦，虽说是在导师的扶持下迈出的第一步，但毕竟是成功了。

孙家钟对群论比较感兴趣，尤其是李群、李代数，就开展了这方面的学习和研究。他将研究结果写了一篇论文，寄给《物理学报》。该论文经物理学权威黄昆审阅后，编辑部决定刊发。恰好唐敖庆赴京碰到黄昆，知道了这件事。他看了孙家钟的论文，觉得还不满意。就对黄昆说，"我把这论文带回去修改后，再寄来。"孙家钟不理解老师为什么要这样做。唐敖庆严肃地对他说："我们做科研，一定要精益求精，理论公式推导后，一定要用实例来验证。我们中国人，要做出中国人的水平！"孙家钟听从了老师的教导，补充了论

---

[1]　张玉来. 科学大树植根于祖国大地 [N]. 人民日报（海外版），1996-01-02.

文中缺少的实例计算，使论文更有说服力。从此，他每篇论文都反复推敲，力争达到尽可能完善，才拿出去发表。当他回忆几十年的教学科研历程时，总是首先想起他在科学道路上的领路人唐敖庆。他说："我从唐老师那里'捡到'一个研究生学位。"

在唐老师指导下搞科研（吉林大学理化所提供）

研究生物大分子

20世纪60年代初，孙家钟被吉林大学选为重点培养的青年教师，1963年晋升为副教授。他参加了唐敖庆主办的"物质结构学术讨论班"，在配位场理论研究中着重研究群链。1966年夏，"文化大革命"刚开始，孙家钟还随唐敖庆去北京，参加"国际暑期物理讨论会"。回来后正在整理这些科研成果时，红卫兵就来抄家了。以后情况急转直下，孙家钟成为革命对象。1969年年底，"清队、整党"后，吉大革委会通知孙家钟下放，带户口、工作关系到边远农村，插队落户、劳动改造。孙家钟从小在城市长大，到贫困农村与农民同吃同住同劳动，对他来说，确实是一个很大的挑战。

70年代初，唐敖庆在吉林大学组织量子化学队伍，对固氮酶活性中心等生物分子开展研究。唐敖庆趁此机会向革委会申请，将孙家钟、江元生调回吉林大学。孙家钟在农村的炕头上，读到老师的来信，不禁热泪盈眶。第二天一早就去公社办户口、工作关系，马上赶回长春。孙家钟见到唐敖庆，就立即要求参加科研。唐敖庆考虑到孙家钟以前研究过范德华力，就安排他研究生物分子间相互作用。

　　孙家钟与生物、物理等方面人员组成研究团队，先对国际上固氮生物化学研究现状做了调研，将一些重要信息翻译成中文，给研究课题的人员做参考[①]。孙家钟等研究生物大分子间的长程作用，主要讨论电磁多极场中的双中心变换。他们认为分子间的长程作用，可用分子间电磁场的分布来描述。因此首先将电磁多极场分为标量多极场、横向磁多极场、横向电多极场和轴向场几类，找出它们的正交基函数及经 Fourier 变换后的形式。分子间相互作用能，用四阶微扰处理后，Feynman 链接图有三种形式，分别对应 2 种、4 种和 2 种链接图；用二阶微扰处理后，只对应一种 Feynman 链接图，可描述为 2 个光子发射被吸收；用三阶微扰处理后，Feynman 链接图有 2 种。微扰能可分为三部分，包括散射作用、诱导作用和瞬时作用。孙家钟等主要对四阶微扰处理得到的散射作用能，进行深入研究。他们先研究了电多极矩的散射作用，又研究了磁多极矩的散射作用，再进一步研究了电与磁多极矩之间的散射作用。这些工作发表在 1976 年的《中国科学》上[②]。以往分子间相互作用，大多是从化学键或生物角度研究，少有用量子化学、理论物理等方法研究，论文发表后引起许多学者关注，先后有 100 多位外国学者来索要论文。1978 年，法国科学院院士、著名量子生物学家普曼主编的专著《双原子分子与生物大分子的相互作用》中，在讨论分子间相互作用的延迟效应时，列出了有意

出国访问（吉林大学理化所提供）

①　吉林大学化学系固氮组编译. 化学模拟生物固氮进展 [M]. 北京：科学出版社，1973.

②　C. C. Sun, Z.Su. Long Range Interactions Between Molecules[J]. 中国科学，1976, 19(1): 91.

义的几项科研成果时，其中就有1976年孙家钟的这项成果。

孙家钟在进行多重散射 X α 自 洽场研究中，用 Green 函数双中心展开法，补充了自洽场中缺少的原子

赴德国考察（张乾二提供）

氛重叠作用项，被学术界誉为严格的 X α 理论。在阿姆斯特丹大学冯·狄克姆的专著《嵌入 Cu 的 CuNi 原子簇多重散射》（1980年）中整篇幅引用了孙家钟的 Green 函数双中心展开法。

1978年，孙家钟晋升为教授，1979年随唐敖庆出国考察，1981年成为国内首批博士生导师，1984年出任吉林大学理论化学研究所所长。

李代数与分子壳模型

20世纪60年代，唐敖庆举办"物质结构学术讨论班"，开展了配位场理论方法研究。开始时研究集体是从弱场方案、强场方案出发，讨论配位场的能级分裂。后来找到沟通旋转群与点群的一座桥，即三维旋转群与八面体点群的偶合系数，接着又推导出计算旋转群到点群偶合系数的闭合公式，并进行了大量计算，获得了大量偶合系数。孙家钟以前就在研究李群、李代数，他觉得在旋转群之上还有李群，能否用李代数来连接李群与旋转群呢？受研究同伴启发，处理分子问题与处理原子问题可用同样的基函数，孙家钟找到了连接李群与旋转群的梯子，建立了从李群到旋转群再到点群的群链。在配位

237

场讨论中，一开始就用分子轨道为基函数，这样就反映了分子中的化学键，使讨论具有更广泛的意义。研究集体的工作获得了1978年科学大会大奖，以后又获得1982年"国家自然科学奖"一等奖。

讨论配位场理论（吉林大学理化所提供）

在荣誉面前，孙家钟并不满足，他觉得用李代数只讨论了络合物的配位场，实际上可以讨论更多的分子模型。80年代初，他查阅文献，发现 F. A. Matsen 用李代数系统地讨论量子化学（1978年）[1]，B. G. Wybourne 研究组也在用李代数研究配位场（1973年）[2]。孙家钟想到，六七十年代讨论的配位场，只考虑无自旋情况的中心离子，但实际中对于过渡金属，特别是稀土元素，经常有半整数的自旋情况，所以还要进一步研究。

他先试探用点群对称性表征李对易关系式。首先定义生成算符、反对称算符，作用在具有点群对称性的分子轨道。然后讨论混合组态，假设分子壳层是全充满，总电子数为 2λ，孙家钟推出了可寻找到点群 G 的下列群链[c]：$U(2^{2\lambda}) \supset SO(4\lambda+1) \supset SO(4\lambda) \supset \cdots \supset G$，为了寻找子群 $SO(4\lambda)$，孙家钟尝试定义双值张量算符，得到对应的约化矩阵，还可得到 G 群的 V 系数、W 系数。这时，计算机的使用也进入了中国的理论化学界。孙家钟邀请赵景愚，将计算 V 系数与 W 系数的公式，用 Fortran IV 编写成计算机程序[d]。将三维旋

① F. A. Matsen.The Unitary Group and the Many-Body Problem[J]. *Adv. Quant. Chem.*, 1978, 2: 223.

② B. G. Wybourne. Lie Algebras in Quantun Chemistry: Symmetrized Orbitals[J]. *Int. J. Quant. Chem.*, 1973, 7: 1117.

③ A. C. Tang, C. C. Sun, B. F. Li. Lie Algebra and Molecular Shell Model（Ⅰ）[J]. *Int. J. Quant. Chem.*, 1980, 14: 521.

④ 唐敖庆，孙家钟，李学奎等. 配位场理论方法补编 [M]. 北京：科学出版社，1988.

转群 SO(3) 到点群 O 的 V 系数（$j=1/2\sim25/2$），全部计算出来，并整理成《配位场理论方法补编》一书，在科学出版社出版。

孙家钟的研究集体将这方面的研究工作应用到实际体系：首先提出适用于铁族原子络合物的新的中间场计算方案；然后对中国丰产的稀土离子晶体成功地进行了能谱的理论分析[1]；还对过渡金属络合物进行了理论计算[2]，结果与实验数据符合较好。1985年，法国著名配位场理论专家开布勒，评论近年国际配位场理论研究，在五个方面取得了重要成就，其中三个方面列举了唐敖庆、孙家钟等人在80年代的研究成果，并将其誉为"中国学派"。

约化密度矩阵中的双粒子函数

唐敖庆很重视密度矩阵研究，1980年暑期在吉林大学举办了"多体理论讨论班"，既介绍近二三十年国内外约化密度矩阵的研究成果，也介绍了吉大理化所他与孙家钟团队这方面的科研成果。

密度矩阵在量子力学中的主要作用是扩展"态"的概念。波函数只能描述"纯态"，可用"态叠加原理"来处理。量子力学中的"混合态"，必须借助密度矩阵和"凸组合"描述。平面上的圆、凸多边形，立体空间的球体、凸多面体是凸集合的例子。可以用两个独立体系为例，说明纯态与混合态的描述。可用 p 阶约化密度矩阵描述全同粒子的"n 粒子体系中 p 体状态"，从密度矩阵通过收缩运算，得到约化密度矩阵（就是对积分算符的核作积分）。

AGP 函数即双粒子函数反对称幂，是理论物理研究超导体基态在 n 粒子空间投影时发现的。固体物理中的粒子 – 空穴对，或超导理论中的"库珀对"，很像量子化学理论中没有定域限制的双粒子函数。成对的费米子可认为是一种特殊的"复合粒子"，许多学者希望发展出类似玻色子的双电子理论，但遇

① A. C. Tang, C. C. Sun. New Frontiers in Rare Earth Science and Applications[J]. 1985, 1:224.

② A. C. Tang, Q. S. Li, C. C. Sun. *The Structural Rule of Mo-Fe-S Cluster Compounds, Proceedings of Nobel Laureate Symposium on Applied Quantum Chemistry*[M]. U. S. A. Reidel D. Publ. Comp,1986, 213.

到很多困难。孙家钟带领博士生曾宗浩不畏艰难，与唐敖庆、李伯符等合作，利用二次量子化算符，开展了双粒子函数的辛群理论研究[①]。

仿照置换群的 Young 图、Young 表和酉群的 Weyl 表，孙家钟等提出了对应辛群链 $S_p(2\lambda) \supset S_p(2\lambda-2) \supset \cdots \supset S_p(2)$，特别引进了辛图与辛表的概念，能表达群链分类基矢量的所有特征[b]。具有 v 个方格的辛表个数，即是 $S_p(2\lambda)$ 不可约表示空间 $<1^v>$ 的维数，不同的辛图数是等价权类的数目。若绝对值相等的正、负数出现在同一辛表中，称该辛表中的成对数字（可用来表达轨道内成对电子），然后建立起按群链分类的基矢量。根据分枝律，辛表 W 可分为三类，分别对应从 $S_p(2\lambda)$ 到 $S_p(2\lambda-2)$ 三种情况。每个基矢量属于群链中每个群的一个确定的不可约表示，并且可表示

讨论约化密度矩阵（吉林大学理化所提供）

为一系列双粒子函数与行列式的反对称积。在双粒子函数中，所有轨道都以固定的配对方式成对出现，而行列式中只有未成对的轨道。

孙家钟还带领曾宗浩研究了密度矩阵的本征函数和本征值，唐敖庆带领郭鸿研究 n 可表示性。在以上工作基础上，孙家钟研究团队对酉不变量开展讨论，包括膨胀和收缩算符的二次量子化，一阶、二阶张量算符的酉不变量，n 阶张量算符的酉不变量等。I. Absar 和 A. J. Coleman 采用约化哈密顿方法处理了一些体系，计算结果能量数值比自洽场方法要高[③]。孙家钟指出，n 粒子体系在不同状态，可能有不同的自然轨道。对于已知波函数 $\varPsi$ 描述的状态，

① 唐敖庆，曾宗浩，孙家钟. 约化密度矩阵引论 [M]. 长春：吉林科学技术出版社，1989.

② Z. H. Zeng, C. C. Sun, A. J. Coleman，in: *Density Matrices and Density Functionals* [M]. R. Erdahl and V. H. Smith , eds. D. Reidel Publishing Comp., Dordrecht, 1987.

③ I. Absar and A. J. Coleman. Reduced Hamiltonian Orbitals. Ⅰ. New Approach to Many-Electron Problem[J]. *Int. J. Quant. Chem.*, 1978, 13: 777.

可求得它的单体矩阵，进而求得自然轨道 $\{\phi_i\}$，并将 Ψ 对自然轨道组成的行列式展开，与其他轨道展开相比，自然轨道可得到最快的收敛性。人们希望在求解 n 个粒子的过程中，同时解出自然轨道。

孙家钟等经过一段时间研究后提出，2 个粒子组成的体系，哈密顿量为：

$$H = h(1) + h(2) + \frac{1}{r_{12}}$$

平均能量可表示为

$$E = 2Tr(hD^1) + \int \frac{1}{r_{12}} D^2(\vec{r}_1, \vec{r}_2; \vec{r}_1, \vec{r}_2) d\vec{r}_1 d\vec{r}_2$$

$$= 2\sum_i |c_i|^2 h_{ii} + \sum_{i,j} c_i c_j^* K_{ij}$$

有两种方法求能量与波函数。一种方法是先对自然轨道作酉变换、系数 $\{c_i\}$ 固定，第二步对 $\{c_i\}$ 作酉变换、自然轨道固定。第二种方法是先在 $\{\phi_i\}$ 正交归一化条件下，得到类似 H-F 方程的微分积分方程组，通过解这组方程完成对自然轨道变分。用拉氏不定乘子法，在下列条件下：

$$\langle \varphi_i | \varphi_j \rangle = \delta_{ij}, \quad \varphi_i \to \varphi_i + \delta\varphi_i, \quad \delta E - \delta \sum_{i,j} \lambda_{ij} \langle \varphi_i | \varphi_j \rangle = 0$$

可得微分方程组：$|c_i|^2 G_i \varphi_i = \varepsilon_i \varphi_i$。不同的自然轨道满足不同的方程组，直接求解不能保证 $\{\phi_i\}$ 的正交性，要采用一些特殊方法[1]。该方法要推广到两个以上粒子仍有困难。

孙家钟的研究深刻地揭示了二阶约化密度矩阵的拓扑空间的几何性质，建立了前人没有得到的双粒子函数多

在中日理论会上报告（吉林大学理化所提供）

① C. C. Sun, X. K. Li, A. C.Tang. Lie Algebra and Unitarity Invariant Decomposition of Hermitian Operators[J]. *Int. J. Quant. Chem.*, 1984, 25: 653.
C. C. Sun, X. K. Li, A. C. Tang. On the Unitarity Invariant Decomposition of Hermitian Operator[J]. *Int. J. Quant. Chem.*, 1984, 25: 1045.

组态自洽场方程，为国际同行所认同。国际密度矩阵学术中心（加拿大皇后大学数学统计系）教授柯尔曼对该项研究给予高度重视。1985年，柯尔曼邀请孙家钟教授在"国际密度矩阵和密度泛函学术讨论会"上作邀请报告，孙家钟是参加会议的唯一化学家。柯尔曼向与会的国际知名学者介绍时，称孙家钟是中国的化学数学家，他向大会作的学术报告得到普遍的好评。

量子化学中的不可约张量法

20世纪80年代，唐敖庆、孙家钟等将配位场理论发展为求解分子多体薛定谔方程的不可约张量方法。孙家钟、李伯符带领研究团队先推导出准自旋 – Racah 群链 [1]，再用分子轨道定义旋轨偶合链 [2]，然后进行群链不可约表示分解。接着孙家钟、李伯符与研究团队，利用 Wigner-Eckart 定理，进行了纯组态基本张量算子矩阵元、混合组态基本张量算子矩阵元的计算，又进行了亲态比的计

与徐光宪、张乾二在海滨（张乾二提供）

---

[1] 孙家钟,孙仁安,李学奎等. 正二十面体群对称性及其相关李代数 [J]. 中国科学（A 辑），1984, 5: 425.

[2] 李伯符,李泽生,李学金等.TbP$_5$O$_{14}$ 能谱的配位场理论分析（Ⅱ）[J]. 中国科学（B 辑),1987,2: 113.

李伯符,龙翔云,孙家钟. 不可约张量方法与分子结构（Ⅰ）——算子代数与 Hamilton 量子的张量分解 [J]. 数学物理学报 ,1987,4: 453.

算[①]，偶合张量算子矩阵元的计算等。

用不可约张量方法处理物理、化学问题，特别是量子化学问题时，要将体系的哈密顿算子与不可约张量算子联系起来。孙家钟定义了基本张量算子是产生算子和消灭算子，他们对哈密顿算子二次量子化，以产生算子与消灭算子的乘积来表述。孙家钟和他的研究团队，将哈密顿算子按准自旋群链不可约张量算子分解，最后得到多电子分子体系的薛定谔方程解。

过渡金属络合物的吸收光谱，在可见光区往往有一个或几个吸收谱带，这谱带与中心离子 d 轨道跃迁有关，称 d-d 跃迁谱带；在近紫外和紫外区，还有一些吸收强度很大的谱带，是由于中心离子电子向配体，或配体电子向中心离子迁移产生，称电荷迁移光谱。孙家钟等先用纯组态准自旋链，计算正八面体过渡金属络合物能谱；然后比较了三种不同群链，它们的不可约基矢之间存在酉变换，两类物理量之间也存在严格变换关系。但从不同方案出发，对一些物理体系进行微扰处理，就得到不同结果。研究团队计算了红宝石能谱、一些八面体络合物的光谱数据，并与实验数据进行了对照，计算结果与实验符合较好。孙家钟等还研究了外磁场下的塞曼效应、超精细结构的不可约张量算子分解及自旋哈密顿算子。

研究团队还将不可约张量方法用于处理稀土络合物[②]，先讨论稀土络合物多电子状态，由于稀土络合物对称性较低，接着讨论低对称场的哈密

与江元生切磋问题（吉林大学理化所提供）

① C. C. Sun, B. F. Li, A. C.Tang. Lie Algebra and Molecular Shell Model (Ⅱ) [J]. *Int. J. Quant. Chem.*, 1981, 15: 305

② C. C. Sun, B. F. Li. *New Frontiers in Earth Science and Application*[M]. 北京：科学出版社，1985.

顿算子矩阵元的计算，再做络合物能谱的配位场分析，并与实验数据对照，符合得相当好[①]。最后讨论 f-f 跃迁，从理论上计算稀土络合物光谱跃迁的强度。孙家钟等将这些成果总结成专著《量子化学中的不可约张量方法》[②]，1990年在吉林大学出版社出版。

孙家钟的科研工作，既师承老师唐敖庆的衣钵，又能独辟蹊径，形成自己的特色，运用高深的数理方法解决化学中的理论问题。无论是一所学校还是一个国家，其科研水平的崛起都是一项复杂而系统的工程，需要全校、全国几代科研工作者的不懈努力。孙家钟始终把握国际学术前沿的新动向，开拓新课题，赶超国际学术先进水平，不断取得一系列卓越的成就。1993年，孙家钟当选中科院院士。

肩负理论化学研究所重任[③]

1986年，唐敖庆出任国家自然科学基金委主任，理论化学研究所所长由孙家钟接任。1989年，在唐敖庆的建议下，孙家钟等理化所成员积极筹备，国家计委批准吉林大学建立理论化学计算国家重点实验室，孙家钟出任实验室主任，唐敖庆担任学术委员会主任。这是我国唯一从事理论化学基础研究的国家重点实验室。第一个十年，在孙家钟等国重室领导的带领下，吉林大学理化所建立起高性能计算机集群，系统配置128个双路计算节点，还配置2台八路和2台四路 SMP 节点，采用高性价比的 FC-SAN 存储，通过6台 IO 节点提供48 T 共享存储空间。主要面向整个理化所提供高性能服务，为吉大理论化学计算国重室提供公共计算平台。国家重点实验室开展了量子化学基础理论、高分子统计理论、原子团簇和纳米结构、反应微观过程、生物化学模拟等多方面的课题研究。实验室于1995年11月通过国家验收，1996年2月经

---

① 李伯符，李延欣，白玉白等.四磷酸钾全芯能谱的晶场分析 [J].高校化学学报，1987, 8: 741.

② 孙家钟，李伯符，李泽生.量子化学中的不可约张量方法 [M].长春：吉林大学出版社，1990.

③ 吉林大学理化所编，纪念唐敖庆 [M].长春：吉林大学出版社，2009.

原国家教委批准正式对外开放，1999年7月通过首次国家评估。通过首次国家评估后，实验室进行了换届，学术委员会由理论化学家17人组成，其中中科院院士8人，中科院院士孙家钟和张乾二任主任和副主任，中科院院士唐敖庆和徐光宪任顾问。

古稀之年讲新课（吉林大学理化所提供）

第二个十年，理化所完成了实验室学术带头人的新老交替，建立了独特的理论化学体系、跻身国际学术前沿，并为中国相关学科的发展提供了理论支撑。实验室确定以下六个研究方向：（1）团簇与纳米体系的结构、化学键和性能；（2）激发态的理论方法与光电子材料设计；（3）化学微观过程及反应控制规律；（4）分子体系的弱相互作用与非常规材料的理论设计；（5）多尺度耗散粒子动力学方法与应用；（6）生物化学模拟和药物设计。

教书育人 大爱铭心 [1]

教书育人作为一项崇高的事业，对于教师的要求非常高，它不仅要求教师具有高超的教学科研水平，而且需要教师具备高尚的人格魅力。所谓大智慧于内，大爱铭于心。这种高尚的人格精神在孙家钟的身上，可以说是体现得淋漓尽致。孙家钟先后讲授过10多门本科生和研究生课程，包括"物质结构"、"化学热力学"、"量子化学"、"群论在化学中的应用"、"李群李代数和多体理论"，以及"原子核导论""催化原理"等。他勤奋刻苦，治学严谨，数十年如一日，一直工作在教学和科研的第一线，古稀之年依然坚持对未知领域的探索。21世纪初，生物化学领域的研究开始成为理化所重点突破的研

① 江福康．中国科学家传记（孙家钟）[M]．北京：科学出版社,1991.

究方向之一。70岁高龄的他，率先开始向这一领域发起进攻。他找到生物化学的英文版专著，厚厚的一本英文著作，从头啃起。每天给自己设定目标，完成阅读任务，遇到不认识的单词，一个一个查字典，字典不能完全解释的，就向留学归来的年轻教师请教。他的那本专著上，红色的小字密密麻麻，都是他做的标注，在书上无法写下的，他就写在一张张小条上，把纸条整整齐齐地贴在书本里。即使是在走路，他嘴里也常常念念有词。他一边学习，一边总结整理，在74岁高龄的时候，给理化所的青年教师和博士研究生开设了"生物化学"课程。

孙家钟晚年（吉林大学理化所提供）

在肩负教学和科研重任的同时，孙家钟成了言传身教、润物无声的楷模。每当青年教师、学生出国进修、学习或参与外事活动，他都要叮咛一番，要求他们保持中华民族气节，要和外国人比学习、比工作，不要比生活。在业务学习、科研工作上对助手、青年教师和研究生要求严格，一丝不苟，注意培养他们分析问题、解决问题的能力。每当研究工作进入关键时刻，他常和助手、研究生在工作室里共同战斗，经常通宵达旦，甚至有时连续工作达36小时，废寝忘食地进行讨论分析，直到搞清楚才肯罢休。他对青年教师、研究生写出的论文稿，在基本概念的准确表达、文字叙述的严密性，以至标点符号等方面都精心推敲，让他们反复修改直到他满意才同意发表。最为突出的是有一名博士生论文的中、英文稿被他退回修改过10多次才算通过。还有一名硕士生在寒假期间，将经过多次修改的论文稿交给老师时，距春节只有5天才离校回家过年，待这位学生在正月初二到校，得知孙家钟在年三十和大年初一对他的论文进行修改并已正式打印待发时，深为感动。

在学术和名利上，孙家钟关心别人比自己更重，克己待人。凡是研究生发表的论文，虽然是他提出的课题，并在关键地方进行指导把关，但自己总

是署名在后，稿费分文不取。有一位研究生毕业后到上海工作，论文发表后寄来的稿费，他又如数寄回。孙家钟在思想、精神上追求高标准，在物质生活上只要求低标准，日常饭菜、普通服装就可以；但对助手、青年教师、研究生的住房、经济困难等情况了如指掌，有时解囊帮助，有时亲自奔波帮忙找有关部门解决困难。对科研项目提成的经费，孙家钟主持分配，自己得到的比应该得到的少得多，总是尽可能地让助手、年轻人多分到一点。所以有研究生说："跟孙老师学习、工作，既是'叫苦连天'，又由衷地敬佩，他对待我们是既十分苛刻，又非常慈祥。"

孙家钟终生未娶，生活比较随意，平时在学校食堂吃饭。有时搞科研到了关键时刻，他经常忘了吃饭，早上随便在办公室煮点玉米糊糊吃。他经常粗茶淡饭，衣着朴素，而对助手、青年教师、研究生的困难却常常解囊相助。他切实履行教书育人的职责，"做让学生满意、人民满意的教师"，是他实现人生理想的不竭动力。他不止一次地这样说："没有党的辛勤培养，没有唐敖庆教授的悉心指导，没有甘为'人梯'的人们创造条件，我将一事无成。"

学生心目中的孙老师①

孙家钟对学生十分关心，他用一位老人的真诚和慈爱，温暖了一代又一代学子。无论学生遇到什么困难，只要孙家钟知道了，一定会全力帮助，不让学生有任何后顾之忧。理化所曾经招收过一位从小患有小儿麻痹症的研究生。一年冬天，他不慎摔倒，导致骨折。孙家钟知道这一情况后，主动向学校申请，从上海请到一位国内一流的骨科专家，为他医治。遇到家庭困难的同学，孙家钟会把自己的钱和物，以各种各样的方式，送到同学手中。家在外地的同学，不能回家过年，孙家钟会邀请他们到自己家中，一起包饺子、守岁，师生共度春节。学生的学术进展、恋爱状况，甚至寝室的住宿条件，他都会关注。2011年4月，孙家钟查出肺癌，重病住院，恰逢博士学位论文答辩即将开始，那一年他带的4名博士生即将毕业。在病中，孙家钟一直担心着

---

① 吉林大学研究生网，2013-01.

学生的答辩准备情况，在答辩前，他不止一次地给学生打电话，询问他们的准备情况，对答辩中可能出现的问题，一再叮嘱。在病床上，孙家钟完成了对学生博士学位答辩的指导。

有位研究生回忆起第一次见到老

孙家钟部分著作（厦门大学化学系提供）

师的情景。那是在2010年3月，理化所硕士研究生复试结束后，参加面试的同学坐在理化所三楼会议室等待复试结果。听见门外一阵脚步声，走进来一位穿着旧军大衣的老人，探着头，对他们说："孩子们，你们不要着急，一切都不是问题。"过了几分钟，这位老人又回来了，说："孩子们，你们一定要放心，不要着急。"过了半个小时之后，这位老人又出现在了会议室的门口，又嘱咐了他们一遍。在感到温暖的同时，他们也感到好奇，这位老人是谁呢？直到复试成绩公布，这群"孩子们"才知道，三次出现在会议室门口、不停叮嘱他们的和蔼老人，就是大名鼎鼎的孙家钟院士。他穿的那件军大衣，已经跟随他好多年了。在校园里遇见同学，他会主动跟同学打招呼，热情地询问"最近怎么样？""科研进行得怎么样？""有没有什么困难？"他办公室的门经常敞开着，方便别人可以随时过来找他。

孙家钟对物质方面的要求很低，很少买新衣服。只有出去开会时，孙家钟才想到做一身新衣服。他的学生小周现在回忆起恩师，脑海里还经常出现孙家钟穿着他经常穿的深蓝涤卡上衣，提着旧包，在北区的校园里穿梭的样子。理化所所在的科技楼304房间，是孙家钟的办公室，但是他却很少在这里办公，而是"霸占"了黄旭日（理化所书记）的办公室，他嫌自己的办公室装潢太好，在里面办公不习惯。直到病重后，才搬回了自己的办公室，吃住都在里面。

　　孙家钟连续十年担任麦氏实验室硕博研究生学位论文答辩委员会主席。麦氏实验室的王策告诉记者，他博学的知识、严谨的知识态度给在场的老师和同学们留下了深刻的印象。每次答辩，他都会提前一个小时到场，往往学生还没来，孙家钟已经先到了。答辩往往会进行一天，麦氏实验室的老师邀请孙家钟共进午餐，他从来都委婉拒绝，吃自己带来的点心。对待年轻学生，孙家钟总是以鼓励为主，即使学生的毕业论文有明显的不足，他也总是给予启发，给学生信心，从来没有过严厉的批评。答辩结束后，孙家钟会微笑着对现场的其他老师说"明年再见"。说到这，王策眼噙泪花："今年的答辩会上，我们再也见不到孙家钟了。"

　　2013年2月24日，孙家钟走完了他人生最后的历程。2月底，长春下暴雪三天，3月1日遍地皆白。虽然飞机停航、高速公路关闭，仍有近千名学生踏雪来送别孙老。

第十四章 / 锐意创新 求真求实

——记南京大学江元生教授（1931.08—2014.01）

高分子凝胶量公式

　　1931年8月，江元生出生于江西宜春，幼年父亲早逝，少年母亲病逝，靠父亲朋友资助读完中学。1948年，江元生考上中山大学数学系的公费生，但入学第一年正是解放广州之年，学校教学秩序不正常，没学到什么知识。第二年因没有生活费，江元生只得在学校校车上卖票，勤工俭学，也没有时间学习。此时，正好武汉大学来招生，江元生考上武大化学系，开始正规的大学学习。1953年，国家需要人才，大学生提前毕业，江元生学习成绩较好，分配到长春东北人民大学读研究生，师从唐敖庆。

　　早在20世纪50年代中期，江元生的研究生论文就是关于高分子缩聚－裂解反应的研究。60年代初，唐敖庆与长春应化所钱保功带领两个单位科研人员开展高分子化学研究。非线性缩聚反应达到某一特定阶段，体系的黏度突然变大，同时产生不溶的凝胶，这就是凝胶化现象。在生产上，如果凝胶出现在反应器内，将给操作带来很大困难。因此，如何在理论上预测凝胶出现的临界条件是很重要的课题。唐敖庆与江元生承担凝胶量公式推导。当时国际上利用高能辐射使高分子交联，生成网状凝胶，改变材料性能。英国学者Charlesby 把凝胶看成无穷大分子，假定关联度很小的条件下，推导出凝胶量公式，用于解释实验现象，但这一工作较粗糙。

唐敖庆从动力学角度用无规支化理论推导此公式。江元生另辟捷径，他经过反复考虑，认为凝胶具有不溶、不熔的特性，应该采用无穷大分子模型。高分子凝胶溶解必先降解，是不可逆过程，不符合热力学平衡。江元生经过反复的数学推导，寻找到用二项分布概率以及分布函数直接求和方法，得到了严格的溶胶凝胶分配公式[a]。无论起始分子是均一分布还是任意分布，或者是 Flory 分布，还是 Schulz 分布，任选一个链段中，a 个结构单元中有1个交联，就有 $a-1$ 个不交联，均可用二项分布形式表示。经过一段推导，可得到各种严格的溶胶交联指标和凝胶交联指标，有些分布还可得到平均分子量；而且该方法应用在交联度很小的情况下，可得到 Charlesby 的近似结果。该方法被称为"迄今为止最简单的一种方法，它可顺利处理许多非常复杂的凝胶化体系"。后来，唐敖庆、汤心颐等又用凝胶化临界反应程度逼近最大反应程度，作为凝胶消失的边界条件，讨论了凝胶化区域。这类工作引起了国际上的关注[②]。

江元生第一次独立开展科研就获得成功，感受到一种全新的享受。

走出阴影 沐浴春风

20世纪60年代，教育部在吉林大学举办"物质结构学术讨论班"，江元生是8名正式成员之一。他是最年轻的，又在吉林大学工作，熟悉情况，

---

① 唐敖庆等 . 高分子反应统计理论 [M]. 北京 : 科学出版社 ,1985.
　唐敖庆 , 江元生 , 王铭钧 . 高分子凝胶理论 [J]. 高分子通讯 ,1963,5: 35.
② 唐敖庆等 . A_a-B_b,C_c 共缩聚型固化理论 [J]. 高校化学学报 ,1980,1: 91.

讨论配位场理论（吉林大学理化所提供）

唐敖庆就让他当副班长，承担许多生活上的杂务，使讨论班工作顺利进行。讨论班在两年时间内，既进行了物质结构理论学习，又对当时国际前沿的配位场理论开展了研究。在旋转群向点群分解中，不可约表示会重复出现，导致偶合系数有选择的任意性，江元生根据基向量的相因子规约等，确定了 V 系数和 W 系数，使之系统化。另外，江元生还解决了旋轨偶合能的计算问题，取得了出色成果。1978年，江元生和孙家钟还承担了专著的补充、整理工作，并对大量计算结果进行核对。1979年专著《配位场理论方法》在科学出版社出版，1982年，该研究集体获得"国家自然科学奖"一等奖。

1966年，正当江元生满怀希望，准备在科研领域大干一番时，"文化大革命"爆发了，学校成了批斗场。1968年工军宣队进校后，"清队"期间，江元生和他夫人梁映秋因"莫须有"的罪名被关入"牛棚"隔离审查，受到百般侮辱，有时甚至惨遭

陪唐敖庆到各地讲学（吉林大学理化所提供）

殴打。1969年年底，中央下达加强战备紧急通知，吉林大学革委会就先后分两批，"动员"500多户他们认为不可靠的教师、干部，到偏僻农村"插队落户"。不管老弱病残，一律"四带"（带户口、粮油关系、工作关系、家属）。江元生一家就这样带户口来到吉林省的边远农村，劳动改造。江元生夫妇都来自南方，又长期生活在城市，到了农村，当然会遇到许多困难。特别是到了冬季，他们家烧炕取暖是一个难题；而且东北的冬季有半年多，储菜要挖菜窖，也是问题。

直到1972年夏，吉林大学接受了国家下达的固氮科学研究的任务，唐敖庆以此为理由，向学校的工军宣队建议，把正在农村进行劳动改造的孙家钟、江元生调回来。江元生在农村接到唐敖庆的亲笔信，得知可以回吉林大学时，激动得热泪盈眶。回到学校后，中断七八年的科研工作得以恢复，江元生非常珍惜这来之不易的分分秒秒。他有一种紧迫感，经常夜以继日，拼命工作。他一方面陪着唐敖庆走遍大江南北，普及理论化学知识，一方面积极思考一些科研工作。

1978年改革开放全面推行，这一年江元生由讲师连升两级，晋升为教授。1981年，他被聘为物理化学专业博士生导师。1983年，江元生以交换学者身份，到美国康奈尔大学进行科研。1984年，江元生获得"国家有突出贡献中青年专家"称号。

分子轨道图形理论

长期以来，在分子轨道理论研究及休克尔矩阵计算中，江元生觉得似乎存在某种更简捷的方法，他想找到这条捷径。首先，他对休克尔矩阵的对称性约化做了一些工作。后来又听到同行说用三角函数求解分子轨道系数，唐敖庆认为，也可以用多项式来表示分子轨道系数。江元生想到，既然分子轨道图形对轨道系数有这样重要的决定作用，干脆用数学图论来处理分子轨道图形，结果一定更好。他用顶点表示原子，边表示键，二色图表示交替烃，非二色图表示非交替烃，邻接矩阵的本征值对应 π 轨道能级，而本征向量对应分子轨道，本征多项式对应久期方程。

经过潜心研究、反复计算，江元生等总结出三条定理，可将轨道图形约化[①]。

定理1（多项式生成）：一个图形为 G 的共轭分子，割断一个键，生成图形 G'，去掉经过断键的所有闭途径，生成图形 G_i（$i=1, 2, \cdots, m$），它们的本征多项式满足

$$P_G(x) = P_{G'}(x) + \sum_{i=1}^{m} b_i P_{G_i}(x),$$

其中 b_i 是闭图径因子，等于各边参数之积的负值。

定理2（轨道系数计算）：本征值 x 的分子轨道系数 $[c_1(x), c_2(x), \cdots, c_n(x)]$，按下列规则计算：

（1）单根：从分子 G 中去掉原子 k，产生图 G'，且 $P_{G'}(x) \neq 0$，则 $c_k = P_{G'}(x)$ 去掉原子 j 到 k 的所有途径，产生图形 $G_i(i=1\sim m)$，则 $c_j(x) = \sum_{i=1}^{m} d_i P_{G_i}(x)$。

（2）二重根：由于 $P_{G'}(x) \equiv 0$，需再去掉 G' 的一原子，生成图 Ⓖ，再应用上式计算 c_1 和 c_j。

定理3（对称性约化）：当分子存在对称面时，本征多项式劈成对称（S）与反对称（A）因子之积 $P_G(x) = P_S(x) \cdot P_A(x)$；当分子中有对称轴时，本征多项式是 n 个因子的乘积 $P_G(x) = \prod_{p=0}^{n-1} R_p(x)$。根据这三个定理，江元生等处理了链状、环状的多烯烃，计算了含杂原子的共轭分子、轮烯、并环烯烃、交替烃等，都获得了理想的结果。

既然分子轨道可用图形表示，那么与分子拓扑性质有密切联系的邻接矩阵的本征值问题，是否也可用图形表示呢？唐敖庆思考这个问题后，与江元生交流，江元生就进一步将图形理论推广到处理本征值问题上[②]。在量子化学

---

① 唐敖庆，江元生. 分子轨道图形理论 [J]. 中国科学,1976, 1: 49.
② 唐敖庆，江元生. 本征值问题的图形理论 [J]. 科学通报,1977, 22: 494.

及其他领域，经常会遇到齐次线性方程组形式的本征值问题，应用图形理论可以很容易将它们化简。唐敖庆还将这一工作在"第一届全国量子化学会议"上报告，引起大会听众的广泛兴趣。1980年，这些成果整理成专著《分子轨道图形理论》，在科学出版社出版[①]。

参加"第二届全国量子化学会议"，左起：江元生、鄢国森、邓从豪、唐敖庆、徐光宪、刘若庄、孙家钟、张乾二（长春，1981）（吉林大学理化所提供）

高分子物理化学家杨玉良与颜德岳先后采用图形方法，分别推导出高聚物黏弹性的解析结果，以及聚合反应动力学中精确的分子量分布公式。江元生有一位博士生毕业后到日本京都大学，在福井谦一（诺贝尔奖获得者）手下做博士后研究，曾运用图形理论的三条定理，推导出一组碳氢化合物分子振动频率变化的图形规则，令福井印象深刻。他特意写信给江元生说："我的研究小组在20世纪60年代也曾注意到这种图形规则，但未能坚持下去。没想到，这一成果被您发现了，真令我佩服。"随后，福井谦一正式邀请江元生赴

---

① 唐敖庆，江元生，鄢国森等. 分子轨道图形理论 [M]. 北京：科学出版社，1980.

日本讲学，并参观他新组建的"基础化学研究所"[1]。

20世纪80年代初，江元生又提出图形收缩方法，即共轭分子图形为 G，分子轨道系数 $a_n(G) = (-1)^n|A|$，$|A|$ 是邻接矩阵，边用 $e(m, n)$ 表示，m，n 分别表示两个顶点的支化度。从图 G 中去一边 $e(m, n)$

唐敖庆（中）与江元生（左）、孙家钟交谈
（吉林大学理化所提供）

，得到图 $R'=G-e(m, n)$，将 $e(m, n)$ 原先所联系 p 对顶点逐对相连，并分别给予相联边权增值。然后将共轭分子分为直链、单环、萘状环、四元环等，分别给出收缩方案。重要的是分子图不变量——本征多项式的计算、约化，它可表达为行列式的展开 $P_G(X) = |XI - A(G)| = X^N + a_1X^{N-1} + \cdots + a_n$，其中 I 代表 N 维单位矩阵。求解本征多项式得到的本征值和本征向量，对应分子轨道中的能级和分子轨道。本征多项式中各次幂的系数也是不变量，具有组合意义。江元生根据这些关系给出了大量的原始结果[2]，受到外国学者的高度评价和广泛引用。他的邻接矩阵行列式的计算方法，被前南斯拉夫学者 Gutman 收入专著。他构造类同谱图的解析方法，一次提供20个以上的实例，大大丰富并扩大了人们的视野，促使国外同行联合起来，设计出计算机程序，从而找全了含16个原子以下的这类同谱分子。江元生同谱分子论文被国外学者评论为"在许多论文中，这是令人眷念的一篇"，"有一天，这些方法可能提供化学新见解的基础"[3]。

1983—1984年，江元生以交换学者的身份来到美国康奈尔大学，在诺贝尔奖获得者 Hoffmann 研究小组合作研究。他们研究的课题是"大分子与固体的化学键理论"。在与 Hoffmann 合作期间，江元生一方面开展原子簇化合

---

[1] 何熙瑾. 20 世纪中国知名科学家学术成就概览（化学卷 江元生）[M]. 北京：科学出版社，2011.

[2] Y. S. Kiang. Problem on Isospectral Molecules[J]. *Scientia Sinica* B, 1984, 27(5): 236.

[3] 何熙瑾. 20 世纪中国知名科学家学术成就概览（化学卷 江元生）[M]. 北京：科学出版社，2011.

物和固体的理论研究，同时也不忘分子轨道图形理论的研究。他用图形方法对有机共轭分子的芳香性进行推理分析，提出5个参数公式代替传统的8个参数公式。国际上 Hess 和 Schaad 在70年代指出，链状共轭烯 π 能量具有键的加和性，碳骨架键可分为5种双键和3种单键。利用已知链状共轭烯的

Hoffmann 到家访问（南京大学江元生提供）

π 能计算值，通过最小二乘法拟合，可得到这些键能量。该方法有8个参量，随着结构增大，复杂性增大。江元生的"五参数方案"，是忽略单双键的界限，根据 C—C 键的支化度分类为5种片段。新方法不仅计算简化，而且意义更加明确。用新参数计算结果与实验完全符合。论文 [1] 观点受到了国际同行的重视，被不断引用和评论，被称为"江－唐－霍夫曼（J-T-H）方案"。1988年，美国学者克莱因（Klein）等在《物理和理论化学研究》杂志上以"J-T-H 近似方案的分析"为题，用9页篇幅专门分析评论他们的论文，指出 J-T-H 方案取得的成就时，赞赏地说："J-T-H 得到了一种具有明显优势的展开，只需要5个参数。"美国学者 Smaltz 将 J-T-H 方案移植到 Hubbard 多电子芳香性模型中，加以推广与应用。

江元生等在分子轨道图形理论的系列成果收集在科学出版社《分子轨道图形理论》[2] 1980年中文版和1986年英文版 Graph Theoretical Molecular Orbitals 两本书中。1987年唐敖庆与江元生因该工作获得"国家自然科学奖"一等奖。

[1] Y. S. Kiang, A. C. Tang, R. Hoffmann. Evaluation of Moments and Their Application in Hückel Molecular Orbital Theory[J]. *Therret. Chim. Acta*, 1984, 66:183.

[2] 唐敖庆，江元生，鄂国森等. 分子轨道图形理论 [M]. 北京 : 科学出版社 , 1980.
A. C. Tang, Y. S. Ki^{a}ng, G. S. Yan, et al. *Graph Theoretical Molecular Orbitals*[M]. Beijing: Science Press, 1986.

学术交流带动科研

1980年，江元生与孙家钟、刘若庄、鄢国森组成量子化学代表团访美，在美国两个月的访问期内，先后访问了加州大学、斯坦福大学、芝加哥大学、俄亥俄州立大学、佛罗里达州立大学、路易斯安那州立大学、加州理工大学、南加州大学等一流大学，参加了国际量子分子研究年会，认识了许多量子化学家，也了解了美国教学、科研现况，收获很大。

1983年，江元生来到美国康奈尔大学，与 Hoffmann 合作研究"大分子与固体的化学键理论"，当时福州大学的黄金陵也在那儿，在原子簇合物和固体研究中，他们合作探讨，通过计算，确定三核钼簇的等腰三角形结构是 Jahn-Teller 畸变，合理解释了三核钼原子簇的反常几何结构。他们的论文被国外同行评价为"三核8电子金属簇的畸变理论研究已经完成"。而美国著名无机化学家 Cotton 以"普遍性结果"，高度评价了江元生等人的工作。

1985年，唐敖庆带领他的弟子们到加拿大参加"第五届国际量子化学讨论会"，唐敖庆任"分子间相互作用和分子动力学"专题会议主席，并做了"硼原子簇与杂硼原子簇多面体的结构规则"的报告。江元生提交的报告是"休克尔矩阵特征多项式的图形估值"。

80年代末，江元生应福井谦一的邀请，来到日本京都，

与福井谦一在一起（南京大学江元生提供）

参观了新建的基础化学研究所，做了系统讲座。他介绍了自己在分子轨道图形理论的研究工作，并与研究所的人员做了交流。

新世纪之初，江元生到厦门参加"海峡两岸理论化学讨论会"，与台湾多所大学的理论化学教师建立联系。之后应台湾"中研院"林圣贤院士之邀，访问台湾，到"中研院"原子分子所讲学，并顺访了台湾大学。

参加加拿大"第五届国际量子化学研讨会"（吉林大学理化所提供）

江元生在国内外学术界享有盛誉，当选为英国皇家化学会会士、国际数学化学研究院院士，受聘担任国际理论有机化学家联合会特别理事。他曾任中国科学院化学部常委会委员等职务，长期担任《物理化学学报》副主编，担任《化学学报》编委、《有机化学》编委。从1978年起，他先后担任中国化学会第二十一、第二十二届理事，第二十三届常务理事。江元生还是山东大学、复旦大学、华东理工大学等校的兼职教授。

二次创业

1991年是江元生当选为院士的一年，也是他与夫人南下创业的一年。这一年他正满60岁。对普通人来说，这是一个退休年龄，而对江元生来说，这是一个新的起点。南京大学化学系的物理化学专业很强，但缺乏理论化学人才，他们引进江元生就为了补上这块短板。

江元生一到南京大学，就开始承担"结构化学"课程，为本科生上大班基础课。他没有用当时流行的北京大学教材，而是自己另起炉灶，写一本新教材。江元生查阅了国内外的教材，发现国外著作注重原理的背景、概念的发展和定性图像的建立，国内教材更重视原理的深度与逻辑推理的广度。二者各有利弊，如何将二者结合起来，是江元生写这本教材的出发点。结构化学最基本的任务之一是认识和阐明分子的成因，包括（1）什么作用力使一些原子结合成分子，（2）形成分子的原子为什么有选择性，（3）原子连接形成分子构型，如何影响物理、化学性质。以上三个问题的答案，构成了化学键理论。

撰写《结构化学》教科书
（南京大学江元生提供）

江元生编著的《结构化学》[①]教材，第一至第四章，即"量子理论""原子""双原子分子""对称性和群论"与一般教材相仿。但后面几章，如"共轭分子"融入了江元生的科研成果"分子轨道图形理论"。在介绍直链共轭烯的休克尔矩阵处理时，就介绍了展开的本征多项式，并由同系物中低级成员多项式，推出高级成员多项式；对于共轭环分子，得先将本征行列式化为三对角阵，多项式中各项对应一个直链共轭烯。在讨论共轭键的加和性时，在介绍前人"八参数方案"后，进一步介绍江元生自己提出的"五参数方案"。"固体"部分则融入了"能带"等内容。

结构化学的内容包含很多种类的分子，在处理各类分子的"个性"与"共性"上，江元生认为"个性"是新章节的先导，"共性"是前后章节的联系，借此提高全书的整体性、减少重复。江元生认为，化学需要理论思维，化学理论的一个功能是训练人的思维。人们通过知识更新和知识积累，提高认识与技能，进入

受邀与夫人梁映秋同访台湾
（南京大学江元生提供）

① 江元生. 结构化学 [M]. 北京：高等教育出版社，1995.

一个更高的层次。江元生由于写作中坚持了高标准，并在教学实践中不断提高，教材经三个寒暑才交付出版。不久，又有英文版问世。上世纪末，台湾也出版了该书的繁体字版。2000年，该书获"教育部科技进步奖"一等奖。

用价键理论处理中等共轭分子

在量子化学早期研究中，使用最多的是价键理论。但随着计算机的普及，分子轨道方法因表达方便而异军突起，成为量子化学计算的主流方法。90年代，江元生将注意力转移到价键理论。由于价键理论使用非正交原子波函数，对于多电子体系，随着电子数的增加，组态空间迅速增大，因此只能考虑小体系。现代价键理论计算出现一个趋势：所有的重叠积分直接考虑，所有的单、双电子积分预先估值。由于固有的计算困难，国内外有关文献极少涉及中等共轭分子（含碳原子20～30个）的精确计算，大量近似理论的计算结果的可靠性难以得到评估。

江元生通过近十年的探索，提出了自己对共轭分子的新算法。江元生在分子轨道图形研究中，长期考虑行列式的约化。对于共轭大分子，n 个 π 电子的久期行列式是个大矩阵。但用 Hückel 近似后，对于基态和低激发态，矩阵是稀疏矩阵。经过相似变换，矩阵可三对角化。这样 $n \times n$ 的矩阵元就简化为 $3n$ 个，对越大的分子，简化程度越高。再加上对称性约化等技术，久期行列式得到很大化简。江元生利用自己的数学优势，带领黎书华等通过对 Slater 行列式进行解析编码：对一个 $N\pi$ 电子的共轭体系，n 维量子数等于一个二项式系数。他们对这些系数进行编码处理。

江元生带领他的团队，寻找了近90个稠环分子，有些是链形，有些是密集形，精确解出了这些中等共轭分子（不超过30个碳原子）的 Hückel 矩阵，得到了它们的基态与激发态的能级及波函数[1]。并将计算结果与光谱数据对照，符合程度相当理想。接下来研究团队采用重整化技术，实现了大共轭分

---

[1] S. H. Li, Y. S. Kiang. Bond Lengths, Reactivities and Aromaticies of Benzenoid Hydrocarbons Based on the Valence Bond Calculations[J]. *J. Am. Chem. Soc.*, 1995, 117: 8401.

子（超过30个碳原子）的计算①。通过这些计算，可验证一些半经验方法计算结果，也可以对有关的实验数据做出合理的解释②。

国际同行将江元生研究团队提供的计算结果作为标准数据，用来检验和评估各种近似计

江元生与研究团队（南京大学江元生提供）

算中的参数和近似计算的结果。江元生团队进行的价键理论工作，被国际文献系统评述为"价键理论的复苏"。该项成果使江元生获得2005年"何梁何利基金科技进步奖"。

创立南京大学理论与计算化学研究所

21世纪，江元生创立了南京大学理论与计算化学研究所，作为南京大学扶植的学科特区，在经费、用房等方面，得到了学校大力支持，也为年轻学者成长提供了一个很好的平台。研究所设立的目标，是建成一个享有国际声誉的、一流的现代化科学研究中心。研究所努力成为一个吸引国内外优秀人才，及培养博士研究生和博士后科研人员的教学研究基地。为了实现这些目标，研究所以一种独特的方式展开科学研究工作，着重与国内外在各自领域

① J. Ma, S. H. Li, Y. S. Kiang. The Effective Valence Bond Model Study on Conjugated Hydrocarbons Containing Four-Membered Ring[J]. *J.Phys.Chem.*, 1996, 100: 15068.

② Y. S. Kiang, S. H. Li. The Valence Bond Calculations and Applications to Medium-Size Hydrocarbons, in Cooper D. L., *Valence Bond Theory*[M]. Amsterdam: Elsevier Science Publishers, 2002.

取得卓越成绩的学者展开广泛的学术交流及合作研究。2001年成立时，研究所聘请了纽约大学的教授张增辉担任所长，江元生担任学术委员会主任。

为了适应新的发展需要，2004年6月，理化所设立两个研究室：理论材料化学研究室和理论计算生物研究室。研究所的科研方向包括一大批理论与计算化学领域的高质量课题，从最基础的理论方法研究到各种算法的应用，再到介观材料与生物化学领域的计算与应用都有涉及。团队里已有5位中青年教授，其中3位是杰出青年基金获得者、1位是长江学者。自2001年研究所创办以来，共招收博士研究生70多人，开展了线性标度的量子化学计算方法、多参考态电子相关方法、无机及有机金属反应机理的理论研究等；分子光谱和反应动力学的理论研究，包括分子的高精度势能面构建、动力学演化理论方法、范德华体系振转光谱、表面动力学以及酶催化机理等领域科学研究。学术交流也十分活跃，林圣贤、杨伟涛、吴云东等十几位国际理论化学家应邀前来讲学、访问。2008年，南大理化所承办了"第八届全国量子化学会议"。

教人求真

在教学中，江元生是一位闻名的严师。现已是南京大学教师的刘春根，10年前师从江元生攻读硕士学位。他写第一篇研究生论文时，已临近过年了。他写完后，留了一份给导师，又寄了一份给某学术刊物编辑部，就回家过年了。江元生在审阅刘春根的论文时，发现了几处错误，尽管这几处差错不会影响论文的质量，可他还是非常生气。他不管是不是春节，一边写信跟杂志社联系，追回原稿，一边写快信要求刘春根立即返校更正错误。从那以后，刘春根和其他的学生再也没犯类似错误。

当然，在生活中，江元生对学生却是无微不至地关怀。刘春根住院动小手术，江元生托人捎去100元钱；黎书华入学不久，患多种疾病，江元生则设法资助他治病。当一个科研项目完成后，江元生总要从奖金中提出一部分用来奖励发表论文的学生，而他自己却从不拿这些奖金，把钱留在组里作为日常经费；当他在《科技日报》《科学时报》等报刊上读到有关科学家先进思想和先进事迹的报道文章时，总要将文章剪贴复印，在组内研究生中传阅或每人发一份。这些事，似春风一样温暖着学生们的心。

江元生曾跟学生约法三章，发表文章时，要实事求是，不能挂老师的名字"拉大旗作虎皮"。学生说："老师要求我们诚实做人，不是自己做的科研，坚决不署自己的名字，凡事量力而行，如果你能力不济，即使不做也不要拉大旗作虎皮。"

江元生为本科生和研究生开设了"量子化学""数学物理方法""物理化学""热力学""高等物化""物质结构""高分子物理化学""统计力学""化学图论"等多门专业课程，培养了25名博士和几十名硕士。虽然早已过古稀之年，江元生依然坚持在教学第一线。他的弟子们都说，江元生是教书育人的典范，可用著名教育家陶行知说过的两句话来概括，这就是"千学万学，学做真人；千教万教，教人求真"。

见贤思齐

江元生最钦佩的伟人有林则徐、孙中山和林肯。这些伟人中，有的是中国民族英雄，有的是国际知名的政治家和学者。他说："孙中山将人分为三类：先知先觉、后知后觉、不知不觉。第一类为天才，人数很少；第二类就是大众，由于是后知后觉，所以要勤奋。"[1] 他觉得自己是第二类，所以特别勤奋。民族英雄林则徐有句名言："海纳百川，有容乃大；壁立千仞，无欲则刚。"这成为江元生为人处世的信条。他是有政治头脑的科学家。他认为，一名真正的科学家必须具备的素质是：高尚的人格、求实的作风和执着的精神。江元生回顾自己一生走过的道路，远非一帆风顺，而是坎坷不平。面对突如其来的挫折和意外的伤害，他要求自己宽容对待，保持平静。江元生鄙视随波逐流、趋炎附势的小人作风，宁可自己的工作条件得不到改善，也不愿为一点眼前利益去迎合世俗。因此，他能保持豁达的胸怀、饱满的精力，在教学与科研上不断取得进展[2]。

---

① 超星学术视频，江元生，2009.
② 梁映秋. 中国科学技术专家传略（化学卷 江元生）[M]. 北京：中国科学技术出版社，2011.

"第八届全国量子化学会议"后，与部分代表游瘦西湖，左起：严以京、张乾二、张增辉、江元生（张乾二提供）

在科研中，江元生觉得分子结构与性能的关系是一个基本问题，理论化学家必须将理论计算与实验现象结合起来，才能阐明这些关系。因此，江元生在教学与科研中，兼顾直观与抽象。他比较擅长直观思维和总结归纳，同时也喜欢抽象推理。在抽象推理中，他看重理解的深度，通过具体实例的论证分析是加深理解的捷径。不论自学还是研究，江元生习惯由简单到复杂，再过渡到一般的循序渐进，而不是从抽象的假定出发，直接推导出一般规律和结论[①]。

理论化学是通过推理与计算，寻找各种化学问题的解决方案和计算数据，并与实验数据相对比，以期达到校对与补充功能。大量化学问题的探索，不仅要求对小分子的理论计算精确可行，而且希望能对大分子和凝聚态体系，也给出精确的计算结果。但现在的计算方法与计算机精度还达不到这个要求，这是国际理论化学界研究的难题与努力的方向。江元生以此作为自己和团队

---

① 何熙瑾 . 20 世纪中国知名科学家学术成就概览（化学卷 江元生）[M]. 北京：科学出版社 , 2011.

的奋斗目标。

江元生对自己要求严格，即使到耄耋之年，每天至少工作八小时，不休节假日。长期高强度的工作，损害了他的健康。2005年、2006年，江元生大病了两场。突如其来的病魔并没有击倒他，凭着顽强的毅力，他战胜了疾病，重新回到工作岗位。每天，江元生仍然准时出现在南京大学化学楼二楼办公室，继续在理论化学领域不懈地耕耘。2013年，疾病再次袭来，2014年1月10日，江元生不幸辞世，享年82岁。国家领导人向南京大学发来唁电，几十位院士、同行来参加送别会。他的学生们也从祖国各地赶来为老师送别，他们是那样地伤心、那样地不舍。江元生身后倍享哀荣。

第十五章 / 亦庄亦谐皆学问

——记北京师范大学刘若庄教授（1925.05— ）

献身北师大教学、科研

刘若庄毕业于辅仁大学，在北大读研后，曾回辅仁化学系兼课。1952年院校调整，辅仁大学并入北京师范大学，刘若庄也调到北京师范大学。从此，他的一生就与北师大的化学结合在了一起。2009年北京师范大学庆祝建校100周年时，刘若庄回忆说："我在辅仁大学读的本科，在北大读的研究生。研究生毕

刘若庄（北京师范大学刘若庄提供）

业后，就留在北大工作。辅仁大学被人民政府接管以后，就由北大的一位教授邢其毅兼任辅仁大学化学系主任。那时急需教主干课程的教师，因为原来这些课主要是由外国人教的。邢教授就找到我，说'你是校友，现在急需教师，你得帮忙，回来教课吧'。所以我研究生毕业一年后，就由北大调到辅仁大学教课了。后来就一直留在师大当老师。"

"化学系1958年以前一直在定阜大街辅仁大学旧址。那时将现在的校址称为新校，将辅仁大学旧址称北校，将和平门外老师大的校址称南校。院系调整时，师大和辅仁大学两个学校合并，化学系教师并到一起，也就十来个人，学生几百人，条件很有限。院系调整合并了辅仁大学和师大化学学科的力量，对北师大化学学科是一次加强。"①

在北京师范大学，刘若庄先后开设了"物理化学"、"物质结构"、"化学热力学"和"化学动力学"等本科生和研究生课程。到北师大后，他更注重教学法，使学生不仅仅掌握知识，而是掌握获取知识的方法，为国家培养出一批批大学、中学的教学人才。在教学的同时，刘若庄与他人合作，翻译了俄文版的《高压下的化学平衡和反应速度》《化学热力学例题和习题》，以及德文版的《化学数学》。这些译著，成了当时热门的教学参考书。

20世纪50年代中期，刘若庄开始独立科学研究，他早期进行"水分子间氢键键能"的研究，利用量子化学方法研究氢键，并考虑电子云之间的多级距作用，研究氢键的静电相互作用，比当时国际上流行的点电荷模型更好，受到国内同行的关注，被收入《十年来中国科学（化学卷）》。他在唐敖庆指导下进行的"六共价键轨道"研究，及唐敖庆其他化学键理论的系列研究，获得"科学院自然科学奖"三等奖。由于工作成绩显著，1956年刘若庄晋升为副教授②。

1963年，刘若庄来到吉林大学，参加教育部委托唐敖庆举办的"物质结构学术讨论班"。作为正式学员之一，刘若庄再一次受教于唐敖庆。该讨论班不仅进行了量子化学高深理论的学习，更重要的是带领学员开展配位场理论研究。教学相长、师生共研的浓郁学术气氛，为攀高峰团结一致、不畏艰险

---

① 北京师范大学网站，庆祝建校 100 周年，2009.
② 唐敖庆，刘若庄．六价键函数 [J]．中国化学会志，1951, 18: 53.

的团队奋斗精神，以及配位场理论研究的丰硕成果在中国化学教育科研史上，留下了华彩的一章。这个讨论班获得的优异成果在1982年荣获"国家自然科学奖"一等奖，研讨班的学员也成为中国理论化学研究的骨干力量。

率先踏入计算化学领域 ①

1979年，刘若庄晋升为北师大化学系教授，1981年成为国务院批准的首批博士生导师，1984年加入中国共产党。改革开放的春风使刘若庄焕发着科学"青春"，他全身心投入科研与教学工作中。1978年，刘若庄组建了教育部批准的北京师范大学量子化学研究室。由于当时国际上计算机发展很快，结合量子化学应用，产生了理论化学新的分支——计算化学。刘若庄为自己选择了这个国内还不大熟悉的新方向。计算化学以大量数值运算来探讨化学系统的性质，而对于未知体系或不易观察的化学体系，计算化学还扮演预测化学性质与化学反应方向的角色。当时国外计算机已有相当的规模与计算速度，计算化学已从理论走向实践，而国内因计算机缺乏，主要侧重于理论研究。刘若庄独具慧眼，认定这是量子化学的发展方向，带领北师大研究团队，迈出披荆斩棘的第一步。

刘若庄回忆当时的情景说："我记得当年指导第一拨研究生的时候，全校只有一台计算机，师生上机要排队。当时的第二机械工业部研究所有计算机，那时研究生为了上机做计算，不得不骑车去二机部或其他学校，全城跑去租用计算机。机时分配在白天还可以，有时机时分配在半夜，学生就得半夜上机。学生很辛苦，宝贵的时间也被耽误在路上了。现在的设备就比较齐全了，这和国家、学校的投资以及教师的努力是分不开的。"

化学中反应机理的理论是基于 Eyring 的过渡态理论，而过渡态理论的核心——过渡态的几何构型和能量以及反应势垒，在实验上很难测试到。刘若庄敏锐地意识到，计算机将会在反应机理研究中大显身手。经过几年的准备，刘若庄和他的团队熟悉了研究反应机理的解析梯度算法，掌握了过渡态几何

---

① 方维海，于建国.20世纪中国知名科学家学术成就概览(化学卷 刘若庄)[M].北京：科学出版社，2011.

构型优化方法，并移植了日本福井（Fukui）提出的计算反应途径的内禀反应坐标（IRC）程序。他们就开始对反应过渡态开展研究。

对于参与反应的分子之间的相互作用，使用Morokuma的能量分解方案，讨论反应过程中分子间作用的本质，刘若庄等明确提出取代基团在反应中的作用，并不是改变反应物的电荷分布，而是改变反应物间的相互作用的新概念。刘若

科学的春天来了（北京师范大学刘若庄提供）

庄等发现，不同的进攻试剂和取代基主要通过改变过渡态或中间体的构型，从而影响反应机理的重要事实，加深了人们对化学反应的认识[①]。对有机化学的许多反应，如烯烃加成、自由基反应、异构化反应、光化学反应和自旋禁阻反应等，刘若庄等结合多体微扰理论、多组态相互作用等电子相关能的校正方法，深入细致讨论了系列有机化学反应机理。研究中，因反应中重原子的存在，研究团队完成了赝势能量分解方法和赝势能量梯度法，使含有重原子体系的反应机理研究得以实现。刘若庄等利用自主开发的含赝势能量梯度法的计算机程序，计算卤素与乙烯的加成反应，获得了与实验一致的结果[②]。

刘若庄和他的团队先后于1984年、1987年两次举办全国范围的"量子化学计算方法短训班"。当时，国际上运用Gaussian 80程序，进行从头计算，在理论化学界已经较普及。而国内各重点高校，到80年代中期才购置了一批日产 M340计算机，建立了各校的计算中心。30年前的计算机与现在不能同

---

① 刘若庄,于建国. 介绍一种与有机官能团对应的理论模型——基团轨道相互作用理论 [J]. 有机化学,1982, 6: 460.

② 揭草仙,刘若庄. 氟化氢与乙烯加成反应的ab initio分子轨道研究 [J]. 化学学报,1982, 40: 1094.

日而语，M340机仅有32 G内存，带三四十个服务终端，计算速度可想而知，但这在当时还是稀罕物。刘若庄带领的北师大量子化学研究室，率先将Gaussian 80移植到M340机上。短训班上，

1983年，与唐敖庆、孙家钟等在吉林市（北京师范大学刘若庄提供）

一般是早上由刘若庄等讲课，介绍计算原理或程序结构，下午安排学员上机。于建国等手把手教学员 G80 的输入格式、结果分析等。此后，北京化工大学、山东大学、四川大学、厦门大学、东北师大、华东师大等学校的量子化学从头计算工作才全面开展起来。

寻找反应过渡态

1986年，刘若庄带领他的团队，将优化过渡态和寻找反应途径的程序，移植到半经验分子轨道计算程序 MINDO/3 上面，使它能用于含原子较多的化学反应体系。团队用多组态自洽场（MCSCF）方法研究反应途径，并从理论上预测了实验上很难观察到的异构体，如 HON、$C(OH)_2^+$ 和 $HCOO^+$，其中 $HCOO^+$ 已为实验所证实。1994年，刘若庄与方维海首先将只能用于双原子体系的程序扩展到多原子体系，然后对异氰酸的热分解反应进行深入研究。异氰酸因其在含氮燃料化学中的作用，受到学界关注。前人从实验观察到异氰酸在700° C 发生热分解，反应10 min 完成，最终产物为 CO_2、CO、

N_2、HCH 和 H_2。有人进行动力学分析，指出异氰酸发生自旋禁阻反应：$HNCO(X^1A') \rightarrow CO(X^1\Sigma^+) + NH(X^3\Sigma^-)$，有人测出该反应活化势垒约355.30 kJ/mol。刘若庄与方维海对异氰酸的脱羰自旋禁阻反应进行理论研究，这一自旋禁阻反应得以进行的原因是，在不同自旋态的势能面交点附近，态的混合使体系从一个态向另一个态转化[①]。

在对反应机理"静态"研究基础上，刘若庄带领他的团队，又将注意力拓展到动态，深入反应途径的动态研究上。"八五"期间，刘若庄负责主持国家自然科学基金重大项目子课题"分子反应势能剖面及动态学理论研究"。该课题将化学反应的微观机理的探讨深入到沿反应途径动态学问题研究。90年代以来，刘若庄的研究团队对一系列重要自由基和小分子基元反应进行了系统的直接动态学计算。刘若庄等证实了仅利用反应途径势能面，就能得到与实验相比较的速率常数及某些反应动态学信息；揭示了振动选态反应中，振动自由度激发是促进反应进行的重要手段，这种振动自由度与反应坐标强烈偶合，而且在过渡态前振动频率应有所降低[②]。研究团队从计算证实了只要与反应坐标强烈偶合，即使不是断裂或生成键的振动激发，也可以促进反应的推测；提供了能够促进反应发生的可能振动模式，

向唐敖庆请教（北京师范大学刘若庄提供）

① 方维海, 刘若庄. 异氰酸 (HNCO) 自旋禁阻脱羰反应中的旋 – 轨偶合作用 [J]. 中国科学（B 辑），1994, 24: 793.
② 于浩, 刘若庄, 李宗和等 . $C_2H_2^- + H_2 \rightarrow C_2H_3^- + H$ 反应振动选态速率常数的理论研究 [J]. 高等学校化学学报 ,1995,16(3): 444.

和进行振动选态反应的动态学计算数据。1989年刘若庄带领他的团队，在"化学反应途径及动态学"方面的研究，获"国家自然科学奖"三等奖。

光化反应研究

20世纪80年代后期，刘若庄开展有机导体和半导体的理论与应用研究，他在从头算基础上提出定量微扰晶体轨道新方法，并用于研究导电高分子材料的结构和性能。接着，他又将晶体轨道法扩展到含过渡金属原子的线性高聚物，推导出了新的矩阵元公式，并使它程序化，用以研究过渡金属夹心高聚物。90年代，刘若庄用形变理论研究了准一维晶体电荷迁移中电子与声子的相互作用，推导出电声子偶合常数的表示式，从而得到计算一维导体发生 Peierls 相变时的温度 T_P 的公式，证明该相变主要来自电－声相互作用，而电子－电子相互作用是次要的[1]。

与此同时，刘若庄在内坐标形式的核动能算符建立的方法中又进行了探索性工作，提出并运用相对简单的角动量方法推导了四粒子体系在分子坐标系中的核动能算符，并将该方法推广用于多原子分子体系，同时通过引进参数使得核动能算符能够用于不同类型的分子坐标系和适宜于研究不同的振转问题[2]。1999年，刘若庄当选为中国科学院院士。

上世纪末，年过七旬的刘若庄又与助手一起，开始进行光化反应研究，想要在这一领域为自己和团队打开一个突破口。光化反应、势能面交错，在理论化学研究上，一直是一块难啃的硬骨头，在团队同心协力、刻苦奋战下，用了不到三年的时间，在方法上获得了突破。在光化学研究领域，刘若庄与研究团队将反应途径方法创造性地用于研究激发态反应的全过程；对有争议的反应如亚硝酸甲酯的光解，支持了与量子效率实验一致的首先是光解而不

---

[1]　H. Q. Zhang, Y. H. Huang, R. Z. Liu, Deformation Potential Approach to the Estimation of Peierls Phase Transition Temperature[J]. *Phys. Status. Solidi* B, 1993, 178: 151.

[2]　陈光巨, 刘若庄. 推导内坐标形式的精确转振动能符的一种新方法 [J]. 中国科学（B 辑）, 1997, 27: 379.

是内消除的反应机理；分析了 CISP 不易被实验观察到的原因并推测了它在光化学反应中存在的可能性；解析了烯丙醇光异构化通过双自由基中间体生成丙烯醇再异构化为丙醛的反应机理等[1]。这种方法用于预测实验结果出奇的好，引起了国内外同行的极大关注。刘若庄等也由此获得2002年"教育部科技进步奖"一等奖。

讲课引经据典，循循善诱

刘若庄平时给人的印象是体弱多病，但在上课时俨然换了一个人。他总是以饱满的精神走上讲台，声音洪亮，板书刚劲，给人强烈震撼。刘若庄讲课，注重诱导和启发。例如在备课薛定谔方程时，刘若庄详细查阅、深入领会了薛定谔发表过的4篇演讲稿。在讲述薛定谔方程得来线索的过程中，让学生体会薛定谔当年的研究背景与思想方法，进而理解当时量子力学创立的大背景，及其对物理和其他学科产生的深远影响。刘若庄讲课条理分明，思路清晰，富有启发性，引人入胜。对于新开的课程，他广泛收集国内外参考资料，找出难点，引导学生循序渐进理解的途径。在几十年的教学生涯中，他的"常教常新、常教常精"的风格，已经影响了几代学生。

刘若庄主讲过"物理化学""量子化学""物质结构""化学热力学""化

刘若庄讲课时
（北京师范大学刘若庄提供）

---

[1] 刘新厚，杨丹娅，于建国等．烯烃光敏氧化反应机理 I．富电子烯烃与单线态氧 1,2-加成反应机理的量子化学研究 [J]．中国科学（B辑），1987,10: 821.
W. H. Fang, R. Z. Liu, Photo-Dissociation of Acrylic Acid in the Gas Phase: An ab Initio Study[J]. *J. Am. Chem. Soc.*, 2000, 122: 10886.

学动力学""群论""量子化学进展"等本科生和研究生课程。特别是对于"量子化学"这门课，刘若庄感觉到，自60年代以来，量子化学在化学各分支学科及有关领域中应用日趋广泛，它不仅用来分析分子结构及其物理性质，如分子的电子光谱、磁共振等，而且渗透到无机化学、有机化学，如配位场理论在无机化学中的应用，分子轨道理论成为理论有机化学的重要组成部分。至于量子化学在药物设计、材料方面的应用等，更是不胜枚举。而量子化学计算的应用，使量子化学与其他学科的联系更密切了。因此，刘若庄考虑要写一本普及、推广量子化学的教科书。

他知道唐敖庆不久前为长春"量子化学研修班"讲了"量子化学"课，这是培养理论化学骨干人才的，唐敖庆先为这个班开了"量子力学"课，打下扎实的数学、物理基础。因此"量子化学"课不仅介绍分子体系 Hartree-Fock-Roothaan 方程的求解，还介绍用密度矩阵的处理方法等。课讲完不久，这本教材就在科学出版社出版了。刘若庄写的这本书，是为广大应用型人才着想的，因此在编写时尽量不做烦琐的数学推导，而是着重阐述研究模型及其物理意义，然后再加以实际用例说明。

其实，刘若庄早就开始准备了，他根据自己的教学经验与体会，撰写了"量子化学基础"（讲座），1977年在《化学通报》上连载发表。1983年刘若庄进一步将自己多年上课的讲稿，再总结提炼为教材《量子化学基础》[①]，在科学出版社出版，成为初学者很好的教学参考书。全书分为八个部分，第一、二部分介绍必要的量子力学基础和原子结构知识；第三部分介绍用简单分子轨道理论处理 H_2 分子、N_2 分子、乙烯、乙炔等简单分子，书中数学处理从简，着重分析化学键、轨道能级等；第四部分是共轭分子的 Hückel 处理方法，并结合介绍分子的对称性；在这基础上，第五部分介绍分子轨道对称守恒；第六部分是分子轨道自洽场解法，至此，量子化学基本内容已介绍完毕；最后两部分价键法与分子轨道法的比较和配位场理论是提高内容。应用化学人才学了这些内容，就能很好地结合本专业需要，运用量子化学和量子化学计算，因此受到化学工作者的普遍欢迎。

刘若庄在授课中追本溯源，条理分明，富有启发，引人入胜。他注重基

---

① 刘若庄等编 . 量子化学基础 [M]. 北京 : 科学出版社，1983.

础，强调运用，极富特色地在讲课中阐明物理概念，介绍基本原理的来龙去脉，使听课的学生终身受益。他为国家培养了一批批有作为的大、中学教师，许多人成为教授、特级教师，有的还成为各类学校的领导、骨干。

刘若庄除了关心北师大的学生，还关心全国高等师范院校的教学。为了提高高等师范院校的教学水平，1980年，刘若庄联合东北师大赵成大，在长春（东北师大）举办了暑期师资讲习班；1984年又受教育部委托，在北师大举办了"物质结构助教进修班"，为培养高等师范的理论化学人才做出了贡献。

至2010年，刘若庄共培养了约50名硕士和博士研究生。刘若庄认为，搞科研一方面要有自己的想法，需要根据自己分支学科

刘若庄、傅孝愿与研究团队（北京师范大学刘若庄提供）

的发展来确定研究方向；指导学生一定要讲究方法，老师对科学懂得透、理解深，才能教得好；到了一定阶段，就要把学生推出来，让他们独立发展，选择适合自己的研究方向。另一方面，教育学生搞科研不能怕吃苦，做科研要有执着精神，一个人哪怕只做出一点点成绩，都需要艰苦奋斗，没有什么捷径可走。

积极参加国际学术交流

1980年3月，由国际量子化学基金会资助，受研究会主席Löwdin邀请，刘若庄与鄢国森、孙家钟、江元生四人，组成中国量子化学代表团赴美访问。

先到美国西海岸，是劳伦斯实验室的李远哲负责接待，参观了加州大学伯克利分校、斯坦福大学及硅谷。刘若庄的哥哥就在斯坦福任教，他热情款待了代表团。代表团然后飞往犹他州盐湖城，访问犹他大学。每到一个学校，校方会安排代表团做一个讲座。代表团来到佛罗里达州的一个海滨小城，列席了国际量子分子研究会的年会，见到许多量子化学大家。接下来半个月，由Löwdin向代表团四人做讲座，介绍他自己的工作。而后，代表团再飞往洛杉矶，先到加州理工大学，后又到南加州大学。前后历时2个月，5月初回到北京。

1982年6月，应国际量子分子科学研究会邀请，唐敖庆率领中国代表团（刘若庄、张乾二等）到瑞典斯德哥尔摩，参加"第四届国际量子化学会议"。会议在乌普萨拉大学召开，世界著名量子化学家Löwdin为大会主席，唐敖庆做了题为"厄米算符分解的酉不变性与特征算符"[1]的报告，刘若庄提交的报告是"烯烃亲电加成置换效应的理论研究"[2]。

1985年夏天，"第五届国际量子化学学术研讨会"在加拿大蒙特利尔大学召开。该校是加拿大最大的研究型大学，也是世界上用法语授课的最大学校。唐敖庆带领他的弟子们孙家钟、邓从豪、鄢

中国代表团出席瑞典第四届国际量化会议，
前排左起：邓从豪、唐敖庆、刘若庄；
后排左起：张乾二、孙家钟、黎乐民、侯伯宇等
（吉林大学理化所提供）

---

[1] A. C. T ang, H. Guo. Characteristic Operators and Unitarily Invariant Decomposition of Hermitian Operators[J]. *Int. J.Quant. Chem.*, 1983, 23: 217.

[2] R. Z. Liu, J. G. Yu. Theoretical Study of the Effect of Substituents on Electrophilic Addition to Olefins[J]. *Int. J. Quant. Chem.*,1983, 23: 491.

刘若庄与福井谦一、唐敖庆等在日本，
左起：刘若庄、徐光宪、福井谦一、唐敖庆、山边时雄（北京师范大学刘若庄提供）

国森、张乾二、刘若庄、江元生、刘春万等参会，许多人提交了报告。1988年8月，鄢国森受教育部委派，带队去以色列参加"第六届国际量子化学学术研讨会"，参加的有黎乐民、孙家钟、张乾二、刘若庄、邓从豪等，当时中国没有直飞以色列的航班，代表团要经苏黎世转特拉维夫，入关时安检十分严格。会议结束，大家去耶路撒冷老城参观，遇上

福井谦一访华时参加接待（北京师范大学刘若庄提供）

多个持枪巡查者，如历险境，后安全返回。

刘若庄先后受邀在美国6所著名大学做学术报告，在太平洋地区化学会、中日双边理论化学会、中以双边动力学会、全国量子化学会、全国动力学会、物理有机学会等作专题报告。他主持过多次中外学术研讨会，如参与筹备"第一届中日双边理论化学会议"，在日本京都出任"第二届日中理论化学会议"中方主席，会后，刘若庄、傅孝愿访问了东京大学、东京茶水女子大学、埼玉大学等。刘若庄还主持了全国量子生物化学会。这些学术活动促进了国内外的学术交流，受到了与会者的好评。

国际会议墙报展板前，右起：刘若庄、唐敖庆、汤定华
（北京师范大学刘若庄提供）

刘若庄及其团队在计算化学方面成果瞩目，于1984年、1989年两次应邀到"太平洋化学大会"做学术报告，向国际展示了我国理论化学的研究成果与中国学者的风采，使国外学者对十年动乱后中

右起：李前树，唐敖庆，刘若庄、傅孝愿夫妇
（北京师范大学刘若庄提供）

国科学发展的速度刮目相看。日本化学会主办的《化学と工业化学》也曾给予刘若庄及其研究组以高度评价。

注重科普工作

在教学科研之余，刘若庄特别注意在《化学通报》《分子科学学报》等杂志连续刊载《量子化学基础》《量子化学——探索分子世界的奥秘》等文章，以期在更大范围普及量子化学知识。30年国庆时，他在杂志上发表了介绍我国量子化学发展概况等综述文章。这些通俗易懂的文章，不仅普及了科学知识，而且也吸引了学生对量子化学学科的兴趣，并加入这个行列进行科学研究。

刘若庄还在《化学通报》《大自然探索》等杂志上刊登《化学反应势能面理论研究及新发展》《有机化学反应途径的理论现状》等文章，将理论化学的一些新研究方向，用通俗的语言介绍给实验化学工作者，以期达到理论科学与实验科学的结合。此外，刘若庄还在《分子科学学报》《北京师范大学学报》等刊物上，撰文介绍交叉学科，如《量子生物学简介》《非平衡系统学科的发展简况》等文章，并阐述自己的看法，希望推动这些领域的发展。

第十六章 / 享受科研 享受人生

——记云南大学戴树珊教授(1928.11—)

传北大学风 承联大骨气

戴树珊小时候是在江苏省扬中县度过的。那时候正处在抗战时期,江苏沦陷,日本军队在中国土地上横行霸道,到处欺压中国人。戴树珊小学时期没有受过系统的教育,从三年级起就没有学可上了,几年后在私塾老师陈元指导下,学完小学数学和语文,后到无锡读了初中一年级。抗战胜利后,戴树珊来到上海,才完成了中学教育。戴树珊深有体会地说:"中国只有国家富强了,人民才不会被欺负,国家要强大没有强大的工业是不行的,所以自己投入化学领域的研究中。"①

---

① 云南大学研究生网,戴树珊访谈录,2008.

　　新中国成立后，戴树珊来到燕京大学学习（后并入北京大学）。戴树珊回忆说："在三年的北大学习中，对我影响最大的就是北大自由的学风了。那时候我们青年学生特别喜欢辩论，经常七八个人聚在一起讨论问题，一谈就是半天，常常忘记吃饭。通过激烈的讨论，大家的知识得到了升华。直到来到昆明工作后，几个老同学、老朋友还常常到翠湖边上喝茶讨论。北大是全国最高学府，当时教授我们课程的都是全国闻名的教授，不少人成了新中国第一批院士。在课堂上，教授们有时讲解半堂，下半堂就是自由讨论时间，这一良好的习惯我在教授学生们时一直保持着。"

　　20世纪50年代初，国家特别需要人才，大学生都提前毕业。戴树珊1953年就从北大毕业，分配到吉林大学化学系，跟随唐敖庆读研究生。他学完基础课程后，就开始化学键的理论研究，毕业后分配到云南大学化学系工作。戴树珊来到昆明后，常站在会泽院门口看风景，那是一种巨大的享受：左有碧鸡似动，右有金马欲腾，前有翠湖如玉，西山、滇池、城郭、街道，历历在目，雍容大气油然而生。

云南大学

　　昆明是抗战时西南联大内迁的地方，许多人一直在探讨，在那样困难的条件下，为什么能培养出这么多人才？戴树珊的体会是："西南联大是中国教育史上一个特殊的时期，在短短的几年时间所产生的影响可以说是空前的，在这之前没有，在这之后也不会有。我认为其原因有以下两点。第一，时代背景。当时中国面临着亡国灭种的危险，奋发图强是每个青年学生的理想。每个西南联大的学生都十分珍惜这来之不易的宝贵学习时间，刻苦地钻研，这种精神是强大的动力。第二，联大具有强大的师资队伍和良好的学风。当时由于日本的侵略，中国的高教事业遭到严重的破坏，许多高校被迫停办和西迁，许多教授和文化名人纷纷避难来到昆明，可以说当时西南联大聚集了空前壮观的教师队伍，这些教授的到来不仅带来了丰富的知识，也带来了各种自由的学风。这对联大的影响可以说是至为关键的。"

七十年代的科研与教学

20世纪60年代初，戴树珊再到长春，参加唐敖庆的"物质结构学术讨论班"，既系统地学习了量子化学、群论知识，又开展了课题研究，获得了丰硕成果。特别是第二学期以后，研讨班集体攻关配位场理论，戴树珊与邓从豪一起承担第一项任务，改进弱场方案。两人合作，计算弱场方案中的各种系数，先计算旋转群不可约表示在 O 群四角场的分解表，再计算旋转群与 O 群不可约表示的变换系数……

正当戴树珊与其他几人在吉大整理书稿时，"文化大革命"爆发了。戴树珊回忆："'文革'时期学校的正常教学被打破了，学生们不是去学习文化知识，而是每天去搞宣传、运动；教授们不去教书，而是被下放到农村，接受贫下中农再教育，特别是一些资深的教授被打成'反动知识权威'，被拉出去游街"[1]。

讨论班的其他成员都回到原学校，只留下戴树珊，为配位场研究成果做整理工作。特别是该项目已被列为"亚、非、拉、大洋洲暑期物理学术讨论会"的一项大会报告。中央领导有指示："内事服从外事，外事通天。"唐敖庆告诉戴树珊，把研究成果压缩成一篇报告，并用英文写作。为了保证英文质量，当时向"文革"驻校工作组申请，获批将吉大外语系教授王锟暂时调离运动，为报告把关。戴树珊把大会报告整理好了，当时唐敖庆已先去北京，由孙家钟最后定稿并打印出来、带到北京。唐敖庆在"亚非拉暑期大会"上报告大获成功，孙家钟回到长春很高兴，告诉戴树珊这一情况。以后戴树珊仍留在吉林大学参加运动。由于是外人，运动基本不涉及戴树珊。这样直到

---

① 云南大学研究生网，戴树珊访谈录，2008.

1967年年初，"文革"运动看样子一时结束不了，云南大学也来函催促戴回校。唐敖庆就说："你先回去吧。"戴树珊一路经过上海，慢悠悠地回到昆明，已是1967年4月，大规模群众运动的疾风暴雨已过去。云南大学化学系划了9个"牛鬼蛇神"，人们纷纷说戴树珊幸运，若是早回来几个月，一定在"牛鬼蛇神"之列。

戴树珊回忆："身边的朋友、师长不断受到批判，很多被关进了牛棚，进了'五七干校'教育。那时候，我因为去了长春，受到的批判少一些。那时候老是想不通，为什么这些人都成为批判的对象？难道真的有问题？只是可惜了那十年宝贵的时间，被浪费在无休止的运动中去了。如果安心搞研究的话，一定会出更多成果的。"[1]

70年代初，唐敖庆可以搞科研了，他在查阅文献中发现，应及时介绍国外一些新的科研成果到国内。他和刘若庄向戴树珊推荐，翻译 M. J. S. 杜瓦的《有机化学分子轨道理论》。这是一本大师级的著作，作者应用分子轨道理论解释反应活性、光谱、波谱等实验结果，理论计算与实验数据丰富，处理方法新颖。戴树珊边学习边翻译，十分兴奋，就像与大师对话一样。全书500多页，里面图表又甚多，戴树珊邀请刘有德合作，两人同心协力，花了近两年的业余时间，将这本书翻译成中文。能把这些内容介绍给中国读者，戴树珊感到十分欣慰。该书1977年在科学出版社出版，7 000册一销而空，两年后再加印了26 000册。

70年代中期，唐敖庆带领江元生、戴树珊、鄢国森一起进行分子轨道图形理论研究。唐敖庆听张乾二用三角函数表示轨道系数，他觉得也可以用多项式表示，江元生则想用图论来研究轨道系数，戴树珊与鄢国森则是用对称性将行列式约化，真是"八仙过海，各显神通"。戴树珊和大家一起研究了一段时间。到了1978年，国家恢复高考和研究生招收。唐敖庆要大家把成果赶快整理出来，接下去有正常的教学、科研任务了。大家把研究成果整理成《分子轨道图形理论》一书，戴树珊承担第一章的写作任务，其他人承担其他章节，1980年该书在科学出版社出版。之后随着研究进一步深入，英文版增加了部分新内容，得到云南师大教授谢庆郊的英译帮助，1986年才出版。

---

[1] 云南大学研究生会，戴树珊访谈录，2009-03.

1978年，戴树珊晋升为教授，并开始招收研究生。唐敖庆发起，由吉林大学、山东大学、四川大学、厦门大学、云南大学和东北师大6所学校联合培养研究生。戴树珊把研究生送到东北，并承担一门专业课"配位场理论方法"的讲授。戴树珊在云南大学潜心备课，并写好讲义，打印装订成上百册教材，运到长春。在那缺书少资料的年代，"配位场理论"课有讲义，成为学生最高兴的一件事。

1981—1983年，戴树珊作为访问学者来到美国哈佛大学，后又去波士顿学院访问。1984年回国后，戴树珊出任云南大学化学系主任。

研究相对论量子化学

80年代中期，戴树珊与马忠新等合作，进行"相对论量子化学理论与应用研究"[①]。研究含重原子体系的相对论量子化学，80年代得到迅速发展。相对论量子化学的理论基础是Dirac1928年建立的相对论单电子方程：

$$h\psi = \left[c\boldsymbol{\alpha} \cdot \left(P + \frac{e}{c}A\right) + \boldsymbol{\beta}mc^2 - eV\right]\psi = E\psi$$

其中 A 为磁量势，V 为电标势，c 为光速，$\boldsymbol{\alpha}$，$\boldsymbol{\beta}$ 为 Dirac 矩阵。

Swirle 按照 Hartree-Fock 方法，将单电子 Dirac 方程推广到多电子体系，被称为相对论 Hartree-Fock 方法，或 Dirac-Fock 方法（DF）。对多电子原子的 DF 方程，Grant 对其角度部分用 Racah 代数法、径向部分用数值法，做了单组态的解。后来又有人建立了多组态 DF 方法（MCDF）。

大量研究表明，在重原子体系中，用 DF 方法得到的各种性质（轨道能、轨道半径等），与 HF 方法得到的有很大差别，包括相对论收缩，价层 s，p 轨道比非相对论小约20%；自旋–轨道分裂；相对论自洽扩展，s，p 电子收缩，有效屏蔽核电荷，使 d，f 轨道能量升高，半径扩大。

在 Pauli 提出的近似相对论中，哈密顿算符为：

$$H = H_o + H_m + H_d + H_{so} + H\big(O(\alpha^4)\big)$$

---

① 戴树珊, 马忠新. 相对论量子化学进展 [J]. 化学通报, 1988, 9: 1.

其中 H_o 为非相对论哈密顿，H_m 为质量－速率项，H_d 为核、电子静电作用项，H_{so} 为旋轨作用项，$H(O(\alpha^4))$ 为近似高次项小分量。它是近似相对论量子化学计算基础。在 Dirac-Fock 近似水平的全电子分子轨道方法中，Mackrodt 提出 DF 单中心展开法（DF-OCE），适用于只含一个重原子体系的分子，一些学者用此方法研究了镧系、锕系氢化物的电子结构。而在密度泛函研究中引入相对论校正的 Dirac-Slater（DS）方法，有 Rosen，Ellis 发展的 DS-DVM-Xα 和 Yang，Rabii 等发展的 DS-MS-Xα 方法。这些方法被大量用于固体、表面和原子簇等方面，还有相对论的 EHMO 和 CNDO 方法。

还有一种相对论赝势从头算方法，将主要相对论效应纳入赝势中，成为较准确、易使用的从头算方法。在重元素体系中，电子相关非常重要，在这方面，该方法比相对论 Xα 方法更显优越性。在对 U 原子的 DF 研究表明，小分量表示的电子密度在1s轨道占15%，而在价轨道小于0.03%，因此研究价电子结构和成键性能时，小分量可以略去。Lee 等人定义了一种相对论有效势（REP），包括内层电子与价电子间的作用及相对论效应，这样径向方程为：

$$\left[H_V(r) + U_V^{REP}(R)\right]P_V^{PS}(r) = \varepsilon_V P_V^{PS}$$

全国核磁共振会后，老同学昆明聚首，左起：裘祖文、沙昆源、薛志元、戴树珊（戴树珊提供）

其中 H_v 为价电子哈密顿算符，U_v 是包含所有单电子相对论效应的有效势，P_v 是赝轨道的径向函数。REP 方法被用于 Au、Hg、稀有气体等双原子分子的电子结构和光谱研究，非常成功，可与全电子的 DF 方法媲美。缺点是计算仍比较复杂，仅用于双原子分子研究。Ermler 和 Lee 将旋轨作用对 REP 的贡献进行权重平均，得到平均相对论有效势（AREP），还有其他人用别的办法得到平均势。

戴树珊对相对论量子化学研究进行了大量文献调研，比较了各种近似方法 DF-OCE，DS-DVM-Xα，DS-MS-Xα，REP，AREP 等，最后选定用 AREP 方法。戴树珊与马忠新等用此法系统研究了卤化钾 KX（X=Cl, Br, I）[1]。他们还用相对论赝势 ab initio 方法，分别在 SCF 和 CI 水平上研究了 Mo_2 分子多重键体系。研究了钼原子簇碎片 $MoCl_2^{2+}$ 和 $MoCl_4$ 的电子结构及其反应活性。发现 $MoCl_2^{2+}$ 的分子夹角为130° 左右，而不是90°，而且此时的反应活性也比较高。通过分析它的成键性质，认为一般过渡金属二配体化合物的分子夹角为120° 左右。研究了 $MoCl_4$ 配合物的电子结构和成键特征，基态谱项为 $^3A_2$，是一个强共价配键化合物[2]。之后戴树珊等又研究了二卤化汞 HgX_2 的电子结构。对 BX_3NH_3 三卤化硼氨系列配合物（X=H，F，Cl，Br，I），通过赝势从头算，得到了它们的电子结构。分析了该系列配合物的电子结构及成键性质，结果表明在 N 原子和 B 原子之间发生了电荷转移，形成了主要定域在 N 原子上的 σ 配键，配键强度依次增强。与此顺序相反，配合物的稳定性顺序为 BF_3NH_3 > BCl_3NH_3 > $BBr_3NH_3 \approx BI_3NH_3$[3]。这一系列准确、有效的研究，使戴树珊等获1992年"云南省科技进步二等奖"。

戴树珊在接受研究生采访、回答为什么选择理论研究时说："选择了从事学术研究也就选择了清贫，这就要看如何保持平静的心境了，要处理好学术与生活的关系。那时候自己一门心思想着如何报效国家，也就没有心思去想学术之外的东西。特别是我们从事研究的那个阶段，物质生活还没有现在这

① 马忠新，戴树珊. 相对论赝势 ab initio 研究——KX (X=Cl, Br, I) 的电子结构 [J]. 科学通报 ,1988, 17: 1316.
② 戴树珊，马忠新. 相对赝势从头计算的研究——$MoCl_2^{2+}$+$MoCl_4$ 配合物的电子结构 [J]. 化学物理学报 ,1988, 1(5): 339.
③ 李西平，马忠新，戴树珊. BX_3NH_3（X=H, F, Cl, Br, I）的相对论赝势 ab initio 研究 II [J]. 无机化学学报 ,1991, 7(4): 339.

么繁荣，外界也没有那么多诱惑，也就更能静得住心了。现在物欲横流，很多搞学术研究的人都静不下心来，过分追求身份、地位、财富，把精力都分散了，在学术上的成就也就不大了。"

开拓微波化学新领域 [1]

20世纪90年代，我国微波化学开始起步，微波化学是根据电磁理论、介电质物理理论、等离子体物理理论、物质结构理论与化学原理相结合，利用微波技术来研究在微波场作用下物质的物理和化学行为的一门新兴交叉学科。中科院兰州化物所、吉林大学、云南大学等单位起步较早，并取得了有影响的成果。1993年夏季在长春召开了以微波化学为主题的讨论会，1996年在长春召开"第一届全国微波化学会议"，1998年戴树珊团队在昆明承办了"第二届全国微波化学会议"，之后微波化学会议两年一届，至今已办了10届。随着微波技术日益普及，从事微波化学研究的队伍越来越大，所涉及的领域越来越广，一个有群众基础的微波化学研究高潮已经出现。

早在90年代初，戴树珊就发现，微波辐射对促进化学反应有着突出的优越性和明显的

1992年京都相聚（戴树珊提供）

中日理论化学会（戴树珊提供）

---

① 金钦汉，戴树珊，黄卡玛等．微波化学 [M]．北京：科学出版社，1999.

效果：利用微波被许多化合物迅速吸收，产生热量来促进和控制化学行为，可大大加速化学反应的速率，提高反应产率，减少副反应的发生。戴树珊以化学家的敏锐，抓住"外场作用下的化学反应研究"这一交叉学科生长点，组织力量，在国内较早开展"微波等离子体化学"研究。在探索"微波场与物质相互作用规律"[①]"微波诱导气–固相催化反应""微波等离子体制备粉体材料"[②]等方面，取得了一批有影响的成果。

不仅在科研上研究微波化学，戴树珊还把该研究领域拓展到实验教学。经过反复摸索，上世纪末，云南大学化学系把微波辐射合成技术，引入有机化学实验课堂。现在实验课上，乙酰苯胺、正溴丁烷、对氨基苯磺酸、乙酸乙酯、肉桂酸、2 - 甲苯并咪唑等的合成，用微波反应技术来完成，均取得满意效果，实验产率提高了近20%，实验时间缩短了1/3左右。这些微波合成实验已被编入《微型半微型有机化学实验》教材中。这一有益的探索和尝试在全国高校有机化学实验基础课教学中开了先河，引起不少兄弟院校的关注，包括上海、北京等高校，都纷纷来联系借鉴。

相聚在厦门，左起：戴树珊、鄢国森、刘若庄、张乾二
（戴树珊提供）

"第二届微波化学会议"后，以吉林大学金钦汉和云南大学戴树珊为主

---

① 王真，洪品杰，戴树珊.电解质溶液在微波场中升温行为的研究 [J].化学研究与应用,1996, 8(3): 440.

② 邱哗，王真，洪品杰等.微波等离子体诱导聚乙烯表面接枝甲基丙烯酸甲酯 [J].高等学校化学学报,1998, 19(3): 489.

编，集合全国微波化学专家，编写了一本理论与应用并重的专著《微波化学》[1]。其中戴树珊带领的团队承担了第二章、第六章和第十一章的撰写。第二章"微波与物质的相互作用"主要介绍物质对微波的吸收、凝聚态物质在微波场的行为、物质介电性质的测量。第六章"微波无机合成化学"讨论70年代以来，微波技术在超细粉体制备、陶瓷与金属化合物的燃烧合成、化学气相沉积、表面改性等显示特有的优点。文章还具体讨论了微波辐射制备均分散氧化物胶体粒子、超细氧化物粉体的方法。第十一章"微波等离子体合成化学"，先讨论微波等离子体化学气相沉积（CVD）。CVD的反应原理是，反应物分子在高温下获得能量被活化，内部化学键变松弛，促使新键生成。微波等离子体是用微波能电离气体而成，属于低温等离子体范畴，可在很宽的气压范围获得，微波等离子体CVD已在集成电路、光导纤维及特殊功能材料制备方面获得应用。接着介绍了一些合成装置。后面再介绍微波等离子体表面改性。

这本专著还介绍了"微波诱导催化反应""微波在分析化学中的应用""微波在环境化学中的应用"等。在"微波有机合成化学"一章中，介绍了微波技术在酯化反应、重排反应、羟醛缩合反应、开环反应、水解反应、烯烃加成、取代反应、自由基反应、开环反应、立体选择反应等20多种反应中的应用；还有"微波化学在石油工业中的应用"；包括在黏稠原油开采中，在低渗透油气田开发中，在天然气、煤化工中的应用；"微波化学在冶金中的应用"介绍了矿物的微波加热分解、加热还原、加热浸出和微波辐射预处理；最后讨论了"微波生物学效应与健康防护"。

关注昆明环境保护 [2]

云南本来以山清水秀、多民族聚居著称。20世纪90年代，一些无序发展的工矿企业，使云南环境受到很大破坏，著名的滇池水质也变得很差。1996

① 金钦汉，戴树珊，黄卡玛等．微波化学[M]．北京：科学出版社，1999.
② 洪品杰．祝贺戴树珊教授职教40年[J]．云南大学学报，1998，20：351.

年，戴树珊以高级访问学者身份，出访德国。德国是工业高度发达的国家，但他们的环境保护得很好，城市里大片森林覆盖，乡村里绿草茵茵、牛羊漫坡。戴树珊特地留心考察德国的环境处理。

在长白山森林，左起：戴树珊、张乾二、鄢国森、何福成
（张乾二提供）

回国后，戴树珊针对国内高浓度有机废水难以用生化法处理的难题，提出了用湿空气催化氧化法处理的构想。他组织了云南大学、昆明理工大学、昆明市环境工程技术研究中心和昆明贵金属研究所，共同承担了云南省"九五"重点科技攻关计划——"高浓度生化难降解工业废水的催化湿空气氧化处理工程技术（CWO）研究"项目。戴树珊是课题组长，肩上任务最重。一方面他组织了参与单位的技术负责人，深入讨论并进行试验测试，用湿空气催化氧化法

全国量化会上，鄢国森、戴树珊向徐光宪献祝寿条幅

处理的效益，探讨各种工艺条件的调试，以期达到最好效果；另一方面，戴树珊还考察、选择，联系国外一些测试的仪器设备，准备对各种工业废水进行测评。戴树珊虽年逾古稀，但为了昆明的环境，仍像年轻人一样到处奔波。

第一阶段，课题组已从日本引进200 L/d试验装置，对昆明地区10余种工业废水进行处理评价。第二阶段进行工业规模的技术评价，还要进行处理设备的国产化研究，这是难度更大的工作。经过几年的处理，滇池水质已从5级上升为3级，但离以前的清澈透明还差很远，还要继续努力。

为研究生开设"化学统计力学"

戴树珊来到云南大学后，一直在教学第一线。1979年还到长春吉林大学，为量子化学研究生班讲授"配位场理论方法"。他为本科生、硕士生和博士生讲授过"物质结构"、"物理化学"、"量子化学"、"统计力学"和"不可约张量方法"等课程。

戴树珊长期为研究生开设"化学统计力学"。这是一门比较抽象的课程，

年近耄耋，与鄢国森登黄山（鄢国森提供）

与鄢国森在一起（鄢国森提供）

戴树珊尽量将抽象的理论与化学的实际相结合，使学生较容易掌握。统计力学从分析组成宏观的微观粒子性质出发，导出宏观物质运动的力学定律：热力学定律、流体动力学定律、化学反应速率等，在宏观与微观之间建立了联系。戴树珊讲授这门课时，第一部分是介绍统计力学系综原理及方法。用量子力学语言介绍吉布斯系综方法，它以研究正则系综和巨正则系综为基础，研究组成系综的每个宏观体系处于各种微观状态的概率，并计算热力学量按概率出现的加权平均值。它代表体系平衡态热力学性质。

第二部分，也是这门课的重点部分，介绍统计力学在化学中的具体应用。从理想气体单、双原子分子的配分函数到多原子分子的配分函数，然后推广到非理想气体，讨论了非理想气体的配分函数、实际气体的状态方程、分子间力和势能函数；接着介绍晶体的热容，包括爱因斯坦晶体热容理论和德拜晶体热容理论，还有吸附的统计理论；再介绍研究液体的各种理论，有液体的胞腔模型理论、Lennard-Jones-Devonshire（L-J-D）液体理论、空腔模型理论和有效结构理论；在介绍了许多实际应用体系后，最后戴树珊把内容上升到理论层面，介绍了分布函数理论和微扰理论。戴树珊把多年的讲课内容整理成《化学应用统计力学》一书[①]，2001年在科学出版社出版。

---

① 刘光恒，戴树珊. 化学应用统计力学 [M]. 北京：科学出版社，2001.

品味科研与生活

戴树珊已年过八十，早年能打篮球、网球，现在有时还会出现在云大工会的老年舞厅，因而显得比较年轻。他长期担任云南大学博士生导师，还是吉林大学兼职教授。他曾担任云南大学理科学术委员会主任，每年学校评定职称、评审重点学科、选拔年轻人才等工作，都要负起责任。戴树珊现任云南省化学化工学会副理事长，曾任第22届、第23届中国化学学会理事。还是中国电子学会微波分会微波化学专业委员会副主任。对于这些他热爱的工作，戴树珊觉得这是一种享受。

戴树珊虽然年事已高，但看上去依然精神矍铄，十分健谈。他心态很好，看淡一切名利、地位，自然十分潇洒。当研究生问他是如何保持健朗的身体时，他说："早年我每天都坚持锻炼身体，早起后到翠湖公园去晨练、打打拳，现在还常与几位老友

戴树珊部分著作（厦门大学化学系提供）

到公园散步、喝茶、聊天。"昆明虽说四季如春，但因地处高原，冬天有些日子还较寒冷，戴树珊就到西双版纳去避寒。春天来了，戴老师又回到昆明。

第十七章 / 七彩光谱映人生

——记四川大学鄢国森教授（1930.01— ）

建立四川大学物化实验室

1947年，鄢国森进入重庆大学化学系学习。抗战时重庆是陪都，许多学者撤退到这里，使重庆大学实力得到了极大的加强。鄢国森在这里度过了大学时光。他心灵手巧，每次物化实验不仅完成得好，对所用仪器设备的维护也很有兴趣。1951年毕业留校后，他就在物化教研组任助教，主要分管实验室的工作。物化实验使用仪器较多，鄢国森不仅管理得井井有条，而且一旦仪器损坏了，他就拆开检查线路，发现有时是接触不良，有时是某一部件损坏，换上备件即可。慢慢地，鄢国森修理仪器在化学系都出了名。

1953年，全国高校院系调整，重庆大学化学、数学部分教师调到四川大学，起初名单中没有鄢国森。后来四川大学领导看了名单后，特地点名要他来川大，承担物理化学实验室的兴建任务。鄢国森虽然比较留恋重庆的自然环境，但还是服从组织安排，来到成都。四川大学化学系就把兴建物理化学实验室的重任交给鄢国森。他当时还是个年轻教师，就挑上了重担。物理化学实验室的兴建，一方面是做计划，采购所需的仪器设备；另一方面，要进行实验设计。鄢国森根据物化实验课程的要求和当时的仪器设备条件，同时也因陋就简制作一些土器件，如用大玻璃瓶改作恒温槽，米尺加电炉丝制作电桥等。他参考张江树编著的《物理化学实验教本》和少数国外资料，在一年多的时间里，陆续开出了"凝固点降低法测定摩尔质量""纯液体饱和蒸气压的测定""分解反应平衡常数测定""双液系的气–液平衡相图和差热分析"等实验。对电化学部分，则设计了"原电池电动势测定""电势 pH 曲线测定"。动力学部分包括"旋光法测定蔗糖反应速率常数""电导法测定乙酸乙酯皂化反应速率常数"等。实验总数已近30个。

科研一步一个脚印

早在20世纪50年代后期，苏联专家 M. X. 卡拉别捷扬茨来四川大学讲学，举办了化学热力学讲习班，鄢国森参加了学习。苏联专家人到中年，学识渊博，精力充沛。他热情教学，专心科研，带领鄢国森等年轻教师展开热力学的研究，为鄢国森以后进一步的学习与科研，打下良好的基础。在专家指导下，鄢国森开始做液体黏度的比较计算研究，后来又进行同系物的黏度线性规律验证。鄢国森的工作受到苏联专家的赏识。专家带领鄢国森在四川大学学报发表了3篇论文，后来又在苏联杂志用俄文发表5篇论文。鄢国森从此走上了教学与科研结合的道路。

60年代初，鄢国森参加了唐敖庆主办的长春"物质结构学术讨论班"，唐敖庆亲自讲授物质结构、量子化学、群论等专业知识。讨论班的学员，有些是研究生毕业，有些以前参加过培训班，这些知识对他们来说，是复习和提高。对鄢国森来说，则是全新的知识。鄢国森上课集中精力、专心听讲，认真记笔记，下课后抓紧时间复习，不明白的地方就向同学请教。凭着顽强的毅力和天资的聪慧，鄢国森赶上了同学前进的步伐，在学习了量子化学知识后，马上进入配位场理论研究。鄢国森与张乾二一起，进行了旋转群－点群偶合系数的推导和计算，完成了该系数对称性与正交性的证明。从此，鄢国森走上了理论化学的研究道路。

与苏联专家合影（1957年）（鄢国森提供）

由于鄢国森文笔较好，70年代后期，他承担了《配位场理论方法》专著的主要写作任务。根据唐敖庆的构思，全书分为两大部分：第一部分包括"基向量标准化"、"点群的 V 系数和 W 系数"、"旋转群－点群 V 系数，点群－点群 V 系数"和"分子壳模型、配位场计算方案"、"几种重要群链的矩阵元计算"；第二部分是各种计算出来的系数、矩阵元的表格。这本专著是讨论班两年科研成果的结晶，鄢国森深感肩上的重任。要把讨论班两年的大量工作总结好，而且要达到唐

80年代初与徐光宪、唐敖庆、刘若庄交谈

敖庆的要求，要从弱场、强场方案提高到群链的高度，鄢国森觉得写作的过程也是提高的过程。他和戴树珊一道，综合孙家钟、江元生等分工写的章节，经过大半年的努力，1979年，该书终于脱稿，唐敖庆看后比较满意，然后送科学出版社编辑、出版。

70年代，唐敖庆还带着江元生、鄢国森、戴树珊，一起研究分子轨道图形理论。唐敖庆提出用多项式表示分子轨道系数，江元生提出用图论研究，鄢国森与戴树珊用群论对行列式约化。众人拾柴火焰高，很快大家总结出三

"第五届全国量子化学会议"后，左起：鄢国森、傅孝愿、张乾二、蔡启瑞、唐敖庆、徐光宪（厦门大学化学系提供 杨阳腾摄）

条定理，鄢国森证明了其中一条。后来1980年去美国访问时，鄢国森报告内容就是"行列式的图形展开"[①]。唐敖庆让大家分头整理这些工作，准备撰写

---

① G. S.Yan.The Graph Theoretical Formulas for Determinant Expansions[J]. *Int. J. Quant. Chem.*, 1980, S14: 549.

专著，鄢国森承担第三章与第五章的写作任务。1980年，该成果集成专著《分子轨道图形理论》[①]，在科学出版社出版。1986年该书增加一些新内容，以英文版在科学出版社出版。

大分子振动光谱研究 [②]

80年代，鄢国森主要进行大分子振动光谱的研究。用 Wilson 的 GF 矩阵法处理分子振动问题时，遇到一个难题：由于 F 矩阵元的个数是 $n(n+1)/2$，而观测到的频率个数是 n 个，仅用频率计算力常数是不可能的。因此人们一方面极力增加实验数据，一方面减少力常数的个数，即采用模型立场。但是，对于大分子来说，那些附加数据很难得到，又不想用近似力场。鄢国森带领他的团队，探索用一般价力场（GVFF）来处理大分子。有人用力常数在相似结构的基团间可迁移的性质，用简单的碎片分子的力常数来估算大分子的力常数。但以往的力常数可迁移性只考虑某一具体类型，还没有普适的可迁力场。

鄢国森等提出，由分子已知的 Urey-Bradley 力场（UBFF）的力常数来限定 GVFF 力常数的方法。根据局部力场理论，具有相似结构的分子之间，以内对称坐标表示的力常数 F_s 是可以迁移的。鄢国森提出以 F_s 力常数矩阵作为联系 UBFF 和 GVFF 的桥梁。首先，UBFF 的 F_s 可由相对于键伸缩、键弯曲和非键连等相互作用力常数 K，H，F 得到，将 UBFF 的 F_s 迁移到 GVFF 中 $[(F_S)_{GVFF} = (F_S)_{UBFF}]$，再由逆酉变换，得到 GVFF 以内坐标（R）表示的 F_R 力常数 $[(F_R)_{GVFF} = \tilde{U}(F_S)_{GVFF}U]$，其中 $S=UR$（S：内对称坐标；R：内坐标）。

接下来鄢国森再对运动学中确定力常数的方法进行改进。运动学中计算力常数的公式为 $F = (\tilde{L}^0)^{-1} \times \Lambda \tilde{X}(L^0)^{-1}$，其中 L^0 矩阵来源于 G 矩阵的因子分解，Λ 是对角矩阵，矩阵元 λ_i 与振动基频 ν_i 相关：$\lambda_i = 4\pi^2 c^2 \nu_i^2$，$X$ 是正交

① 唐敖庆，江元生，鄢国森，戴树珊. 分子轨道图形理论 [M]. 北京：科学出版社，1980.

② 鄢国森，孙泽民，肖慎修等. 大分子振动的一般价力场力常数计算方法的研究 [J]. 高等学校化学学报，1988, 9: 700.

参数矩阵。应用此法计算 F 时，有一关键问题：当由 n 个观测频率得到 λ_i 构成 Λ 矩阵时，需对 $n!$ 个数值确定一个合理的排列。Freeman 曾提出，λ_i 按照与 G 的本征值大小相反的顺序排列，但这只适用 GF 乘积矩阵是对称的分子。对于大分子，振动频率的数目很大，发生频率偶合的情况多，当 λ_i 按对称坐标归属时，有两个频率同时归属于一对对称坐标，这两个偶合频率的顺序应如何确定？鄢国森提出：先分别算出4个排列对应的 F 力常数。又因为同位素取代后的力常数不变，将4种 F 计算对应的同位素分子振动频率再与观测值比较，从中筛选出误差最小的一种排列和相应的 F。这种方法称为同位素检测法[①]。

鄢国森还提出用定域轨道计算大分子性质[②]。定域分子轨道是正则分子轨道经过酉变换得来的，物理意义相当于分子轨道电子云重新划分。鄢国森归纳了许多同系物的算例，得到定域分子轨道具有可迁移性，即一系列相似分子某指定化学键对应的各轨道基本相等。定域分子轨道可迁移，说明键的饱和性；可迁移轨道在不同分子中的差异，说明环境对键的影响。不仅定域轨道有可迁移性，Fock 矩阵也有可迁移性，因此可根据一些小分子的计算结果推广到大分子，对同系物来说，这种方法非常有用。

鄢国森等提出了应用模型势函数以获得分子各种振动模式的拟合势，建立了力常数转换的简捷计算方法，以及利用力常数可迁移性从小分子的光谱性质推求大分子光谱性质的方法。据此研制的一套分子振动光谱全分析程序，对不同类型大分子（包括簇合物、配合物、生物活性分子等）的红外光谱解析都能得到满意的结果。

---

① Z. M. San, Z. X. Cao, G. S.Yan. Quantum Chemical Study on Force Fields of Polyatomic Molecules and Molecular Ions[J]. *J. Atom Mol. Phys.*, 1991, 2: 1859.

② H. San, A. M. Tian. Research in the Method of Large Molecular Calculations Utilizing Transferability of LMO[J]. *Int. J. Quant .Chem.*, 1986, 29: 1303.
鄢国森 . 利用定域分子轨道计算大分子性质的探讨 [J]. 大自然探索 , 1986, 5: 20.

出任四川大学校长 ①

1984年4月—1989年3月，鄢国森担任四川大学校长。当时，国家改革开放已初见成效，是高等教育发展的大好时期。他认识到要办好一所学校，硬件设施是最基础也是最必需的，只有解决住宿、伙食、水电等后勤问题，学生才能安心上课，老师才能安心教学科研。但在修建楼舍的过程中遇到很多困难，最大的问题就是资金的筹集——当时学校运转经费一年只有几百万，实在是捉襟见肘。为了让领导们看到川大的潜力，鄢国森等人想办法邀请当时的国家教委副主任彭佩云来校视察，展示珍藏的郭沫若为川大题写的题字，并表示希望能有个地方将这些与川大有关的历史物件进行展出。彭佩云记住了这些愿望，回到北京后批了40万元，用于川大博物馆的筹建。

急教职工所急，想教职工所想，是鄢国森的办学宗旨。他刚担任校长不久时，有两位女教师到办公室来，其中一位老师从身上掏出结婚证，往桌上一拍说："校长您看怎么办，过几天我爱人要来，但宿舍只有两张床，没办法住，请您解决！"鄢国森先将这位女教师和她爱人安排到校招待所，同时意识到解决教工住宅问题刻不容缓，便着手修建教师单人宿舍。

1985年10月16日，美国前总统乔治·布什以副总统的身份，偕夫人巴巴拉到川大参观访问，他们是川大在新中国成立后接待的最高层次的外国客人。四川省外事办让鄢国森作为校领导致英文欢迎辞。鄢国森对此很是重视，先让外文系教师拟稿，自己仔细推敲，几经修改后再送外事办，经审核获得通过。

接待美国副总统布什（鄢国森提供）

---

① 张仕钊，李珊. 寸草春晖不减风华 涓滴海涵乃成其大. 濯锦录——名宿与旧事中的百年川大 [M]. 成都：四川大学出版社，2014.

布什先生也在川大演播厅向师生发表了长篇演讲。

鄢国森校长在五年任期内，尽职尽责，不谋私利。四川大学的基本建设有了较大的增长，建成了新图书馆和仪器测试中心，兴建了文科楼、经济学院、分析测试中心、东一学生宿舍、竹林村青年教师公寓等；按需要新增或充实了光电、

与美国校长交谈（鄢国森提供）

材料、计算机、生物工程、会计统计、国民经济管理等科系和成人教育学院；破格提拔培养了一批优秀年轻教师；随着工作条件的改善，学校的办学规模和教学、科研水平都大有提高。能为高校的建设贡献一份力量，鄢国森感到非常光荣和欣慰。

研究振动激发态能级与波函数 [①]

鄢国森的科研方向主要侧重在分子光谱方面。分子振转高激发态研究对激光化学、分子反应动态学、表面吸附与催化等学科领域都有重要理论意义和应用价值，但难度相当大。20世纪90年代以来，鄢国森选择它作为系统研究的理论课题，希望通过精确的计算去分析和预测有关分子的定态和动态性质，揭示分子内和分子间相互作用的本质。

随着实验技术的快速发展，分子振转激发态的实验数据日积月累，不断增多，如何分析、解释并预测这些实验结果，是化学研究中的重要课题之一。传统的正则模型理论不适合解决高激发态问题，这是由于振转高激发态常涉及大振幅运动，Eckart近似（微振动近似）下的Watson方程，已经不适合研究对象。因此，自80年代中期以来，理论化学家们一直在努力建立振转高激发态新的理论和方法，虽已取得了某些进展，但仍有一些基本问题亟待解决。

---

① 鄢国森. 分子光谱专论 [M]. 北京：科学出版社，1994, 79.

例如，哈密顿算符的统一表达式推求、分子势能面的确定，还有精确求解分子振转高激发态的有效方法等。

三原子分子的势能函数，以往用 J. N. Murrell 的多体展开，即将 ABC 分子的势能函数写成两体项和三体项之和，而两体、三体项可从光谱数据或用从头算获得。或用内坐标作四阶 Taylor 级数展开，但该方法不满足解离极限。确定势能参数值较好的途径是严格求解核运动的薛定谔方程，得到振转能级，然后通过比较实验与计算结果来优化这些参数。由于要解很多振转方程，计算量非常大。1988年，Jesen 提出一种近似方法。

到了90年代，鄢国森经过反复思考、尝试，决定先解决振动激发态问题。他提出了一种确定分子电子激发态的方案：首先采用逐步改变组态的方法以逼近待定的激发态，然后进行分子构型的优化，并使用多重组态自洽场或组态混合方法，以确定激发态能级。应用这一方案处理 H_3^+，以较小的工作量，即取得了与 Clementi 等用 Hylleraas CI 所完成的大工作量最佳值很一致的结果。鄢国森进一步建立一种理论方法，通过严格求解三原子分子纯振动方程来优化势能参数，并设计了相应的计算机程序。应用该方法处理水分子，对其势能面进行优化，使计算能量 <22000 cm^{-1} 的振动能级与实验观察值的均方根偏差仅约1 cm^{-1}。

为了对给定的内坐标系和哈密顿算符确定最佳独立模波函数，上世纪80年代以来，许多学者发展了多种内坐标系下的 SCF 方法。鄢国森带领他的团队，首先确定了在一般坐标系下多原子分子振动哈密顿的统一表达式，从该式出发，容易得到常用坐标系下振动哈密顿的具体表达式，而不必对每一坐标系进行个别的处理，为精确研究多原子分子的振转高激发态提供了有利条件。

分子振动的 SCF 处理与多电子的 SCF 处理相似，基本假定是各个振动模式相互独立。总波函数可写成单模波函数的乘积，而单模波函数由求解一维振子的偶合方程组确定。三个偶合的一维方程，可用迭代法同时解得本征值、本征函数及有关 SCF 积分。单个一维 SCF 方程可用变分法或数值法求解。鄢国森在研究中发现，混合使用这两种方法会得到较好的结果。混合方法是对弯曲振动用 Legendre 多项式为基函数通过变分法求解，对伸缩振动用求解二阶常微分方程的 Nuroumov-Johnson 方法进行数值求解。

对于 ABA 型分子，鄢国森采用对称性把哈密顿矩阵分为对称块（S）和反对称块（A）。即把一个 $N \times N$ 的矩阵分解为 $N_S \times N_S$ 和 $N_A \times N_A$ 两个独立子矩阵，可简化计算并使

在分子光谱讲习班上课（1994）（鄢国森提供）

振动的激发态的指认更容易。

例如，对 H_2O，选取200个振动基函数，计算了 Jensen 势能面上 $J \leqslant 20$ 的振转激发态；对 NO_2，首次从理论上获得142个之多收敛的振动激发态。该方法有两个特点：一是计算规模容易控制，且每一步都可优化；二是适用于复杂的势能面，由于对激发态势能面选用单中心基函数（如谐振子或 Morse 波函数）具有许多不足，而该方法用高精度的数值算法求解 SCF 方程来确定基函数的数值解，能很好地反映势能面的特征。

求解振转问题的 SCF-CI 方法

SCF 方法只能得到近似能级和波函数，为了定量解释实验光谱数据，需要精确解出多原子分子振转高激发态的能级和波函数。鄢国森带领团队建立自洽场－组态相互作用（SCF-CI）理论方法。该方法是先用自洽场获得最佳

独立模基函数，再用组态相互作用精确地得到能级和波函数[1]。

振转问题比振动问题更难处理，由于振转哈密顿矩阵的维数随2J+1增加。虽可用宇称对称性把矩阵分解为两个独立子矩阵，但最终需要对角化的矩阵维数仍然很大。处理这一问题，通常采用逐步收缩基组法。鄢国森研究的方法是先用SCF-CI求解一系列与K（总角动量J在体心z轴上的投影）有关振动问题，再从中选择能级较低的振动波函数作为振转波函数中振动部分的基函数，构成振转哈密顿矩阵，并将其对角化，以得到振转波函数和能级。鄢国森经过反复思考，发现振动问题与总角动量J无关，所以只需确定一系列有关K的振动基函数，就可构造出一系列与J有关的振转哈密顿矩阵。

鄢国森推导出一系列公式，可方便地构造出$J \leqslant K_{max}$的振转哈密顿矩阵[2]。对称矩阵的对角化是变分法中的关键问题，需对角化的是一个分块三对角矩阵。若看作带状矩阵，长度为JN或(J+1)N，半带宽为2N。鄢国森采用下列四个步骤使矩阵对角化：

（1）适当安排约$JN(N-1)/2$个Givens变换，把该矩阵变换成一个新的带状矩阵，长度不变，半带宽减少为N+1；

（2）使用大约$(JN)^2/2$个Givens变换，把新带状矩阵变换成一个三对角阵；

（3）运用EISPACK程序包中的TQL算法，将三对角矩阵对角化，从而得到其本征值（即振动能级）；

（4）用逆迭代法确定需要的本征值对应的本征向量，并把已储存的Givens变换按逆顺序依次作用到这些本征向量上，从而得到振转哈密顿矩阵的本征向量（即振转波函数）。

鄢国森带领他的团队还建立了根据振动高激发态的实验能级，确定多原子分子势能面的理论方法[3]。首先用SCF-CI方法获得振动高激发态的精确能

① G. S. Yan, D. Q. Xie, A. M. Tian. A Variational Procedure for Calculation of the Ro-vibrational Energy Levels of Triatomic Molecules Using Transformed Internal Coordinates[J]. *J. Phys. Chem.*, 1994, 98: 8870.

② G. S. Yan, D. Q. Xie, A. M.Tian. Theoretical Study of Highly Excited Vibrational-States of Bent Triatomic-Molecules Using Transformed Internal Coordinates[J]. *J. Phys. Chem.*, 1993, 97: 1507.

③ G. S. Yan, D. Q. Xie, A. M.Tian. A Potential Energy Surface for the Electronic Ground State of N_2O[J]. *Chem. Phys. Lett.*, 1997, 271: 157.

级，再应用 Hellmann-Feynman 定理计算出振动能级对势能参数的微分，最后使用非线性最小二乘法来优化势能参数。利用该方法成功地优化了 H_2O、O_3、CO_2、SO_2、H_2Se、NO_2 和 N_2O 等一系列典型三原子分子的势能函数，很好地再现了实验观测到的振转高激发态光谱。

研究团队将振转激发态的自洽场－组态相互作用方法成功地应用于研究 A-BC 型弱相互作用分子体系的振转束缚态问题。研究团队对 Ar-HCl 和 Ar-N_2 体系的研究表明，该方法可用较少的组态就能获得与其他大计算量的方法具有相同精度的结果。此外，还确定了 He、LiH、Ne、OCS 和 He、CO_2 等一系列典型的范德华分子的分子间作用力[①]，和它们的振转激发态能级和跃迁频率，精确地再现了实验观测到的振转光谱。

国际交流 拓展视野

从20世纪80年代开始，鄢国森先后多次出国访问或参加国际会议。1980年3月，由国际量子化学基金会资助，受研究会主席 Löwdin 邀请，孙家钟、江元生、鄢国森和刘若庄四人，组成中国量子化学代表团赴美访问。经日本飞往美国西海岸，由劳伦斯实验室的李远哲研究员接待，大家参观了加州大学伯克利分校、斯坦福大学及硅谷。然后飞往犹他州盐湖城，在犹他大学见到量子化学老前辈 Eyring 教授。每到一个学校，与理论化学教授联络后，校方会安排代表团做一个讲座，由一个成员做报告。

之后来到芝加哥大学，见到化学界老前辈 Mulliken 教授。从芝加哥到俄亥俄大学，再到美国首都华盛顿特区，代表团游览了华盛顿，然后转到佛罗里达州，在一个滨海小城，列席了国际量子分子研究会的年会，见到许多量子化学大家。以后由 Löwdin 向代表团四人做讲座，讲了半个月，介绍他的工作。

代表团来到佛罗里达州立大学，见到了量子力学创始人之一的 Dirac 老

---

① G. S. Yan, D. Q. Xie, A. M.Tian. A Theoretical Procedure for Determining Ro-vibrational Eigenstates of van der Waals Complexes[J]. *Int. J. Quant. Chem.*, 1998, 66: 119.

教授，并有幸与他共进午餐。接着代表团来到路易斯安那州新奥尔良，在州立大学与量子化学家交流后，鄢国森在学校数学系一个教室做了"行列式图形展开"的报告。之后代表团先后飞往德克萨斯州立大学、加州理工大学、南加州大学，参观了他们的物理化学实验室，与化学系教授进行交流，最后于5月初从旧金山乘机回国 [1]。

代表团成员都是第一次去美国，在大约两个月的参观访问中，对美国一流大学的运作模式有了感性认识，见到了国际一流的量子化学专家，又听了半个月 Löwdin 的讲座，对国际量子化学的进展有了基本了解。这一次出访，所到之处都受到热情接待，代表团深感美国人民的友好情谊，确实是满载而归。

1985年夏天，"第五届国际量子化学学术研讨会"在加拿大蒙特利尔大学召开，该校是加拿大最大的研究型大学。唐敖庆带领他的众弟子们参会。唐

在德国考察，左起：张乾二、鄢国森、德国化学家、孙家钟、韩万书（1990）（鄢国森提供）

---

① 鄢国森口述访谈, 2015-03-02, 成都—厦门.

敖庆任"分子间相互作用和分子动力学"专题会议主席，鄢国森提交的报告是"应用定域分子轨道酉变换的大分子计算方法"。[①]

1988年8月，鄢国森受教育部委派，带队赴以色列参加"第六届国际量子化学学术研讨会"，参加的有黎乐民、孙家钟、张乾二、刘若庄、邓从豪等。中国代表团到希伯来大学参加国际量子化学研讨会，鄢国森提交了"臭氧振转光谱性质的计算"[②]的报告。会议结束后，大家相约去世界几大宗教的"圣城"耶路撒冷旧城参观，凭一张取自饭店的耶路撒冷小地图，出了饭店，踏上一条小路，向山坡顶的一排石砌房走去，走近看是民居，又走过下坡的小

参观居里夫人实验室，左起：鄢国森、孙家钟、张乾二、韩万书（鄢国森提供）

① H. Sun, A. M. Tian, G. S. Yan. Research in the Method of Large Molecular Calculations Utilizing Transferability of LMO[J].*Int. J. Quant.Chem.* ,1986, 29: 1303.

② A. M.Tian, Z. M. Sun, G. S. Yan. Variational Calculations of Vibrational and Vibration-Rotational Properties of Ozone[J]. *Int. J. Quant. Chem.*, 1989, 36: 765.

街，就到了耶路撒冷旧城，千载古都，石头城垣，高大城门，气势不凡！进城后穿过石卷洞般的小街，远望见到高大的圆形金顶清真寺。正欲前行，突然见人群骚动往回跑，就跟着出了城门，途中遇上多个持枪巡查，如历险境，后安全返回。

1990年，基金委组织鄢国森、张乾二、孙家钟等赴德国考察基金管理工作。

90年代，唐敖庆与福井谦一两位老者希望中日学术界有较多交往，所以倡办了"中日双边理论化学学术研讨会"。第一届1990年在中国举办，会议得到国家教委、自然科学基金委资助。由中方北师大刘若庄、川大鄢国森和西北大学文振翼等和日方京都大学组织。第二届在日本举行，中方主席为北师大刘若庄，日方主席为京都大学山边时雄。第三届1994年10月在厦门举行，厦大张乾二任中方主席，鄢国森到厦门参会，与日本许多学者交流。"第四届

第二届中日理论化学研讨会留影，
左起：鄢国森、邓从豪、刘若庄、张乾二（鄢国森提供）

中日理论化学研讨会"1996年9月在日本举行，先后在日本京都和冈崎两地召开。中方与日方研究代表都报告了许多出色的工作。

怡情诗书乐

鄢国森从青少年时期起就对于文言文写作、古文赏析、唐诗宋词特别喜爱，这个爱好一直保持几十年不变。他有着深厚的中华传统文化功底，对古曲、诗词、书法十分在行。在紧张的教学、科研之外，鄢国森喜欢练习书法，用笔灵动，藏露

与徐光宪交谈（厦门大学化学系提供，杨阳腾摄）

互用，方圆兼备，楷书雅正坚挺，草书俊逸非凡。他认为这些爱好能让他更好地领略多彩的生活，平添了不少乐趣，也能从前人不朽的华章中感悟到人生的意义在于创造。

鄢国森在接受川大学生采访时，谈到了自己的感受："练字要从最基本的楷书练起，因为楷书是根基，还要多看历代名碑名帖，日日研习必能有所进益。不仅是书法，所有的艺术门类都是这样的，正所谓艺无百日之功，音乐书法专精不易，懂古典文学更是比欣赏音乐和书法难得多。好的诗词如同好的音乐，能够帮助一个人形成正确的人生观和价值观，待人接物自有风度，性质气质自然升华；好的文章能让我们对中国历史有系统的了解，激发我们的报国之心和对祖国山河的热爱，这就是一种很高的品格了。"

鄢国森的书法造诣在化学界也是颇有名气，不少人请他代笔题词。1990年，卢嘉锡创建的中科院物构所建所30周年庆，唐敖庆特地做了一首诗，送给卢嘉锡，并请鄢国森写成条幅："建所育人为中华，三十年间成大家。结成固氮网兜体，开出结晶宝石花……"1993年，唐敖庆到厦门参加"第五届全国量子化学会议"，听闻蔡启瑞八十诞辰，马上提了"学如流水行云，德比松

为唐敖庆书写条幅赠蔡启瑞（厦门大学化学系提供，杨阳腾摄）

劲柏青，攀登跨越高岭，育才灿烂群星"，并请鄂国森写成大幅题词，送给蔡启瑞。

　　1984年，四川大学要修建校门，领导班子讨论是否能请中央首长题写新校名，但各大高校似乎都没有先例，也不知道具体流程如何操作。当时邓小平的妹夫是四川省档案馆负责人，与邓先芙住在成都。时任校长的鄂国森等人想到能不能通过这个关系要到邓小平手书的题字？抱着试一试的态度，由历史学家、主管文科的副校长隗瀛涛拟稿，字斟句酌，成文于500字内，陈述了川大的悠久历史、众多名人以及川大人的报国之心；再由擅长书法的鄂国森写信，用了八行笺，两页信纸，毛笔楷书书写，信的结尾写道："您的墨宝必能激励川大员工办学的热情！"这封信通过邓先芙带到北京。过了几天，邓小平夫人卓琳回话："我已经把你们的信放在他批阅文件的最上面。"1985年春，报告寄出不到一个月，川大党委就接到了党中央办公厅的函件，内寄邓小平4月27日亲笔题写的校名，横竖4张，供川大选用。"四川大学"四个字遒劲有力，气度非凡，从此一直镌刻在川大校门上，成为四川大学一块极为宝贵的"金字招牌"。

枫叶红于二月花

鄢国森退休以后，对于四川大学的发展、学校教学质量的提高以及学生们的健康成长、化学学院教师工作情况等仍然非常关心。他平日里经常到化学馆的实验室，为后辈青年教师做参谋，在提出科研课题、发表文章和培养学生等方面提出建议和意见。考虑到由各个学校考来的研究生大学时课程设置不一，水平参差不齐，鄢国森多年来坚持每周末为他们义务开设"线性代数"、"特殊函数"、"群论"和"量子力学"等课程，为研究生的学习和科研工作打下了坚实的理论基础。特别是在2008年四川发生强烈地震后，实验室变成危房，老师和学生只好迁入临时搭起的板房里工作。在炎热的夏天中，鄢国森仍坚持在闷热的板房里为学生上课，其敬业精神让学生们深受感动。

今年鄢国森已是85岁高龄，每周仍然坚持为学生们上课，备课时他将讲义写在幻灯片薄膜上，字迹工整，一丝不苟；上课时一站就是几个小时，声音洪亮，条理清晰，深入浅出，深受学生好评。许多学生不仅在在学期间，

2012年在厦门大学为研究生上课（厦门大学化学系提供）

甚至在毕业工作后，都还感受到这种系统知识培训的好处。

除了专业课外，鄢国森还多次为四川大学的本科生和研究生开办书法和音乐欣赏的讲座，生动地讲述了自己几十年来对书法、音乐的喜爱和感受，陶冶了同学们的情操，提升了他们的艺术修养。在学生的心目中，鄢国森除了是良师，还是益友，有的同学甚至把生活中遇到的难题也告诉他。鄢国森总是耐心倾听，热心开导和帮助，使学生们坚定了战胜困难的决心。

鄢国森立足讲台，老有所为，以乐观、热情和勤奋绘就了自己多姿多彩的晚年生活画卷。就像他所说的，"作为一个教育工作者终老此生，任务虽艰巨却光荣"。

鄢国森著作（厦门大学化学系提供）

第十八章 / 弄潮儿向涛头立

——记厦门大学教授张乾二（1928.08— ）

水溶液中培养晶体

张乾二在厦门大学接受了本科和研究生教育，1954年毕业后留校任教。

1958年，当时正值厦金炮战，厦门大学在漳州设立"物理化学研究所"。卢嘉锡对两位年轻教师张乾二和张炳楷说："你们先尝试从水溶液中培养晶体。"卢让他们带两个学生共4人，一起到漳州设立"晶体生长实验室"，进行培养晶体的探索。当时条件简陋，实验室设在小学，住在天主教堂，吃在龙溪专署食堂。两人都没培养过晶体，只能先读晶体生长的专著。晶体生长涉及热力学中的相平衡和相变，要了解晶体生长的成核过程，还要考虑溶质的扩散过程、晶体界面的稳定等。先培养什么晶体呢？张炳楷看到酒石酸钾钠溶解度随着温度变化很大，心想这样可能比较容易结晶，就选择了它。

当时完全是白手起家，先用广口瓶做容器，自己动手绕电阻丝，加工成电炉。培养晶体需要24 h连续恒温条件，当时不但没有恒温炉，而且供电条件很差，经常断电。张乾二把人员分成两班，轮流值班。先配制过饱和的酒石酸钾钠溶液，找一颗比较好的晶种，固定在旋转棒上，让晶种缓慢旋转，随着晶体的生长，还要不断添加晶料，保持溶液处于过饱和状态。但是不知什么原因，晶体一直长不起来，他们只好再去查参考书。

张乾二提出换压电材料磷酸二氢铵试试，一切从头开始。过了几天，发现晶种开始长出一点点，大家十分兴奋，更加强了做下去的信心。大家轮班培养晶体，记录温度、浓度等数据。晶体慢慢长大，考验着大家的耐心。培养了磷酸二氢铵（ADP）单晶后，再培养另一种磷酸二氢钾（KDP）晶体。就这样，张乾二、张炳楷带领学生克服了一个个困难，在水溶液中培养晶体，闯出了一条路。

厦门大学在水溶液中培养出晶体的消息传开后，山东大学派张克从、蒋民华赶来学习。他们与张乾二、张炳楷一起培养氯化钠、氯化钾晶体。虽然有了ADP和KDP晶体的培养经验，但氯化钠、氯化钾须从熔体中培养。多次探索才有透明的立方晶体出现。张克从、蒋民华回到山东大学后，建立了晶体室。不久后（1960年），张炳楷等随卢嘉锡到物构所，在物构所也建了一个晶体室。这两个地方后来成

1990年"物质结构学术讨论班"成员再相聚，
前排右起：邓从豪、唐敖庆、刘若庄、曹阳；
后排右起：孙家钟、张乾二、鄢国森、戴树册、江元生

为我国重要的晶体培养基地，不仅满足国内生产需要，还大量出口到国外。

独具特色的研究生学位课

1980年，张乾二招收第二届研究生。张乾二认为，理论化学方面的人才与实验化学不同。实验化学如催化，做实验时要建立研究系统，实验是24 h不间断进行，要有人轮流值班，需要相当的人力资源。理论化学人不在多、而在于精，要选择数理基础好、化学直觉强的学生。因此刚开始时，张乾二两年招一届研究生。根据学科发展与科研要求，张乾二规定研究生学位课程是"量子化学""高等物化""群论""原子结构与角动量理论"，还要选修"数理方法"、物理系的"固体物理"等。张乾二率先为化学系全系研究生上"量子化学"课，先介绍量子力学基本原理，然后介绍量子力学在原子结构、分子体系的应用。他自己上了三轮后，才交给其他教师。他还为全系研究生先后开设了"谱学基础""配位场理论"等课程。张乾二严密的逻辑思维、纯熟的数理功底及对理论化学的挚爱，给学生留下深刻的印象。另一方面，他推选了理论基础较好的另一位教师为学生开设"高等物化"，讲解量子统计力学。

张乾二为本专业学生开设的"群论"课独具特色。国内大学化学系为研究生开设的群论课一般选用Cotton的著作，只介绍点群及其在化学中的应用。张乾二认

为研究生上课（厦门大学化学系提供）

为，Cotton 是一位杰出的无机化学家，曾培养出数十名无机合成方面的专家。Cotton 从化学家的角度来介绍群论中的点群，讨论点群在化学中的应用。 群论方法有一个很重要的问题是群的表示理论，群表示理论有很多方面的应用，例如原子结构、分子结构与多体问题，都需要群表示理论，所以张乾二感到这本书对量子化学研究生来讲好像显得不够一些。张乾二反复阅读 Wigner 写的 *Group Theory and Its Application to the Quantum Mechanics of Atomic Spectra*（群论及其在量子力学原子光谱中的应用），又深入阅读了 Hamermesh 写的 *Group Theory and Its Application to Physical Problem*（《群论及其在物理方面的应用》）等。将这些名著融会贯通后，他才编出自己的讲稿。张乾二开设的"群论"课，介绍置换群、旋转群、点群等，介绍群的表示理论和群链、旋转群到点群的变换系数，达到物理系理论物理专业学生学的难度。张老师说，只有学了这么多，在处理原子结构、分子光谱、配位化合物、原子簇化合物和稀土化合物等体系时，才能游刃有余。

张乾二为研究生开设的专业课"角动量理论与原子结构"，是国内独一无二的。这门课比较难，他反复研读了 Wigner 的著作、Edmonds 写的 *Angular Momentum in Quantum Mechanics*（《量子力学中的角动量》）和 Silver 写的 *Irreducible Tensor Methods*（《不可约张量法》）等经典著作，才确定这门课的框架。Wigner 是德国的一位数学家，他写的一本书叫《群论及其在量子力学中的应用》，里面有三章专门写三维空间的变换群理论。张乾二觉得他写得太好了，这三章他起码看了七八遍。他不仅学习书中的内容，而且从中品味作者的思维方式，感觉作者的思想非常灵活。所以他觉得能把角动量理论和原子结构讲深讲透，使学生也有这样的思维方式，是非常有意义的教学工作。

这门课先介绍旋转群的不可约表示和转动矩阵元，讨论角动量偶合的3-j系数，Wigner-Eckarl 定理及其应用。然后进一步介绍6-j符号、9-j符号及它们的应用，最后再讨论多电子原子态的分类和亲态比系数计算。介绍层层深入，难度逐步提高，一环紧扣一环，整门课一气呵成，成为厦门大学量化专业的特色。上世纪80年代，外文书籍不易购买，图书馆里只有一两套，为了方便研究生学习，教研室还影印了一批 Edmonds 的角动量原著、Hamermesh 的群论原著，供教研室年轻教师与研究生阅读。那时研究生招收人数都比较少，本专业一届就只有两三个学生，但张乾二每次讲课都声音洪亮、胸有成竹，拿一张小纸片，连讲两三个小时，板书三四版，从没差错。而学生每次都是集中精力，使劲记笔记，有时还有差错，所有学生对张乾二都佩服得不得了。

研究多面体分子轨道

1982年唐敖庆带领弟子们在20世纪60年代做的"配位场理论方法"的研究，获"国家自然科学奖"一等奖（包括张乾二）。相关专著《配位场理论方法》一书，1979年由科学出版社出版。配位场理论是理论物理与理论化学重要的交叉学科，也是近代无机化学的理论基础。学术界惊叹该研究达到的深度与广度，当之无愧获国家自然科学最高奖。

在荣誉面前，张乾二并不满足，他觉得60年代由于时间限制，尚未获得群变换系数的封闭公式，还需要进一步研究。张乾二认为，真正能阐明客观世界的科学理论一定是简洁明了的。若研究结果是十分烦琐的，那说明还必须进一步研究，直至得到它最简洁的表示方法。当时，原子簇的研究方兴未艾。一方面，卢嘉锡在物构所做了一个报告"当今国际上原子簇发展的方向"，国内特别是物构所，做了很多原子簇方面的合成与它的理论研究，提供了许多数据。另一方面得益于角动量理论，张乾二发现要解决原子簇问题，角动量理论方法可以发挥很大的作用。

张乾二从多面体分子出发，来推导旋转群与点群之间的变换系数。他提出"共变基向量定理"，研究组进行一系列推导与计算，从转动矩阵元得出

研究多面体分子轨道（厦门大学化学系提供）

"轨道性格"的表示式，讨论了构造具有 σ，π，δ 等特征的多面体分子轨道、杂化轨道和定域分子轨道。张乾二带领研究生从八面体、立方体、十二面体、二十面体等正多面体入手，寻找正多面体群变换系数的一般公式，获得 SO(3) 群 –O 群，SO(3) 群 –K 群不可约表示之间的变换系数，再用群的双陪集推导出计算旋转群–点群变换系数的闭合公式。研究组又从封闭硼烷多面体和碳烷多面体出发，讨论金属原子簇多面体的成键规则。之后又在多面体中划分标准三角形，定义群不变量 B_Γ，然后用 B_Γ 的符号判断分子轨道成键性质。

唐敖庆看到研究结果深感欣慰，觉得"青出于蓝而胜于蓝"。研究组撰写的专著《多面体分子轨道》[1]，于1987年在科学出版社出版。1989年，张乾二、林连堂、王南钦等以"群论方法在量子化学中的新应用"获得"国家自然科学奖"二等奖。张乾二获"全国教育系统劳动模范"称号。

兼任中科院物构所所长

1987年，由于恩师——中国科学院院长卢嘉锡的推荐、组织上的安排，张乾二在担任厦门大学化学系主任的同时，又北上福州，兼任中国科学院物质结构研究所所长。他经常往返于福州与厦门之间。那时不要说没有动车，福州到厦门之间连高速公路都没有。普通公路穿过不少乡镇，即使专车接送，单程也得7个多小时。张乾二不要专车，坐长途汽车，每趟则更要八九个小时。这样的路途他起码两周要走一趟，有时甚至一周要一趟往返。后来他干脆坐火车（火车绕着闽西山路走），躺在车上睡一夜十几个小时，比较舒服。除此之外，他还要经常到北京中国科学院院部去汇报工作，因此他的工作变成是在三点之间奔波。

张乾二住在物构所的招待所，刚开始他到食堂打饭吃，食堂工友都认识他，打菜或多或少会多给他好菜。他觉得这样不好，只好自己在房间里用煤油炉做饭，经常下面条吃。他在物构所的学生发现后，觉得长期这样吃营养

---

① 张乾二等 . 多面体分子轨道 [M]. 北京 : 科学出版社 , 1987.

也不够，就帮他买些菜，张乾二就在煤油炉上做些菜吃。一方面是繁重的工作压力——既要处理刚接手的物构所工作，还要兼顾厦门大学的工作，一方面是不太规律的生活，导致张乾二这段时间有几次胃出血[1]。

物构所与化学系相比，不仅人员多（全所500多人），而且要复杂得多。全所共有12个研究室，其中4个结构研究室、4个晶体室，还有催化室、分析室、计算机站和物构所二部。根据中央的科技方针、卢嘉锡的建所理念，物构所的科研方向为：围绕结构化学学科，探讨新型化合物的晶体与分子结构，及其与性能之间的关系。以过渡金属络合物（特别是原子簇化合物）、生物大分子和晶体材料为主要研究对象，进行系统的基础研究和应用研究；适当地进行结构研究方法的探索，提高研究水平；紧密结合经济建设的需要，开展催化剂、新技术晶体材料和金属腐蚀与防护的应用。

张乾二接任物构所所长时，结构化学实验室是1985年经中科院批准成立的"开放"实验室。实验室的主要研究方向有五个方面：一是过渡金属原子簇化合物的结构，二是化学仿生学中的结构化学，三是生物大分子晶体结构，四是结构化学实验方法（各种光谱、波谱、能谱和质谱等）的改进与创新，五是与材料有关的其他化合物的结构。张乾二到所后，坚持实验室"开放"与"流动"的特色。在1986年初次开放研究课题的基础上，审定了第二批7个开放课题，包括武汉大学、南京大学、兰州化物所、大连化物所和福州大学等外单位的科研课题和本单位的两个课题。为了摸索经验，开放实验室选择了一批科研人员水平高、在国内外有竞争力的课题，自带课题、经费，实验室补助经费并开放仪器设备使用。这样吸收了9个课题为实验室的管理课题。经过各种方法调动科研人员的积极性，并大大提高了实验室高端仪器的使用率。

张乾二同时提倡开展国内外学术交流，结构实验室与物构所于1987年6月联合举办"全国原子簇化学学术讨论会"，1988年10月承办"第四届全国结构化学学术讨论会"，1988年11月承办"第五届全国波谱会议"。在过渡金属原子簇的研究领域，卢嘉锡与加拿大波谱学家林慰桢合作开展过渡金属磁性研究，为活性元件组装思想打下实验基础。卢嘉锡、唐敖庆与诺贝尔奖获得者R.

[1] 程文旦口述访谈，2013-10-12，福州.

赴德国考察（张乾二提供）

陪唐敖庆游览鼓浪屿（厦门大学化学系提供，杨阳腾摄）

Hoffmann，J. A. Ibers 合作，开展活化小分子的簇合物合成、机理与化学键理论的研究。结构室研究人员先后参加在希腊的"第24届国际配位化学会议"，在日本的"中、日、美有机金属学术会议"，在澳大利亚的"第14届国际晶体学会议"。先后邀请了美国、英国、法国、德国、日本、荷兰等国17位专家、学者来实验室访问与学术交流。实验室这三年（1986—1988年），通过开放、合作研究、学术交流，共合成过渡金属原子簇化合物150多种，稀土镧系配合物26种，不仅扩大了过渡金属化合物品种，而且在合成与结构规律探索方面取得新进展；共发表学术论文164篇，为实验室升级为国家重点实验室创造了条件。

非线性光学晶体材料的研制 [①]

早在20世纪60年代，张炳楷、颜明山随卢嘉锡到物构所，建立了晶体生长实验室。颜明山负责的磷酸二氢铵（ADP）单晶培养组，经过3个多月的精心呵护，终于培养出10 kg 的 ADP 大单晶，1964年获得"中科院年度优秀成果奖"。1965年，科学院调整课题，晶体组险些"下马"，多亏张乾二请卢嘉锡关注，才得以保留。经过"文革"冲击，80年代颜明山决心东山再起。

由于张乾二所长坚持以结构化学与固体物理研究为基础，发挥多学科交叉合作的综合优势，80年代中后期，物构所逐渐成为国际上公认的具有较高学术水平、较强综合实力的新技术晶体材料研究单位之一。这几年有十几种新材料及器件、激光器达到国际先进水平，特别是非线性光学材料研究保持国际领先地位。物构所的主要拳头产品偏硼酸钡（BBO）、三锂硼酸（LBO）、Nd：YAB 等，近年逐步走向世界，打入国际市场，1987—1989年连续三年每年创汇突破100万美元大关。物构所的功能材料已销售到美国、欧洲、日本、苏联等二十几个国家与地区，并与国外100多个公司、研究机构、大学建立了联系。

在这基础上，物构所在1990年组建了"中科院福州新技术晶体材料开发

① 黄锦顺口述访谈，2013-10-15，福州.

实验室"，在无机非线性光学晶体方面，继续发展磷酸二氢钾（KDP）、氧化镁－铌酸锂（MgO：LiNbO₃）晶体，重点研究和开发偏硼酸钡（BBO）、三锂硼酸（LBO）的性能、器件，并探索在紫外区（2000 Å 以下）、中远红外区的高功率激光用的新型非线性光学晶体。在有机高分子非线性光学材料方面，重点发展以半导体激光直接倍频的有机分子晶体，如 MNA，NPP，DAN 材料。有机聚合物材料研究与国外差距较大，物构所作为国内晶体材料的排头兵，须迎头赶上。在激光基质晶体材料方面，物构所的 Nd:YAP 晶体与器件和 NYAB 晶体研究达国际先进水平，但激光基质材料的研究工作与国外相比还存在较大差距。

中科院物构所研制的大口径 KDP 晶体（中科院物构所提供）

在高技术创新晶体材料这方面，张乾二想方设法，先把晶体材料纳入国家的"863计划"。当时晶体材料进入科技部"863计划"，还有"71504专题"，都是物构所承担。物构所还是国家人工晶体的联合与发展中心的两个依托单位之一（一个是物构所，另一个是山东晶体所）。1990年9月张乾二任期内，为了把科研成果转化为生产力，物构所创立了以晶体材料生产为主的福晶科技股份有限公司（CASTECH）。为了更好地发展，它又与外资合作，成立了科凤公司，采用了合资形式来运营。后来外资方面不遵循合约协议，损害了福晶公司的利益，那段时间张乾二为了与这些不良外商的违法行为做斗争，伸张正义，经历了许多困难。

1992年，领导班子换届，张乾二离任，黄锦顺接任。原任副所长陈某卸任后，与福晶公司的总经理王洪瑞勾结在一起，用高薪把福晶公司的人员拉出去另开公司。90年代初，普通人住房很紧张，工资只有几百元。他们以每人一套三房一厅的房子、每月几千元工资为诱惑，把福晶公司的骨干几乎都拉了出去，导致有的岗位基本上垮了。当时总经理王洪瑞扬言，不出一年要让福晶公司倒台。为了维护物构所国有知识产权不被侵占，张乾二虽已卸任，但仍一直关注此事，经常打电话询问，并以政协常委的名义给中共中央写信、反映情况。物构所方只好提出要解除合资合同。因涉及外商，需要到北京国际经济法律仲裁委员会提请仲裁。第一次仲裁结果输了，还得继续维持合同。第二次提请仲裁后，虽然官司打赢了，但地方拒不执行仲裁判决。张乾二尽管已卸任所长，但还为此事奔波。直到后来习近平同志主持福建省委工作的时候，才解决了这个问题，最后执行仲裁。物构所维护了国有知识产权的尊严，王洪瑞等被诉诸刑法。

价键理论从头算攻坚战

张乾二从物构所回到厦门大学，全力搞价键理论研究。价键理论与分子轨道理论是量子化学计算的两个主要流派。分子轨道理论在描述电子跃迁即动态行为方面简洁明了，而价键理论对分子静态性质如结构、成键特征，及动态性质如键的形成与断裂描述，有分子轨道无可比拟的优越性，但随着计算机的兴起，由于价键理论的基函数难于计算机化，它的发展受到了影响。国内少有人涉足该领域，就是国外也很少人敢于挑战这方面的课题。

张乾二带领他的团队，试图将价键理论的应用建立在从头算的水平上。首先是解决价键理论的基函数表示，张乾二带领第一位博士生李湘柱，提出"键表酉群方法"，解决了价键理论的基函数问题。接着要解决计算的烦琐问题，张乾二带领第二位博士生吴玮提出一种对称群不可约表示矩阵的计算新方法：将不可约表示矩阵分解为3个矩阵相乘，其中两个是与群元无关的三角矩阵，另一矩阵可方便得到。接着张乾二带领课题组攻克了"双粒子算符矩阵元约化""$N!$稀疏矩阵的约化"等一系列价键理论计算的难关，为计算机程序化扫清了道路。当时张乾二正身兼厦门大学化学化工学院院长与中科院物构所所长两要职，经常外出。为了与学生交流研究结果，他使用电话、传真等一切通信工具，有时一个晚上通十几个电话。学生说："张乾二不仅是导师，而且是'竞争者'，我昨天推出的公式，今天早上他又有更新的结果了。"

在编写价键方法程序的过程中，有一个致命的难关——N电子体系必然产生$N!$行列式问题。如何解决这个问题，张乾二与课题组成员思考了很久。

价键理论研究团队（厦门大学化学系提供）

他想寻找一个新的数学工具。为此，他与吴玮一起去拜访数学系教授，他们建议可用对不变式来处理。他带领吴玮等推导公式，将价键波函数表示为一个对不变式，重叠矩阵元则是通过一个对不变式获得，哈密顿能量矩阵元表示为子对不变式与相应积分的乘积形式。李加波、宋凌春等年轻人忙着将公式编为程序。莫亦荣、曹泽星等将各种体系试用在程序中。

世纪之交，张乾二课题组编写了价键

指导研究生（厦门大学化学系提供）

从头算程序 VB-XIAMEN99。这是国际上仅有的三个基于非正交基的价键从头算程序之一。与国外程序相比，XIAMEN 程序在计算速度、优化方法、界面友好等方面都具有明显优势，现已提供给以色列、美国、荷兰、法国、德国等国外理论化学家使用，并发表了几十篇论文。"价键理论新方法及其应用"2001年获得"教育部高校自然科学一等奖"。现在，国内提到价键理论研究，理论化学界都知道厦门大学张乾二组，国际上要用价键计算程序，就选中国 VB-XIAMEN99。

整合福建理论化学力量 冲击国际前沿

福建省科技厅在新世纪到来之时，有许多新的规划和期望。化学是福建的强势学科，厦门大学化学系创立80年，培养了几万名化学人才，大都在福建工作，有的还在台湾、东南亚发展。化学是一门基础学科，在新世纪信息、材料、生命等学科发展中将起重大作用。厦门大学理论化学队伍研究领域宽阔，涵盖理论化学方方面面，既有理论方法（主要研究价键理论及其程序化），又有各种应用研究，如对固体表面吸附、纳米团簇结构与性能、生物大分子金属酶活性等研究。福州大学理论队伍长期开展固体表面吸附、过渡金属能带、催化剂性能与结构等研究。中科院物构所理论组近年来成功开展对二阶、三阶非线性光学材料的理论研究。

张乾二分析了这些情况，为了整合福建省的理论化学力量、冲击国际前沿课题，他联系了中科院物构所研究员程文旦（物构所党委书记）、福州大学化学化工学院教授李俊篯（化学院院长）等，与这些福建省内理论化学人才比较多、研究力量比较强的单位，讨论新世纪的发展规划。由张乾二院士牵头，三个单位联合起来，向省科技厅申请一个重大基础研究项目："量子化学组合方法及其对复杂体系的理论研究"。看到申请人员由院士领衔，12位教授级科研人员加盟，几十名博士、硕士参加，声势浩大，力量雄厚，福建科技厅破天荒给了100万元的重大课题（项目编号为2002F010）。时间由2002年7月开始，到2004年12月结题。

为了方便课题的管理与交流，也为了加强海峡两岸理论化学界的交流，

厦门大学理论化学研究中心成立暨理论化学前沿研讨会 2002.11.11

2002年厦门大学理论化学研究中心成立（厦门大学化学系提供）

2002年11月，厦门大学理论化学研究中心成立。成员主要包括厦门大学、福州大学、中科院物构所理论化学人员。其中一位院士（张乾二）、10位教授（包括多位"国家杰出青年基金"获得者）的固定人员与多位客座人员。进行了理论方法研究（包括从头算的分子轨道－密度泛函－价键理论的联合方法、建立静态与动态结合的价键－分子力学－分子动力学的联合方法）。同时进行了各个领域的应用研究，包括用密度泛函方法对生物体系固氮酶活性中心的机理研究，对蛋白质分子酶催化机理的研究；用自编的程序对新材料如非线性光学材料性能的理论研究，预测有机固体、金属酞菁、碳纳米管等的光学性能；系统研究了探针分子 O_2，CO，Cl_2 等在金属、氧化物及功能材料等固体表面的吸附情况，探索了其中一些反应机理。

海峡两岸理论化学交流

21世纪来临，已是古稀老人的张乾二常在思考一个问题：同是中华儿女，台湾什么时候才能回到祖国怀抱。福建，特别是厦门，与台湾仅一水相隔，语言、习俗相同，血缘相近，自古常来常往，只是近几十年由于政治隔阂而疏远。20世纪90年代，张乾二曾与厦门大学化学化工学院几位院士一起访问台湾，发现海峡两岸虽然相隔咫尺，但来往手续十分麻烦，以至相互十分陌生，远不如我们对欧美的熟悉。而近年台湾领导人刻意加强两岸的对立情绪，使亲者痛仇者快。

身为全国政协常委的张乾二，深感有必要为加强两岸的沟通出把力。他想通过举办两岸学术交流会来加强沟通。他首先想到了在台湾认识的"中研院"原子分子研究所长林圣贤院士。林圣贤生于台湾，早年留学美国，前些年随诺贝尔奖获得者李远哲回台，在化学界有相当号召力，可以与他联系做这件事。于是张乾二与林圣贤联系，林圣贤也深有同感，两人一拍即合，决定在适当的时间举办"海峡两岸理论化学研讨会"。第一次就在大陆的厦门举办。

接下来就是具体的筹办工作。张乾二想，台湾化学家来福建，一定要让他们看到福建最美的地方，因此决定将会议地址选在世界自然与文化双遗产的武夷山。首先将这一决定报省、中央对台办等有关领导，获批后再准备邀请的人员。考虑到是第一次，规模不宜太大，会务组通过网络选了台湾大学、"中央研究院"、台湾师范大学、台湾"清华大学"、台湾"交通大学"、台湾"中山大学"、台湾淡江大学等十几个单位二十几名理论化学家。先报送对台办等单位审批，获批后，再将名单通过网络传送到台湾林圣贤院士处，由他代发邀请。

2006年6月，"第一届海峡两岸理论化学会议"召开了。会址选在武夷山景区，旅馆安排还得到福建省委组织部的帮助。大陆代表以厦门大学理论化学研究中心成员为主体，邀请南京大学江元生院士，中科院物构所、北京大学、中国科大、山东大学、福州大学等单位理论化学家。台湾本来邀请二十几位代表，由于种种原因最后只有十几位代表成行。他们绕道香港，经七八个小时飞机接力，才来到厦门，过夜后再从厦门飞武夷山。

台湾代表许多是第一次到大陆，不免有既新奇又紧张的情绪。他们全都是第一次到武夷山。武夷山青山绿水，空气清新，使他们紧张的心情一下放松了。学术会议进行了两天，台湾来的学者，有的报告了分子光谱的理论研究，有的介绍了用分子模拟研究材料，还有代表报告了分子设计的理论研究。

"第一届海峡两岸理论化学会议"（厦门大学化学系提供）

大陆代表有的报告价键从头算程序设计，有的报告非线性光学材料的理论研究，有的介绍固体表面吸附的理论研究……学术会议讨论之余，代表们泛舟于九曲碧波，攀爬于天游奇峰，深深为祖国的大好河山所陶醉。同样的文化渊源、同样的语言、同样的学术领域，两岸学者相识后，有聊不完的话题，讨论不完的课题。回程经过厦门时，有些代表就询问"同仁堂"药店在哪儿，他们慕名采购了不少中成药。两岸代表相约：两年后台北再见。

"第二届海峡两岸理论化学与计算会议"于2008年4月中旬在台北如期召开。张乾二由于身体欠佳，力不从心，无法前往。相比于第一届，参会代表明显增多。由于在台湾，台湾各主要大学都有代表参会；大陆各主要理论化学研究基地，如北京师范大学、南京大学、四川大学、复旦大学等校都有代表参加；香港科技大学也有代表参加。台湾代表到大陆要报批、转机，大陆代表到台湾也不易。第二届由台湾"中研院"承办。会务组要把邀请名单报送台湾当局批准，然后通知大陆代表。大陆代表再报送对台办，获批后再到出入境办事处盖章，由于获批时已是周末，有些代表因此来不及办手续而未能成行。大陆代表到了香港，还要找到台湾的旅行社，由他们帮忙办台湾的入境手续。

大陆代表大都是第一次赴台，对"宝岛"台湾既陌生又熟悉。台北像大陆80年代的上海。大陆代表住在"中研院"招待所，环境不错。在招待所餐厅，厦大代表用闽南话与服务人员交流，他们感到很吃惊，想不到大陆来的人会讲"台语"。两天的学术交流，来自台湾的学者报告了"多系数密度泛函方法""生物分子模拟应用于药物设计""低势垒氢键的强度"等学术论文，大陆学者有的介绍了"非平衡态溶液自由能的研究"，有的报告了"蛋白质结构与动力学精度的发展"，还有的学者报告了"用量子化学与分子力学组合研究酶反应中的氢转移与选择"……学术交流后，大陆代表去参观了台北的"民主广场"（原称"中正广场"）、桃园、慈湖等地，看到原来放置在台湾各地的蒋介石雕塑，都收集到慈湖，感觉真是"三十年河东、三十年河西"。从桃园机场离开台湾，感觉机场多年没装修，旅客也不多，台湾整个经济比较萧条。

随着台湾领导人的更换、国民党执政，两岸交流宽松很多。原来的"小三通"，现在可以"大三通"了。先是台湾有几个城市与大陆几个城市在年节时期有专门包机，后来发展为常态班机，再后来大陆大城市都有班机与台湾直飞。"第三届海峡两岸理论化学会议"2009年在大陆成都召开，台湾有不少代表参加。

"第四届海峡两岸理论化学会议"2011年由台湾主办，在金门进行。张乾二也出席了。虽然厦门、金门近在咫尺，但由于人为的"栅栏"，很多厦门人没去过金门，张乾二也是如此。到了金门，除了一些军事设施的遗迹外，金门的闽南红砖房与厦门何其相似，金门的特产——金门贡糖、手工面线，味道与厦门的也如此相似。但两岸对峙的遗迹还历历在目：渡船快到金门时，沿岸的防波堤都是防登陆的水泥工事，岛上不时可见碉堡或"小心地雷"的警示牌，会后也安排了参观战时坑道和潜艇避风坞。开了几次海峡两岸学术会议，张乾二交了好些台湾朋友，这次有些人没参会，但特地从台北、高雄赶来看望他。

第五届会议2012年8月在古都陕西西安进行，张乾二不顾自己年高体弱，坚持赴会。会议期间，张乾二与林圣贤畅谈起办会六年来的变化，不禁感慨万千：当年才二十几人的小型会议，发展成100多人的中型会议，参会代表包

第五届海峡两岸理论化学会议（西安）（厦门大学化学系提供）

括台湾大学多个系所代表、"中研院"多个研究所、师范大学、"清华"、"交大"、辅仁、淡江、"中山"、高雄医大、中原、中兴等大学，大陆方面则包括各主要大学。以至报告会一人限20 min发言与讨论，会议安排了4个单位时间，每个单位时间都需四五个小时，从早开到晚，是近来少见的高强度学术会议。报告内容涉及量子化学基础理论——价键理论、密度泛函理论、分子反应动力学等，也涉及各种应用领域，包括光谱计算，新材料计算，生物大分子、药物分子计算，还有程序设计等。

从台湾到大陆，以前来往要绕道香港，现在台北有直飞西安的航班，中午起飞，下午就到西安。会后可去陕北拜祭中华始祖黄帝陵，观看周围的秦始皇兵马俑。会议期间，两岸理论化学家不仅一起切磋科学理论，还拉起家常，成了多年的老朋友。台湾代表有些还是全家出动，家长来西安开学术会议，家属、子女来西安旅游，其乐融融。

结束语 /

今年是2015年，距唐敖庆诞生1915年，已经整整一百年。一百年前的中国，是一个半封建半殖民地的社会，历经帝国主义的蹂躏。特别是70多年前，日本军国主义的侵略，烧杀抢掠，中华民族经历了亡国灭族的危难。唐敖庆和他的弟子们就是在那样的环境中抗争着成长起来的。

70年前全国人民团结一致，赶走了日本鬼子，66年前建立了新中国。经过近30年的摸索，90年代中国进入发展的快车道，用最短的时间走完了外国几百年的发展历程。

理论化学也是如此。上世纪50年代，唐敖庆、卢嘉锡等在青岛举办"物质结构进修班"，唐敖庆进行理论化学启蒙教育开始，至今已60多年。一个甲子的发展，中国的理论化学从无到有，从小到大，由弱到强，逐渐成为化学学科两大支柱之一。

进入21世纪，世界进入互联网时代，信息传播时间以分秒来计算。今天早上北京发表的科研成果，顷刻之间，不仅中国到处知道，远在大洋彼岸的美国、加拿大也同样知晓，世界已成了地球村。70年前，唐敖庆到美国留学，从上海坐船到美国，用了大半个月，现在坐飞机只需十几个小时。时间与空间的缩短，使人难免产生紧迫感、急躁感。这是新时代新的挑战。

现在，从祖国北边的长春吉林大学、大连化学物理所，到南端的广州中山大学、香港科技大学，从东部泰山脚下的山东大学，到西南的"天府之国"的四川大学、云南大学、贵州大学，到处都有理论化学研究人员的身影。在祖国首都，无论是北京大学、清华大学，还是后起之秀北京师范大学、北京理工大学，都是理论化学发展的中心地点。祖国中部的中国科技大学、南京大学，海峡西岸的厦门大学、东岸的台湾大学、"中研院"等，则是理论化学发展的活跃地点。面对新时代新挑战，理论化学人才要如何应对？

唐敖庆谈起培养人才时说："有西藏大高原，才有喜马拉雅山；有喜马拉雅山，才有珠穆朗玛峰。科学的发展是一个积累提高的过程。我们老一辈科学工作者，要发扬甘为人梯的精神，做铺路石子，支持和培养中青年科学工作者，让他们奇峰突起。"经过几代人60年的辛勤耕耘，中国理论化学的青藏高原已经出现在世界的东方。在新时代，我们中青年理论化学工作者要静下心来，排除干扰，刻苦钻研，力戒浮躁，齐心协力，不畏艰险，才有可能攀登理论化学的珠穆朗玛峰。向前，向前，无限风光在险峰。

后　记 /

　　唐敖庆是我国量子化学的奠基人，他与弟子们被国际理论化学界称为"中国学派"，他们的工作在国际上独树一帜，而至今尚未有一本较完整的书籍记录这段历史。这几年，他的弟子已有几人先后去世，剩余弟子都已年近九十，那段历史的采集刻不容缓。在张乾二、鄢国森等支持、鼓励下，写作组开始工作。

　　非常感谢张玉来在唐敖庆在世时，及时采访并撰写了《科学大树植根于祖国大地》一文；感谢乌力吉从科学史料方面写作了《1963 年在吉林大学开办的物质结构学术讨论班》《唐敖庆：中国理论化学学派的缔造者》等文献；也很感谢科学院组织出版了《中国科学院院士自述》《20 世纪中国知名科学家学术成就概览》等丛书，为我们编写本书提供了大纲。

　　当我们告知有关院校要编写这本书时，得到相关院校领导与个人的大力支持。吉林大学理化所书记黄旭日等，为我们提供了唐敖庆的近百幅照片和材料。山东大学邓从豪的研究团队提供了许多邓的相关资料，北京师范大学、南京大学等校则分别提供了刘若庄、江元生的资料、图片。卢嘉锡的家属也提供了卢与唐共同参与活动的相关照片。

　　鄢国森、张乾二、戴树珊等反复回忆、相互补充，向编者描绘了 50 年前唐敖庆带领他们进行配位场理论研究的亲身经历，使编者得以在书中再现这段历史，与读者共同分享唐敖庆带领弟子们冲击量子化学国际前沿领域的那段岁月。

　　书中近 200 幅照片年代远近不一，人员众多，照片的标注也是一项富有挑战的工作。编者得到黎乐民、杨忠志、赖伍江等人的大力支持，为我们标注了有关吉林大学的许多照片。徐昕帮助我们标注了中日理论化学会议的参会人员。

　　张乾二、鄢国森、戴树珊先后多次审阅书稿，提出了宝贵的修改意见。张存浩不辞辛劳，为本书写了序言。在本书编辑过程中，又得到了厦门大学出版社宋文艳总编等人的大力支持。没有这么多人的支持、鼓励，编者是无法完成这一工作的，在此一并表示衷心感谢。由于本书跨越年代较长，编者的阅历、水平有限，在记录唐敖庆与他的弟子们生平时，若有什么差错与疏漏，请读者批评指正。

　　今年适逢唐敖庆百年诞辰，编者谨以此书向唐老诞辰献礼。

林梦海　郭晓音　黄宗实

2015 年 9 月

图书在版编目(CIP)数据

高山仰止:唐敖庆和他的弟子们/林梦海等著.—厦门:厦门大学出版社,2015.11
ISBN 978-7-5615-5768-6

Ⅰ.①高…　Ⅱ.①林…　Ⅲ.①唐敖庆(1915—2008)-生平事迹　Ⅳ.①K826.13

中国版本图书馆 CIP 数据核字(2015)第 230810 号

官方合作网络销售商:

厦门大学出版社出版发行

(地址:厦门市软件园二期望海路 39 号　邮编:361008)
总 编 办 电 话:0592-2182177　传 真:0592-2181406
营销中心电话:0592-2184458　传 真:0592-2181365
网址:http://www.xmupress.com
邮箱:xmup @ xmupress.com
厦门集大印刷厂印刷
2015 年 11 月第 1 版　2015 年 11 月第 1 次印刷
开本:787×1092　1/16　印张:22　插页:2
字数:380 千字　印数:1~2 000 册
定价:88.00 元
本书如有印装质量问题请直接寄承印厂调换